罗平汉 著

“文革”前夜的中国

人民出版社

责任编辑：王世勇
装帧设计：曹　春
责任校对：周　昕

图书在版编目（CIP）数据

“文革”前夜的中国/罗平汉著. -北京：人民出版社，2007.12（2022.10 重印）
ISBN 978-7-01-006498-7

Ⅰ. 文…　Ⅱ. 罗…　Ⅲ. 历史事件-中国-20 世纪 60 年代　Ⅳ. K270.5

中国版本图书馆 CIP 数据核字（2007）第 138593 号

“文革”前夜的中国

WENGE QIANYE DE ZHONGGUO

罗平汉　著

人民出版社 出版发行
（100706　北京市东城区隆福寺街 99 号）

北京新华印刷有限公司印刷　　新华书店经销

2007 年 12 月第 1 版　2022 年 10 月北京第 3 次印刷
开本：710 毫米×1000 毫米 1/16　印张：20.5
字数：355 千字

ISBN 978-7-01-006498-7　定价：88.00 元

邮购地址 100706　北京市东城区隆福寺街 99 号
人民东方图书销售中心　电话（010）65250042　65289539

目录

一些错事。可是，我们还认为他是三分错误，七分成绩。总起来还是一个伟大的马克思主义者。

毛泽东在莫斯科发表长篇讲话，提出了“东风压倒西风”的著名论断。可是在场的苏联人听后心中却很不是滋味。日益强大的中国在苏联的东面，东风压倒西风是否含有中国压倒苏联之意？就算没有这层意思，可从苏联的情况看，只有西风才能带来雨水，而东风带来干燥的空气，对农作物并不利，要是老刮东风就麻烦了。

中苏之间“同志加兄弟”的亲密关系没有维持多久就出了问题。“共同舰队”一事在双方的心里都留下了挥之不去的阴影。在赫鲁晓夫看来，中国已是尾大不掉，搞自己的一套了。而在毛泽东看来，赫鲁晓夫还是想控制中国，使中国成为苏联的附庸，这对于毛泽东来说，无论如何也是不能接受的。

当时，莫斯科普遍流行这样一种说法：国际共产主义运动中只有一个理论家、哲学家，这就是毛泽东，而赫鲁晓夫只是一个种玉米的实干家。据说赫鲁晓夫听了这些话后非常生气。

赫鲁晓夫恼羞成怒，对陈毅说，论军衔，你比我高，你是元帅，我只是中将，但在党内，我是总书记。陈毅也不示弱，回答说：什么总书记，你说得不对，就不能听你的。

毛泽东说，中苏关系问题不大也不小，天不会塌下来。无非是不给设备，把中国共产党逐出教门，《中苏友好同盟互助条约》一风吹，对中国实行军事威胁，甚至同美国人一起来打我们，极而言之，无非如此。中国这个地方历来是不好惹的，进得来就出不去。

在中苏两党论战中，中共中央给赫鲁晓夫戴上了“修正主义”的帽子。

苏联大使契尔沃年科秉承莫斯科的旨意，提出希望两党停止公开论战。此举没有为中国领导人所同意，并回答说，天塌不下来，草木照样生长，女人照样生孩子，鱼儿照样在水里游。

5.“桃园经验”与小站夺权 204

工作组对基层干部采取了完全不信任和撇在一边的态度，只有发现一点“四不清”线索，就穷追不舍，这就难免产生逼、供、信，甚至发生打人、捆人等现象，致使一些干部自杀、逃跑。有的村干部动不动就躺倒不干，他们的家属也劝阻甚至哭闹着不让他们当村干部，理由就是一条，干下去没有好下场。

6.“四清”性质的高层分歧 215

毛泽东对社教运动中的一些提法和做法提出了尖锐批评，指责“有人搞独立王国，尾巴翘得很高”，还谈到党内有产生修正主义的危险。

薄一波后来回忆说：“党内高层领导中发生的这些思想分歧，影响是深远的。最严重的是使毛主席产生了对少奇同志的不信任，从而埋下了发动‘文化大革命’的种子。”

四、过火批判 231

1.关于文艺问题的两个批示 232

毛泽东在关于文艺问题的批示中写道：许多共产党人热心提倡封建主义和资本主义的艺术，却不提倡社会主义的艺术，岂非咄咄怪事。他建议文化部改名字，改为帝王将相部、才子佳人部，或者外国死人部。

2.所谓“坏影片” 243

《北国江南》、《早春二月》遭到批判后，还有许多电影及戏剧被拉入这场批判运动之中。其实，当年对于有些文艺作品的批判，不论是批判者还是被批判者都显得十分无奈。

在这一过程中，自称为“文艺战线流动哨兵”的江青发挥了举足轻重的作用。

3.“一场严重的阶级斗争” 251

杨献珍对“大跃进”中盛行的浮夸风进行了尖锐批评，他说：去年有的地方把共产主义说成是“除了一双筷子一个碗是自己的，其余的东西都是公家的”。这是什么共产主义？我说这是叫花子共产主义。甚至比叫花子还穷，因为叫花子还有一根打狗棍嘛……

过了两年，一场大规模的批判便降临到了杨献珍头上。

4.上纲上线的“学术批判” 262

1966年3月，毛泽东进一步指出：现在学术界和教育界是资产阶级知识分子掌握实权。社会主义革命越深入，他们就越抵抗，就越暴露出他们的反党反社会主义的面目。吴晗和翦伯赞等人是共产党员，也反共，实际上是国民党。

面对文艺和学术领域政治批判日益加剧的形势，邓小平提出要赶快刹车，改变这种局面。他说，那些“革命派”想靠批判别人出名，踩着别人的肩膀上台。

5.围绕《海瑞罢官》的斗争 272

吴晗怎么也没有想到，在一些人的心目当中，那个在庐山会议上提意见的彭德怀，就是当今敢于犯上的海瑞；他更没想到，有人会将他写的《海瑞罢官》与庐山会议上彭德怀的被罢官联系起来。

当时，彭真还想力保吴晗。他当面对毛泽东说：我们经过调查，没有发现吴晗同彭德怀有什么组织联系。

五、山雨欲来 283

1.罗瑞卿遭打倒内情 284

在1965年11月10日，中共中央书记处候补书记、中共中央办公厅主任杨尚昆被免去在中央的职务，理由是“背着中央私设窃听器”。

林彪为什么要打倒罗瑞卿呢？罗瑞卿自己在1978年的一次讲话中说：“是因为林彪要拉我入伙，我不干。”

2.试图控制局势的《二月提纲》 291

1965年2月3日，彭真主持召开“文化革命五人小组”扩大会议。他在会上说：不要提《海瑞罢官》的政治问题，学术批判不要过头，要慎重。彭真还特地讲到要对那些“左派”们进行必要的整风，不要让他们像学阀一样武断地以势压人，进行挑拨离间和破坏活动。

3.一个与《二月提纲》对立的文件 299

在林彪支持下，江青主持召开部队文艺工作座谈会，抛出了著名的所谓“文艺黑线专政”论。这实际上是对《二月提纲》的全面否定，也是对建国以来文艺工作的全面否定。

一、走出困境

1958年，由于社会主义建设的经验不足和急于求成，我们党在经济建设上出现了严重失误，轻率地发动了“大跃进”和人民公社化运动，结果欲速则不达，从1959年起，我国国民经济遇到了空前严重的困难。为了摆脱困境，中共中央决定从1960年年底开始，对国民经济实行调整、巩固、充实、提高的“八字方针”，制定了“农业六十条”，关、停、并、转了一大批企业，精简了大量的城镇人口。到1965年，国民经济调整的任务胜利完成。

1. 严重的困难

盲目的"超英赶美"，浮夸风、"共产风"盛行，直接导致了国民经济的严重困难。"三分天灾，七分人祸"，这一时期，国民经济和人民生活的困难程度，是没有经历过那段历史的年轻人很难想象的。

人们常常把1959年至1961年这几年称为"三年暂时困难时期"。在此期间，国民经济和人民生活困难的程度，是没有亲身经历过那段历史的年轻人很难想象的。这个困难局面的形成，固然与这几年频繁的自然灾害有关，但更主要的，还是由于"大跃进"和人民公社化运动的严重失误。

1957年9、10月间，中共中央在北京召开八届三中全会。席卷全国的"大跃进"运动，就是由此拉开序幕的。

会上，毛泽东作了《做革命的促进派》的讲话。其中，毛泽东在讲到1956年的工作时说，去年这一年扫掉了几个东西。一个是扫掉了多、快、好、省，不要多了，不要快了，至于好、省，也附带扫掉了，一个多，一个快，人家不喜欢，有些同志叫"冒"了；一个是扫掉了《农业发展纲要四十条》，这"四十条"去年以来不吃香了；再一个是扫掉了促进委员会，国民党是促退委员会，我们总的方针，是要促进的。

毛泽东讲这番话，自然不是空穴来风。1956年的时候，由于经济建设中出现了一股盲目追求高速度、急躁冒进的风潮，周恩来、陈云等负责经济工作的中央领导人提出了既反保守又反冒进的方针，并且取得了一些实际效果。但毛泽东自1955年下半年开始，就认为经济建设和各项事业存在的主要问题，不是冒进而是右倾保守。因此，他对于这个方针一开始就有不同看法，但由于种种原因，他没有公开表示反对。

由于1957年工业发展的速度低于1956年31%的年增长率，农业也没有完成预定的计划指标，这使毛泽东对1956年“反冒进”的正确性产生了怀疑。加之此时大规模的反右派运动高潮刚刚过去，毛泽东认为，反右派斗争已经取得了伟大胜利，并且在斗争中大大提高了人民群众的社会主义积极性。在反右派运动后的全民整风过程中，一些工厂、农村也的确出现了生产迅速增长的新气象，许多人认为，完全有可能在全国范围内实现经济建设的高速度。这些都使毛泽东进一步相信1956年的“反冒进”是错误的，并从八届三中全会开始，对“反冒进”提出公开的批评。

八届三中全会通过并且公布了《农业发展纲要四十条》的修正草案，并决定在农村开展一场以加快农业生产建设为中心的大辩论。10月27日，《人民日报》就纲要发表了题为《建设社会主义农村的伟大纲领》的社论，指出，许多人习惯于根据小农经济的生产条件来看农业合作化以后的新情况，对过去没有见过的事情，常常是不敢想，不敢作，信心不足，顾虑重重。“为了克服各种各样的保守思想，最有效的方法，就是在农村中以四十条纲要为中心，进行一次生产建设问题的大鸣、大放、大争。”由此开始，原来已在农村开展的社会主义教育运动的重心，就由走社会主义道路与走资本主义道路的大辩论，转变为对农业四十条的学习、讨论。与此同时，按照八届三中全会通过的《中共中央、国务院关于今冬明春大规模地开展兴修农田水利和积肥运动的决定》的要求，在农村掀起了一个规模空前的农田水利建设的高潮，这实际上成为“大跃进”的先声。

“大跃进”的一个重要特征，就是要求完成各种各样的高指标。而这些高指标的提出，又与毛泽东在莫斯科提出的“十五年赶上并超过英国”的口号有着密切的联系。

1957年11月，正值十月革命40周年。受苏共中央的邀请，毛泽东率中共代表团前往莫斯科参加庆祝活动，同时参加64个国家的共产党和工人党代表会议。此时的毛泽东心情很好。一是他觉得反右派斗争取得了完全胜利，并且通过这场运动把群众发动起来了；二是在莫斯科会议上，苏共原来准备了一个

人民日报

迈开英雄的步伐踏进一九五八年

社论

乘風破浪

揭开第二个五年計划的序幕

1957年12月12日和1958年元旦，《人民日报》先后发表社论《必须坚持多快好省的建设方针》和《乘风破浪》，提出了“鼓足干劲，力争上游”的口号，表述了总路线的基本思想。图为1958年元旦的社论。

《莫斯科宣言》的稿子，中心内容是两种社会制度的和平共处、和平竞赛和和平过渡问题。后来中共中央重新起草了一个稿子，同原来的面貌不一样，并被会议基本上接受了。胡乔木曾回忆说：“毛主席对这个会议非常满意。加上苏联的人造卫星上天，毛主席这时确实感到胜利在我们一边，提出东风压倒西风，超英赶美。特别是他相信中国党领导经济建设，能够有更快的发展。”①

11月6日，苏共中央总书记赫鲁晓夫在十月革命40周年庆祝大会上，不但大谈社会主义和资本主义和平竞赛的问题，而且还明确地提出了苏联“在十五年不仅赶上并且超过美国”的目标。这给毛泽东以很大的启发，在征得国内其他领导人的同意后，在11月18日的各国共产党和工人党代表会议上，他提出了中国要用十五年左右的时间在钢产量等方面赶上英国的目标。毛泽东说：“赫鲁晓夫同志告诉我们，十五年后，苏联可以超过美国。我也可以讲，十五年后我们可能赶上和超过英国。”“在十五年以后，在我们阵营中间，苏联超过美国，中国超过英国。”②

12月2日，刘少奇代表中共中央向中国工会第八次代表大会开幕式致祝词

① 《胡乔木回忆毛泽东》，人民出版社1994年版，第14页。

②《毛泽东外交文选》，中央文献出版社、世界知识出版社1994年版，第296页。

1958年1月和3月，中共中央先后在南宁和成都举行工作会议，毛泽东在会上继续批评1956年的“反冒进”，提出破除迷信、解放思想的口号，号召人们要敢想、敢说、敢干。图为成都会议期间毛泽东视察农村时与农民交谈。

时，正式公布了这个口号。他说：“在十五年后，苏联的工农业在最重要的产品的产量方面可能赶上或者超过美国，我们应当争取在同一期间，在钢铁和其他重要工业产品的产量方面赶上或者超过英国。那样，社会主义世界就将把帝国主义国家远远地抛在后面。”①于是，钢和其他重要工业产品的产量赶上和超过英国，就成为工业领域“大跃进”的重要目标，当年提出的口号是“超英赶美”。

1958年1月，中共中央在南宁召开工作会议。会议的主要内容本来是讨论1958年的国民经济计划。由于毛泽东对“反冒进”作了严厉批评，认为搞建设就是要那么冒一点，就是要克服那种右倾保守思想，致使一些超过实际可能的高指标被会议一致通过。南宁会议之后，“大跃进”在全国范围内迅速展开。

同年2月2日，《人民日报》发表了

① 《在中国工会第八次全国代表大会上刘少奇同志代表中共中央致祝词》，《人民日报》1957年12月3日。

题为《我们的行动口号——反对浪费、勤俭建国》的社论，提出“我们的国家正面临着一个全国大跃进的形势，工业建设和工业生产要大跃进，农业生产要大跃进，文教卫生事业也要大跃进”，这实际上是向全国人民发出了全面“大跃进”的动员令，把“大跃进”的口号推向各行各业。

在“大跃进”已在全国范围内全面启动的形势下，中共中央又于这年3月3日发出了《关于开展反浪费反保守运动的指示》，要求在运动中开展多快好省建设社会主义的全民大辩论，实际上是要以此肃清“大跃进”的思想阻力。《指示》断言，在这场运动中，会不断出现惊人的奇迹，出现各种平日难以达到的先进的速度和先进的指标，树立各种先进的典型和旗帜，原来设想和安排好的平衡，也会不断被万马奔腾的群众运动所突破。

随着反浪费反保守运动（简称“双反”运动）的展开，“大跃进”运动向纵深发展，浮夸风开始盛行。

1958年2月中旬，中共中央召开了一次政治局扩大会议。3月和4月，又

1958年5月5日至23日，中共八大二次会议在北京举行。会议讨论和通过了刘少奇作的中央委员会的工作报告，正式通过了社会主义建设总路线，肯定了当时已经出现的“大跃进”，认为这标志着中国正在经历着“1天等于20年”的伟大时期。会后，在全国各条战线上，迅速掀起了“大跃进”高潮。图为大会主席台。左起：刘少奇、邓小平、毛泽东、周恩来、朱德。

分别在成都和武汉召开中央工作会议。这些会议的议题很多，但批评“反冒进”是其中一项重要内容。

1958年5月召开的中共八大二次会议，是发动“大跃进”运动的最后一次总动员。会上，刘少奇代表中共中央作了工作报告。报告最引人注目的地方，是完整地提出了“鼓足干劲、力争上游、多快好省地建设社会主义”的总路线。

这条总路线所规定的内容，即使在今天看来，也没有什么不对，又多快又好又省地建设社会主义，自然是十分理想的事情。但问题在于，它是在对我国当时社会主义建设的客观形势作了过高过好估计的情况下提出的，其基本精神是“用最高的速度发展我国的社会生产力”，因而过度强调“速度是总路线的灵魂”，“快，这是多快好省的中心环节”。于是，贪多求快实际上压倒了“好”和“省”，并成了“大跃进”的主要特征。

进入6月之后，“大跃进”如火如荼般地开展起来，而各种好消息也不断地报告到了毛泽东那里。6月16日，负责计划工作的副总理李富春向中共中央提出了新的《第二个五年计划要点》，认为以钢铁为主的几种主要工业产品的产量，有可能用不了三年时间即可赶上和超过英国，原来需要十五年才能实现的全国农业发展纲要，也有可能三年基本实现。

第二天，国务院副总理兼国家经济委员会主任薄一波也在给中共中央政治局的报告中说，1959年我国的主要工业产品，除电力外，都将超过英国的生产水平。毛泽东在批语中写道：“赶超英国，不是十五年，也不是七年，只需要两年到三年，两年是可能的。这里主要是钢。只要1959年达到2500万吨，我们就在钢的产量上超过英国了。”①

只过了半年的时间，赶超英国的时间便由十五年改为两年。

几天后，主管农业的副总理谭震林又告诉毛泽东：华东四省一市的粮食产量将达到一千二百几十亿斤，比去年增加500亿斤，人均达到了1000斤，原来计划四五年时间才能实现的指标一年就达到了，全国的粮食产量估计在5000亿斤以上。农业生产战线上的主要任务，就是积极争取今年的秋季和明年的更大丰收，以便争取在两三年内做到丰衣足食。

按照这样的发展速度，中国很快就能赶上并超过世界上最发达的资本主义国家。于是，一个问题就摆在中国领导人面前：中国在不长的时间超过英美之后，

①《建国以来毛泽东文稿》第七册，中央文献出版社1992年版，第278页。

中共八大二次会议后，毛泽东等中央领导人亲临十三陵水库工地参加劳动。图为毛泽东和北京市市长彭真在铲土。

下一步向什么方向发展？要不要从现在起就考虑向共产主义过渡的问题？

正是在这种情况下，1958 年 8 月，在全国一片“大跃进”的炽热浪潮中，中共中央在凉爽宜人的北戴河召开了一次政治局扩大会议。北戴河会议通过并公布了一系列的文件，其中影响最大的，一个是《中共中央政治局扩大会议号召全党全民为生产1070万吨钢而奋斗》的会议公报，一个是《中共中央关于在农村建立人民公社问题的决议》。

那年月，人们是将钢产量的多少，同工业化水平的高低等同起来的。自从制定了“超英赶美”的时间表之后，钢产量是否能超过英国，就成为短期赶超的最主要内容。1958年6月，中共中央确定全年的钢铁生产将比1957年的535万吨翻一番，但直到北戴河会议召开时，还只完成了450万吨。也就是说，在剩下的4个月时间里，却要完成600多万吨的任务，这显然是正规的钢铁企业按常规进行生产所无法完成的。

既然正规钢铁企业无法完成这个任务，于是就想起了老办法——发动群众。因此，北戴河会议不但正式向全国公布了全年钢产量要达到1070万吨的任务，而且明确提出要来一个大炼钢铁的群众运动。

北戴河会议后，各地大搞“小（小转炉、小土炉）、土（土法炼钢）、群（群众）”运动，兴建了难以计数的小土高炉。炼钢铁需要铁矿、煤等原料，也需要交通运输，于是在地质、煤炭、电力、交通运输等方面，也大搞“小、土、群”，出现了全民找矿、全民办小煤窑、全民办交通运输等一系列的“大办”。按照“兵对兵，将对将，用分散的小煤窑对分散的土高炉”的方针，全国一时间办起

1957年冬至1958年春，全国各地农村出现了群众性的农田水利建设高潮。图为河南郑州市郊引黄济卫工程。

了10万多个小煤窑。1958年10月，全国参加“小、土、群”炼钢铁的劳动力达到6000万人，12月又猛增到9000多万人。

1958年12月21日，新华社正式向全世界宣布：“据冶金工业部12月19日为止的统计，今年全国已经生产钢1073万吨，比1957年的钢产量535万吨增

河南信阳市郊五里墩荒丘上密布的土高炉群。

加了一倍挂零。四个月前，在北戴河举行的党中央政治局扩大会议所发出的、要在今年把钢产量翻一番的伟大号召，经过全国人民的艰苦奋战，现在已经胜利地提前、超额完成了。”①

1070万吨的任务虽然完成了，但付出的代价却是巨大的。

首先，为了全力保钢，当时提出的口号是“停车让路，首先为钢”，时称“钢铁元帅升帐”，也就是要求各部门、各地方必须将钢铁生产放在首位。结果，近1亿的人民公社社员、机关干部、学校师生等投入钢铁生产中，以致中央各部委的大院里、高等学校的校园里、一些非钢铁企业的车间里，甚至中南海里，都建起了各式各样的小土高炉。尤其严重的是，几千万农村劳动力在秋收大忙季节，丢下已经成熟的农作物不管，参与炼钢炼铁，大量的粮食未能及时收回而烂在地里。据中共中央农村工作部估计，当年约有10%的粮食在地里没有收回。1958年的确风调雨顺，庄稼长势不错，本是一个多年未见的好年景，但是，丰产并不丰收，成为1959年粮食紧张的重要根源。同时，其他部门也因为给“钢铁元帅”“停车让路”，造成了工农业比例、工业与交通运输的比例、工业内

①《一年之间钢产加番，在世界钢铁史上写下辉煌的一章》，《人民日报》1958年12月22日。

北京市居民把家里的铁制用具送去炼钢铁。

部各部门间的比例严重失调。

其次，全民大炼钢铁造成了巨大的浪费。1073万吨钢中，合格的只有800万吨，其他的是根本不能用的钢坨坨铁圪垯，而国家却为这些土钢土铁付出了巨额的补贴。当时，每吨生铁的成本，鞍钢为85.4元，石景山钢铁厂为112.6元，国家规定的调拨价为150元，而土高炉每吨铁的成本，多在250—300元之间，高者达460多元。为了鼓励群众性的炼钢炼铁，国家规定“小土群”生产的生铁调拨价为每吨200元，亏损部分由国家财政补贴，结果国家为这些无用的铁圪垯补贴了40亿元，占1958年财政收入的1/4还多，是真正的得不偿失。

北戴河会议后在发动全民大炼钢铁的同时，还在农村开展了声势浩大的人民公社化运动。

在此之前，一些地方已经把若干个小型农业合作社合并成一个大社，时称并大社，而且已经有了“农业公社”、“人民生产公社”、“共产主义公社”、“集体农庄”等名称。

由于“大跃进”是率先从农村发动的，而农业“大跃进”最大的特征就是放高产“卫星”，号称亩产比过去成倍甚至十数倍、数十倍的增长，有的地方竟

中共江苏扬中县委设立田头办公室，直接指挥生产。图为田头第一办公室干部在办公。

号称亩产几万斤，十几万斤。受农业生产放“卫星”的影响，人们主观地认为我国这年粮食产量比上年将有成倍的增长，以致“人有多大胆，地有多大产”，“想要多少粮食就可以生产多少粮食”等豪言壮语还公开登载在党报党刊上。就连毛泽东也认为：“许多事情看起来也怪得很，不要就没有，或者很少，要就很多很多。过去九年粮食增加得很慢，老愁粮食不足，可是今年粮食一年就增加了几千亿斤。今年翻一番，明年还可能翻一番。这样我们的粮食就多得不得了”。①在这种形势下，上上下下都认为我国的农业和粮食问题已经基本解决，农村已先进于城市，农业在逼工业，出现了新的农村包围城市之势。

既然农业生产取得了如此飞速的发展，中国的粮食问题不但已经解决，而且已经到了要多少就能生产多少的地步。于是，人们认为农村原有的生产关系已不适应“大跃进”的形势，不但小型的农业合作社要合并，而且从现在起就

① 王任重：《札记二则》，《七一》1958年第5期。

福建英湖社再夺高产冠軍
花生亩产13241斤
人民日報
RENMIN RIBAO
麻城建国一社出现天下第一田
早稻亩产三万六千九百多斤
福建海星社創花生亩产一万零五百多斤紀录
人民日報
RENMIN RIBAO
衛星农业社發出第二颗"衛星"
二亩九分小麦亩产3530斤
湖北辛福社十一亩亩产3215斤
向創造奇迹的农民兄弟祝賀
"人有多大胆 地有多大产"
谷子跃过万斤
向日葵异軍突起

中共八大二次会议后，各协作区纷纷提出农业高指标。图为《人民日报》的有关报道。

要寻找实现共产主义的具体途径。因为空想社会主义也好，马克思主义经典作家也好，都把他们设想中的共产主义社会的基层组织称之为“公社”。于是，中共中央决定在农村开展建立人民公社的运动，并将建立人民公社作为向共产主义过渡的桥梁。

北戴河会议通过的《中共中央关于在农村建立人民公社问题的决议》认为，几十户、几百户的单一的农业生产合作社，已不能适应形势发展的要求，“在目前形势下，建立农林牧副渔全面发展、工农商学兵互相结合的人民公社，是指导农民加速社会主义建设，提前建成社会主义并逐步过渡到共产主义所必须采取的基本方针”。《决议》最后满怀信心地说：“看来，共产主义在我国的实现，已经不是什么遥远将来的事情了，我们应该积极地运用人民公社的形式，摸索出一条过渡到共产主义的具体途径。”①

1958年8月中下旬，河南、河北的部分农村已经建立了一批人民公社。北戴河会议后，全国迅速掀起建立人民公社的高潮。仅一个月的时间，就基本上实现了人民公社化。到这年年底，全国原有的74万多个农业社合并成2万6千多个人民公社，入社农户达到总农户的99%。

人民公社的基本特征：一是大，即规模大，全国平均28个合作社合并成一个公社，小者数千人，大者数万人甚至十数万人。二是公，即公有化程度高，不

① 中共中央文献研究室：《建国以来重要文献选编》第十一册，中央文献出版社1995年版，第447—450页。

在人民公社内部实行供给制，大办公共食堂。图为广东番顺县龙山公社的社员正在公共食堂里吃饭。

仅生产资料要归公社所有，就连社员原有的自留地、自养的家畜家禽等也都要收归公社。三是政社合一，人民公社既是农村基层政权组织，也是农村集体经济组织。四是分配上实行供给制与工资制相结合的制度，所谓供给制，通俗的说法是“吃饭不要钱”，其载体就是公共食堂。全国农村在大办人民公社的同时，还大办公共食堂，实现全民公共食堂化。当时，不但提出“吃饭不要钱”，还提倡要“放开肚皮吃饭”，理由是反正粮食已多得吃不完。

由于人民公社大都是白手起家，但它又是按照工、农、商、学、兵（民兵）五位一体，农、林、牧、副、渔样样齐全的模式构建的，公社建立后，要大办工业，要建立红专大学，要兴办公共食堂、托儿园、敬老院等集体福利事业，这一切都只得通过平调原农业生产合作社和社员的财物才能建立起来。办人民公社的过程，也是刮“一平二调”（平均主义和无偿调拨）的“共产风”的过程，与之相伴随的，是浮夸风、瞎指挥风、强迫命令风、干部特殊化风盛行。加之供给制和工资制的比例中，工资部分过小，供给部分过大，而供给制则是典型的平均主义。所以公社化后，不但未将原来高级农业合作社业已存在的平均主义弊端加以克服，反而使之愈演愈烈，严重挫伤了广大农民的生产积极性，

1958年8月上旬，毛泽东视察河北、河南、山东农村，多次谈到小社并大社问题，并说，还是办人民公社好。毛泽东的话见报后，全国立即兴起了办人民公社的高潮。图为8月4日毛泽东在河北徐水县视察。

出工不出力成为普遍现象，造成农业生产效率低下。

1958年8月6日，毛泽东视察河南新乡县七里营村。

对于“大跃进”和人民公社化运动中出现的浮夸风、“共产风”等问题，北戴河会议后不久，毛泽东和中共中央就已经有所觉察。毛泽东通过调查了解，发现很多人“急急忙忙往前闯”，脑子中有一大堆的混乱思想，认为有必要让各级干部冷静下来，联系我国社会主义革命和建设的实际，去读一些马列理论著作，以获得一个清醒的头脑。

在毛泽东的提议下，1958年11月，中共中央在郑州召开工作会议，即郑

在1958年文化“跃进”中，提倡人人能写诗，人人能创作，许多地区组织赛诗会歌颂“大跃进”。图为西安灞桥区白庙农业社的赛诗会上社员在朗诵自编的诗。

州会议。毛泽东在会上指出，现在还是以社会主义为题目，不要一扯就扯到共产主义。他强调，社会主义社会还存在商品生产和商品交换，并批评了一些地方急于过渡到全民所有制，急于实现共产主义的做法，提出要划清集体与全民两种所有制的界限。这次郑州会议的召开，标志着中共中央和毛泽东开始纠正“大跃进”和人民公社化运动中的一些具体的“左”倾错误。

紧接着，在毛泽东的提议下，中共中央又于11月至12月间在武昌举行政治局扩大会议和八届六中全会。第二年3月和4月，又召开了第二次郑州会议，在上海召开了政治局扩大会议（即上海会议）和八届七中全会。这些会议初步总结了“大跃进”和人民公社化运动的经验教训，重新审定了1959年的国民经济计划，对过高的国民经济指标有所降低，提出要精简因“大跃进”而多招收的职工，并在农村通过“算旧账”的方式对“共产风”进行一定程度的纠正，还允许社员从事家庭副业和经营少量的自留地等。经过半年多的努力，一些过“左”的做法有所纠正，形势逐渐向好的方向转化。

可是，就在这个时候，发生了庐山会议由纠“左”到反右的大转折。

其实，庐山会议是两个会议。一个是1959年7月2日至8月1日的政治局扩大会议，另一个是8月2日至16日的八届八中全会。庐山会议的前期基本上是纠“左”，总结“大跃进”和人民公社化运动的经验教训。7月14日，彭德怀给毛泽东写信，反映纠“左”不彻底的问题。由于各种复杂的原因，7月23

成车的麻雀被作为战利品送上除四害展览会。

日后，风向突变，会议的主题顿时变成了反右倾。经过对彭德怀等人的错误批判，会议最后通过了《关于以彭德怀同志为首的反党集团的错误的决议》和《关于保卫党的总路线，反对右倾机会主义而斗争》等文件，认为右倾机会主义已成为当前党内的主要危险，决定在全党范围内开展大规模的反右倾斗争。

庐山会议后的“反右倾”运动，使大批的敢于讲真话，敢于反映真实情况，敢于对弄虚作假现象提出批评的干部，被定性为右倾机会主义分子，受到错误的批判和组织处分。据1962年甄别平反时的统计，当时被列为重点批判对象、定为右倾机会主义分子的党员和干部，有365万人之多。

更为严重的是，庐山会议打断了第一次郑州会议以来的纠“左”进程，使“大跃进”和人民公社化运动中许多已被指出的、有待纠正的错误重新发展起来，给我国经济发展和人民生活带来了灾难性的后果。

1959年下半年和1960年的“大跃进”，实际上带有很大的赌气性质。因为“右倾机会主义分子”“指手画脚非难人民公社，非难大办钢铁，非难大跃进，

中共八届八中全会会场。

企图动摇总路线，散布悲观情绪”。①不但如此，他们还“配合国内外敌对势力的活动，打着所谓‘反对小资产阶级狂热性’的旗号，发动对总路线、大跃进、人民公社的猖狂进攻”。②因此，有必要用事实证明总路线是正确的，大跃进是可以实现的，人民公社是有无限优越性的。于是，不顾国民经济已经遇到严重困难的客观事实，再次提出超越生产能力的高指标，发动新一轮的“大跃进”。

如果说，1958年的“大跃进”，是人民群众带着迅速建设一个强大的新中国的美好愿望，而自觉自愿地投入到运动中的话，那么，1960年的“大跃进”，则很大程度上是在“反右倾”的政治压力之下而展开的。以高指标为特征的“大跃进”，实际上是以钢为中心的重工业的片面冒进。

1958年到1960年的三年间，在基本建设投资总额中，生产性建设投资所占比重都在86%以上，大大高于1957年76%的水平；非生产性建设投资所占比重只为13%左右，比1957年的24%下降2/5多。在工业建设投资中，用于

① 《中共中央关于反对右倾思想的指示》，1959年8月7日。
② 《为保卫党的总路线、反对右倾机会主义而斗争——中国共产党第八届中央委员会第八次全体会议决议》，1959年8月16日。

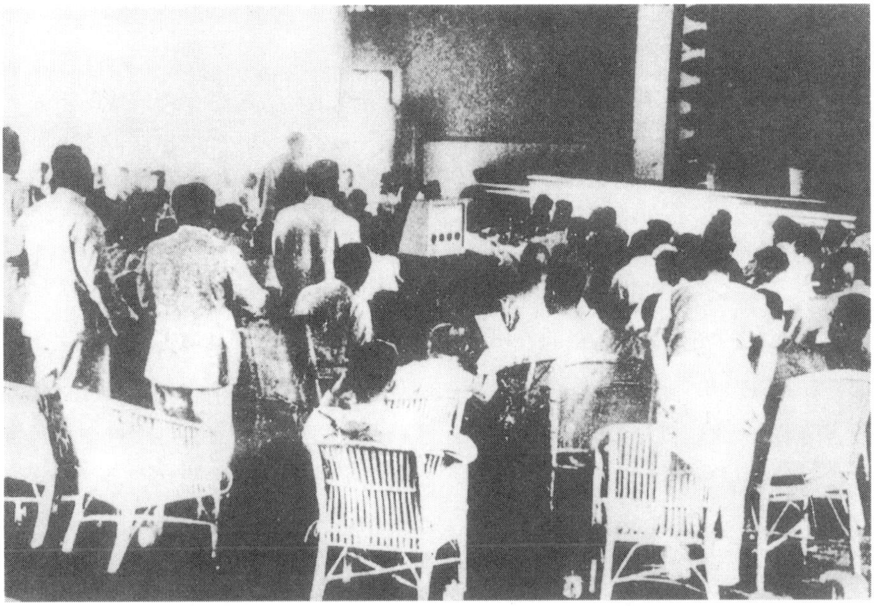

1959年8月7日，中共中央发出《关于反对右倾思想的指示》，提出右倾“已经成为工作中的主要危险”。图为会议期间批判彭德怀。

重工业的比重过大，挤了轻工业。在“大跃进”的三年中，重工业的比重达到55%—57%。由于轻工业建设缓慢，到1960年，棉纱、棉布、卷烟、糖等的产量均低于1958年，造成市场商品匮乏。

某个工业部门在一定时期的特定条件下，有一个比较高的发展速度也是可能的。但这种高速度，一则是不可能持久；二则要以牺牲其他部门经济的发展为代价，而后者又直接影响到前者，其结果只能是由单兵冒进变成全军受挫，造成国民经济全面受困。在这三年中，重工业独腿“跃进”，表面看发展很快，但由于轻工业发展滞后，农业非但没有发展还大幅度后退。结果，到了1960年下半年，重工业也无力继续“跃进”，国民经济面临严重困难。

重工业的片面“跃进”还造成农业生产遭受极大破坏，粮食连年减产，城乡人民生活极为艰难。

由于农业高产“卫星”的误导，在制定1959年农业生产计划时出现了重大失误。1959年的总播种面积比1957年减少了10%，粮食播种面积减少了13%。一面是播种面积的减少，一面是由于自然灾害导致1959年单产的减少。这两个减少导致1959年的粮食产量仅3400亿斤，比当时公布的5401亿斤少2000亿斤，跌到了1954年（3390亿斤）的水平。

1960年和1961年的播种面积虽然有了增加，但我国却遭受了比1959年更严重的自然灾害，加之对农业的投入不足和农民生产积极性下降，导致农作物大面积减产。1960年我国农业总产值在上年实际上已大幅度下降的情况下，又下降了12.6%。主要农副产品大幅度减少，其中粮食只有2870亿斤，比上年减少530亿斤，减少了15.6%。棉、油等经济作物也大幅度减产。与1957年相比，1960年全国的粮、棉、油人均拥有量分别下降了29.7%、38.5%和56.1%。粮食的减少还导致了生猪的下降，生猪人均拥有量1960年比1957年下降了36.4%。

“大跃进”启动后，大量的农民被抽调从事大炼钢铁等非农业生产活动。同时，为了大力发展工业，兴建了一大批工矿企业和开展了各项大规模的基本建设，结果一方面农村劳动力大为减少；另一方面吃商品粮的人口大量增加。为了保证城镇居民的最低商品粮供应，不得不加大对农民粮食的征购量，实行高征购。

1958年到1960年的三年间，每年粮食征购量都在1000亿斤以上。这三年粮食征购量及与粮食总产量的比重分别是：1958年征购1175亿斤，占29.4%；1959年征购1348亿斤，占39.7%；1960年征购1021亿斤，占35.6%。过高的粮食征购量，是以降低农民口粮为代价的。1957年，全国农村留粮2940亿斤，1959年减为2052亿斤，1960年为1846亿斤。也就是说，1960年比1957年减少了17.2%。按人口平均，全国农村拥有粮食消费量，1957年为409斤，1959年为366斤，1960年仅为312斤。

由于高征购，加之人民公社在分配上搞平均主义，从而严重挫伤了广大农民的生产积极性，成为农业连年大幅度减产的重要原因，并造成了高征购——减产——再高征购的恶性循环。

城市居民的情况略好些，据当时对27个大中城市的调查，当时城镇居民每月口粮平均定量的情况是：广州、福州23斤至25斤，武汉、长沙、宁波、杭州、无锡、银川、兰州、青岛、旅大25斤至27斤，重庆、成都、合肥、西安、郑州、济南、呼和浩特、太原、唐山、保定、天津、本溪和吉林27斤至30斤，洛阳30.2斤，三门峡市33.2斤。需要说明的是，这里的粮食，不全是大米或面粉等细粮，甚至更多的是玉米、高粱、红薯干等粗粮以至各种“代食品”。

不但城乡粮食供应极度紧张，食用油、肉类的人均消费也极低。1960年平均每个农业人口食用油消费为1.5公斤，猪肉消费1.2公斤。城镇居民人均食用油消费3.6公斤，猪肉消费2.7公斤。由于粮食和副食品的严重短缺，1959年至1961年城乡居民生活异常艰难。农村的情况更为严重，过低的口粮，加之没有自留地和家庭副业来弥补口粮的不足，农民又要在公共食堂吃“大锅饭”，致使农村发生大面积的饥荒，并出现了严重的非正常死亡。据《当代中国的安徽》一书所载：1957年年底，安徽全省农村人口为3064万人，到1960年年底，只有2557万人，减少了487万人。1960年与1959年相比，全国总人口净减少了1000万人。

2.“八字方针”

中共中央确定了调整国民经济的“八字方针”：调整、巩固、充实、提高。毛泽东指出：搞社会主义不要那么急，不要务虚名而招实祸，要大搞调查研究。

面对国民经济的严重困难，党的各级干部头脑逐渐冷静下来。

1960年6月，中共中央在上海召开政治局扩大会议，主要讨论国际形势和第二个五年计划后三年(1960—1962)的补充计划问题。毛泽东在会议开幕时指出：建设时间还太短，认识不足，要经常总结。不要忌讳我们犯的错误，只有抓紧总结，使我们的认识更加全面一点，才能及时指导。他还要求各省、市、自治区在公布数字的时候，总是要少一点。要做的多一点，说的少一点。

会议最后一天，毛泽东写了《十年总结》一文，认为会议规定的“二五”计划后三年指标，仍然存在一个极大的危险，就是对于留余地，对于藏一手，对于实际可能性还要打一个大大的折扣，当事人还不懂得。他承认“大跃进”和人民公社化运动乱子出得不少，一段时间内思想方法不对头，忘记了实事求是的原则，有一些片面思想（形而上学思想）。他还强调指出：对于我国的社会主义革命和建设，我们已经有了十年的经验了，已经懂得了不少的东西了。但是我们对于社会主义时期的革命和建设，还有一个很大的盲目性，还有一个很大的未被认识的必然王国。我们还未能深刻地认识它。我们要以第二个十年时间去调查它，去研究它，从其中找出它的固有的规律，以便利用这些规律为社会主义的革命和建设服务。①

毛泽东所作的十年总结，实际上主要是对1958年“大跃进”以来三年社会主义建设经验教训的总结。在当时的历史条件下，他还不可能摆脱一些“左”倾思想的束缚，但他承认中国的社会主义革命和建设还有很大的盲目性，还没有真正掌握它的客观规律，重新倡导要坚持实事求是的原则，这对于中共中央随后作出国民经济调整的决策，是有重要指导意义的。

上海会议召开时，1960年已过近半，而生产任务完成却很不好，粮食供应日趋紧张，“大跃进”带来的问题日渐暴露。就在此时，本已出现裂缝的中苏两党两国关系濒临破裂的边缘。在1960年6月召开的各国共产党和工人党布加勒斯特会议上，苏共中央总书记赫鲁晓夫带头向中共代表团发动突然袭击，对中国共产党横加指责，使中苏两党在一系列重大问题上的意见分歧公开化。

在这种情况下，中共中央又于1960年7月5日至8月10日举行工作会议，讨论国际形势和国内经济问题，落实和安排国民经济计划。

会议批转了李富春、薄一波提出的《关于1960年第三季度工业交通生产中的主要措施》。《措施》指出：为了扭转第二季度以来主要产品下降的局面，解决基本建设战线过长、物资使用分散的问题，必须削减基本建设，集中力量把钢、铁、煤和运输生产搞上去。中共中央在批转这个报告时指出：由于可供调运的煤炭和生铁资源比原定计划减少，那些靠外调煤炭和生铁生产钢铁的省份，完成原定的生产计划就可能有困难。这些省份如果经过努力仍不能实现原定的钢铁生产指标，就应当实事求是，根据煤炭和生铁供应的可能，适当调整钢的生产指标。

会议还通过了《中共中央关于全党动手，大办农业，大办粮食的指示》、《中共中央关于开展以保粮、保钢为中心的增产节约运动的指示》。提出当前的中心任务是鼓足革命干劲，掀起一个群众性的增产节约运动的高潮，缩短基本建设战线，保粮、保钢；认真清理劳动力，加强农业生产第一线，保证农业生产；决定以后国民经济不再搞两本账，只搞一本账，不搞计划外的东西，不留缺口。

会议期间，长期负责计划工作的李富春提出了调整国民经济的建议，认为对工业要进行整顿、巩固、提高。可就在会议进行时，即7月16日，苏联政府突然照会中国政府，单方面决定召回全

① 中共中央文献研究室：《建国以来重要文献选编》第十三册，中央文献出版社1996年版，第421页。

部在华苏联专家和终止相关合同。苏联党和政府背信弃义的行为，自然激起了全党和全国人民的强烈愤慨。在这种情况下，一些人出于义愤，不能冷静地思考问题，提出要炼“争气钢”，争取当年生产钢2000万吨，提前实现钢产量赶超英国的目标。结果，这次会议未能对国民经济的调整问题进行深入的讨论。

会后，负责国家计划工作的李富春冷静地分析了所面临的形势，认为这种局面不能再持续下去，必须对国民经济进行必要的调整，填平补齐，巩固提高。他将自己的想法同中共中央总书记邓小平交换了意见，邓小平表示赞同。

8月下旬，国家计委着手编制1961年的国民经济计划，李富春指出，1961年国民经济计划的方针，应当是以“整顿、巩固、提高”为主，增加新的生产能力为辅，着重解决配套、补缺门、前后左右和品种质量问题，以便争取主动。①

李富春的设想得到了周恩来的支持。8月30日，周恩来在听取国家计委汇报后，在计委所提的对1961年国民经济实行“整顿、巩固、提高”的方针后，增写了“充实”两字。9月15日，他又将“整顿”改为“调整”，从而形成了“调整、巩固、充实、提高”的八字方针。

9月30日，中共中央批转了国家计委党组《关于1961年国民经济计划控制数字的报告》。这个报告第一次完整地提出了“调整、巩固、充实、提高”的八字方针，并将之作为调整国民经济的重要指导思想。

中共中央虽然初步确定了调整国民经济的“八字方针”，但是，要使人们从“大跃进”的狂热中冷静下来，由“跃进”变为较低速度，并不是一件容易的事情。1960年8月以后，尽管采取了许多措施，但钢铁生产的形势一直未见好转，日产量始终在5万吨左右徘徊。10月8日，中共中央书记处发出狠抓钢铁生产的通知后，钢产量有了回升，10月中旬达到了平均日产量6万吨。但是，从11月下旬开始，钢及与之相关的铁、煤、运输都出现了严重下降的情况。

为此，中共中央于12月3日发出了《关于保钢问题的紧急指示》，指出：今年能不能完成1860万吨钢的生产任务，是国内国外瞩目的一件大事，是一个政治性的问题。要求各地区、各部门要抓紧时机，克服困难，集中力量抓煤、铁、钢、运（输），把钢的生产水平突击上去，确保今年工业继续跃进的胜利。到这年年底，钢产量虽然达到了1866万吨，但国民经济的比例失调也更为严重。

① 参见房维中、金冲及主编：《李富春传》，中央文献出版社2001年版，第547页。

1960年12月24日至1961年1月13日，中共中央在北京召开工作会议，主要讨论1961年的国民经济计划，同时总结各地农村人民公社整风整社试点的经验。1961年1月3日，李富春汇报了安排1961年国民经济计划的意见，提出前一时期计划工作中有四个缺点，即忽视农业、指标偏高、权力下放偏多、检查不够。毛泽东插话说，去年的计划不仅没有注意农业，而且是挤了农业，挤了农业人力、物力；工业战线过大、面过广。当李富春说1960年的方针是调整、巩固、充实、提高时，毛泽东说，你这个方针就是休整的意思，和部队在两个战役之间有休整一样。他又问：大跃进的口号能不能在1961年提？邓小平回答说，今年元旦社论没有提大跃进，是提的争取社会主义建设的新胜利。毛泽东说，今年可能是就地踏步，休养生息。

1961年1月13日，毛泽东在中央工作会议上发表讲话，就农业、工业、建设方针、调查研究、国际形势等问题阐明意见，强调要大搞调查研究。他不无感慨地说：多年以来，我们的同志对这种工作不做了。只要不做这种调查工作，我们的工作就没有基础。只凭感想，凭想象凭估计，所以请同志们回去以后大兴调查研究之风，一切从实际出发，没有把握就不要下决心。调查研究极为重要。情况明才能决心大，要搞清情况，就要作调查研究。毛泽东还要求将1961年搞成实事求是年。

毛泽东在讲话中还说，现在看起来，社会主义建设不要那么急。越急就越办不好，不如缓一点，波浪式向前发展。“我们搞几年慢腾腾的，然后再说，今年、明年、后年搞扎实一点。不要图虚名而招实祸。我们要做巩固工作，提高产品质量，增加品种、规格，提高管理水平，提高劳动生产率。”①

毛泽东在讲话中提出的搞工业不能挤农业，搞社会主义不要那么着急，不要务虚名而招实祸，要大搞调查研究，可以说是对“大跃进”运动教训的深刻总结，这不论在当时还是现在，都是有指导意义的。

会议根据1960年国民经济计划的执行情况，对1961年的计划指标又作了调整：钢产量调低到1900万吨，煤调高到了4.36亿吨，粮食调高到4100亿斤；当年施工的大中型项目调整到900个，减少了300个。

由此，国民经济进入调整时期。

① 《毛泽东文集》第八卷，人民出版社1999年版，第236—237页。

3.“农业六十条”

毛泽东带头进行自我批评，他在批语中写道：毛泽东同志是同一切愿意改正错误的同志同命运、共呼吸的。

随着“农业六十条”的出台，一度被视为“资本主义尾巴”的社员自留地和家庭副业得以恢复，公共食堂被解散，平均主义的供给制被取消。

1958年至1960年的三年“大跃进”，是在农业领域率先发动的，然而从1959年起国民经济严重困难，最突出的表现却又是农业歉收、粮食短缺。因此，在调整国民经济的过程中，农业的恢复和发展就显得更为迫切。

1960年8月10日，为了恢复农业生产，解决日趋严重的粮食问题，中共中央发出《全党动手，大办农业，大办粮食的指示》，强调全党全民要“一致努力，大办农业，大办粮食”，并提出了从各方面挤出一切可能挤出的劳动力，充实到农业战线，坚决压缩农村基本建设等八项具体措施。

为了贯彻这个指示，在国务院副总理谭震林的主持下，9月20日至22日，山西、河北、山东、河南和北京五省市在北京召开农业书记会议。会议要求安排好农村人民生活，压低口粮指标，大种蔬菜，大搞代食品，办好公共食堂，并提出要"在今冬明春给广大群众以休生养息的机会"。[1] 10月7日，中共中央转发了这次会议的《纪要》，并要求各地以八届六中全会和毛泽东在两次郑州会议、两次上海会议上的讲话为武器，彻底肃清"共产风"、浮夸风、命令风和某些干部的特殊化风，把国家、集体与个人之间的关系，把大集体与小集体之间的关系，把领导与群众之间的关系彻底搞好，把农村必不可少的制度建立起来。

1961年年底，刘少奇在广州温泉附近山上的树林里拣毛栗子、橡子等，寻求解决经济困难时期的代食品问题。

1960年10月，中共中央决定在农村开展整风整社，以克服群众反映强烈的"共产风"、浮夸风、强迫命令、生产瞎指挥和干部特殊化等问题。这些问题当时被总称为"五风"。

为了从根本上解决"共产风"问题，1960年秋天，受中共中央委托，周恩来主持起草了《中共中央关于农村人民公社当前政策问题的紧急指示信》(简称"十二条")。同年11月3日，毛泽东对《紧急指示信》作了几处重要修改。当天，中共中央用电报将《紧急指示信》发给了生产大队、生产队党总支和党支部以上各级党的组织。

《紧急指示信》的主要内容是：三级

① 《晋、冀、鲁、豫、北京五省市农业书记会议纪要》，1960年10月。

所有，队为基础，是现阶段人民公社的基本制度，必须加强生产队的基本所有制，坚持生产小队的小部分所有制；坚决反对和彻底纠正“一平二调”的错误，凡是从人民公社成立以来，县和县以上各级机关和企业、事业单位向社员平调的，以及县、社和队向社员平调的房屋、家具、土地、农具、车辆、家畜、家禽、农副产品和建筑材料等等各种财物，都必须认真清理，坚决退还；允许社员经营少量的自留地和小规模的家庭副业；坚持各尽所能、按劳分配的原则；有领导有计划地恢复农村集市，活跃农村经济，等等。

11月5日，毛泽东代表中共中央起草了一份关于纠正“五风”等问题的批示信，要求各地“必须在几个月内下决心彻底纠正十分错误的共产风、浮夸风、命令风、干部特殊风和对生产瞎指挥风，而以纠正共产风为重点，带动其余四项歪风的纠正”，他强调，“现在是下决心纠正错误的时候了”，并要求各级干部既要真正学懂十二条，又要把政策交给群众。①

“十二条”是庐山会议以来党在农村政策上一个历史性的文件，它标志着农业领域的纠“左”已迈开了实际步伐。

为使各级干部认真总结人民公社化运动以来的经验教训，毛泽东带头进行自我批评。1960年11月28日，他在代中共中央起草的转发《甘肃省委关于贯彻中央紧急指示信的第四次报告》的批语中，写下了这样一段话：“毛泽东同志对这个报告看了两遍，他说还想看一遍，以便从中吸取教训和经验。他自己说，他是同一切愿意改正错误的同志同命运、共呼吸的。他说，他自己也曾犯了错误，一定要改正。”②

“十二条”受到了广大基层干部和农民的拥护。许多省、市、自治区召开省、地、县三级或省、地、县、社、队五级干部会议，贯彻《紧急指示信》的精神，一些省委和地、县委结合自己工作的实际，作了认真的自我批评，各省、市、自治区党委还相继作出了贯彻“十二条”的补充规定。

“十二条”在农民中引起了强烈反响。四川郫县红光公社的社员说：“中央的十二条完全说到我们的心坎上，条条入耳，越听越想听。”雅安县多营公社的社员更是说：“照这样办，我们睡着了都会笑醒。”③河北保定的小队干部说：“有了十二条这个靠山，我们一定好当

① 《建国以来毛泽东文稿》第九册，中央文献出版社1996年版，第352页。

② 《毛泽东文集》第八卷，人民出版社1999年版，第222页。

③ 转引自中共中央文献研究室：《周恩来传（1949—1976）》（下），中央文献出版社1998年版，第622页。

家，过好日子。”①

但是，“十二条”仍有很大的不足。如文件中的“队为基础，三级所有”中的“队”，指的是生产大队，而不是生产队。“十二条”虽然对工资制与供给制的比例作了规定，但仍然肯定了供给制和工资制相结合的分配制度，而供给制恰恰是社员间平均主义主要的根源，也是社员对人民公社最不满意的地方之一。尤其是作为供给制重要载体的公共食堂，早已为群众强烈不满。而对于这个问题，“十二条”却明确规定：“公共食堂的制度必须坚持”。

因此，广大干部和群众一面对“十二条”表示由衷的欢迎，一面又迫切希望进一步解决困扰生产队积极性的基本核算单位过大，以及严重损害社员生产积极性的供给制和公共食堂等问题。

在1961年年初召开的中央工作会议和八届九中全会上，毛泽东曾反复强调调查研究的重要性，要求全党深入开展调查研究。八届九中全会一结束，他就致信秘书田家英，要他和陈伯达、胡乔木各带一个调查组，分别去浙江、湖南、广东三省农村，以10天至15天的时间，各调查一个最好的队和一个最坏的队，然后直接向他汇报。1961年1月21日，三个调查组离京前往浙、湘、粤三省农村调查。

5天后，毛泽东自己也离开北京，前往南方进行调查研究。

在杭州，毛泽东听取了田家英率领的浙江调查组和浙江省委的汇报。田家英的汇报主要反映了三个方面的问题：一是由于这几年“五风”严重，粮食大幅度减产；二是生产队规模过大，造成生产管理上的诸多困难；三是社员对公共食堂普遍不满，不愿意在食堂吃饭。②

2月中旬，毛泽东又在长沙听取了胡乔木率领的湖南调查组和湖南省委的汇报，从而对社队规模过大和公共食堂的弊端有了进一步的了解。

1958年人民公社化运动以来，中共中央虽然先后下发过《关于在农村建立人民公社问题的决议》、《关于人民公社若干问题的决议》、《关于人民公社的十八个问题》等文件，但一直没有一个全国性的对人民公社各项工作起规范作用的章程，这也是导致几年来农村政策混乱、“五风”屡禁不止的重要原因。对此，田家英在杭州向毛泽东汇报调查情况时，建议中共中央搞一个人民公社工作

① 中共保定市委：《关于学习贯彻中央“紧急指示”的情况向省委的报告》，1960年11月29日。
② 中共中央文献研究室：《毛泽东传(1949—1976)》(下)，中央文献出版社2003年版，第1121—1122页。

条例，使人民公社的各项工作有章可循，并从根本上克服“五风”。这个意见被毛泽东所采纳。

1961年3月，中共中央决定在广州和北京分别召开工作会议，即“三南”会议和“三北”会议。不久，毛泽东和中共中央又决定将这两个会议合并在广州召开。

广州会议经过认真的讨论，制订并通过了《农村人民公社工作条例（草案）》（即“农业六十条”）。《条例（草案）》将人民公社的组织规定为公社、大队、生产队三级，减少了公社的管理层次，同时明确了公社、大队、生产队的责、权、利；强调自留地长期归社员使用，自留地的农产品不算在集体分配的产量和口粮以内，国家不征公粮，不计统购。

此外，《条例》还规定，公社占用大队的劳动力，一般不得超过生产大队劳动力总数的2%；生产大队占用生产队的劳动力，一般不能超过生产队劳动力总数的3%。为了巩固大队所有制和发展大队经济，在今后几年内，公社一般应少提或不提生产大队的公积金；如果要提，提取的比例要经县人民委员会批准。生产大队对生产队必须认真执行包产、包工、包成本和超产奖励的“三包一奖”制；超产指标要留有余地，超产的大部或全部应奖给生产队。人民公社的各级干部，必须坚持实事求是的工作作风，说老实话，如实反映情况；严禁干部打人骂人和变相体罚，严禁用“不准打饭”、“不发口粮”和乱扣工分的办法处罚社员，等等。这些规定，在当时都是很有针对性的。

在广州会议结束的时候，中共中央就认真进行调查研究问题，致信各中央局，各省、市、自治区党委，要求党的高中级干部联系最近几年工作中的经验教训，认真学习毛泽东的《关于调查工作》一文。信中指出，最近几年农业、工业方面的具体工作中发生的缺点和错误，主要是放松了调查研究工作，这段时间，夸夸其谈，以感想代替政策的恶劣作风，又有了抬头。中共中央要求从现在起，县以上的党委领导人员，首先是第一书记，要将调查工作作为首要任务，并订出制度，造成空气。在调查中，不要怕听言之有物的不同意见，更不要怕实践检验推翻了已经作出的判断和决定。只要坚持调查研究、实事求是的作风，目前所遇到的问题就一定能够顺利地解决，各方面的工作就一定能够得到迅速的进步。[①]

4月25日，中共中央发出《关于在

① 中共中央文献研究室：《建国以来重要文献选编》第十四册，中央文献出版社1997年版，第225—226页。

5月中旬召开中央工作会议的通知》，要求各中央局，各省、市、区党委，利用会议召开前的这一段时间，就食堂、粮食、供给制、山林分级管理等农村工作中的若干关键问题，进行重点调查，下十天至十五天的苦工夫，切实了解情况，向群众寻求真理，以便开好这次中央工作会议。

广州会议之后，从党的领袖到省、地、县各级领导机关的干部，纷纷走出机关，带着《农村人民公社工作条例（草案)》，深入农村，宣传“六十条”，解决贯彻“六十条”时遇到的问题，全党上下大兴调查研究之风。

这次全党大调查中，中央领导同志起了很好的表率作用。广州会议一结束，刘少奇就深入到湖南农村，先后在宁乡、长沙的几个生产队，就公共食堂、供给制、社员住房、山林等问题，进行了历时44天的调查，其中30天时间住在农村，有时甚至是住在生产队的猪场里。4月底5月初，周恩来到了河北邯郸，重点对武安县的伯延公社进行调查。与此同时，朱德前往河南、四川、陕西、河北等省进行调查，陈云到了当年组织农民运动的上海青浦县进行调查，邓小平和彭真率五个调查组在北京郊区的顺义、怀柔作了为期一个月的调查，邓子恢回到家乡福建的龙岩进行调查。

此外，中共中央还组织了一批调查组，前往各地农村进行调查研究，如习仲勋率领的河南长葛调查组，谢富治率领的河北邯郸调查组，杨尚昆率领的河北徐水、安国调查组，陈正人率领的四川简阳调查组，胡耀邦率领的辽宁海城调查组，钱瑛率领的甘肃天水调查组，王从吾率领的黑龙江双城调查组，平杰三率领的山东泰安调查组，廖鲁言率领的山西长治调查组。这些调查组与农民同吃同住同劳动，掌握了农村的许多真实情况，对人民公社存在的问题有了深入的了解。

在中共中央的带领下，各省、地、县的党委也纷纷组织调查组，深入本地农村了解“六十条”草案的贯彻情况。这样全党范围的大规模农村调查，是党执政以来从未有过的。

在人民公社化运动中，公共食堂和供给制被当做具有“共产主义萌芽”的新生事物而大加提倡。甚至在农业六十条草案中，仍然肯定了供给制，要求供给部分与工资部分三七开，并强调要继续办好公共食堂。可是在调查中，中央领导同志和各调查组却发现，群众最关心、意见最大的恰恰就是这两个问题。

刘少奇在调查中深切地感到：“食堂没有优越性，不节省劳动力，不节省烧柴。这样的食堂要散，勉强维持下去没有好处，已经浪费几年了，不能再浪

1961年1月14日至18日，中国共产党在北京召开八届九中全会。会议听取和讨论了李富春《关于1960年国民经济计划执行情况和1961年国民经济计划主要指标的报告》。会议强调贯彻执行国民经济以农业为基础的方针，批准了对国民经济实行“调整、巩固、充实、提高”的八字方针。会议还通过了《中央工作会议关于农村整风整社和若干政策问题的讨论纪要》。毛泽东在会上号召全党大兴调查研究之风。图为毛泽东在会议上讲话。

费下去。”①周恩来在调查中了解到的情况是：绝大多数甚至于全体社员，包括妇女和单身汉在内都愿意回家吃饭；社员不赞成供给制，只赞成把五保户包下来和照顾困难户的办法，迫切要求恢复到高级社时记工评分的办法。②朱德在给毛泽东的信中说：“四川的公共食堂是‘两道烟’，即在食堂做一道，社员打回家再做一道，既浪费人力又浪费物力。”③邓子恢在福建龙岩调查时了解到，群众普遍反映公共食堂是有害无利，它大大地影响了农民的劳动积极性，并且出了一批懒汉。④杨尚昆在关于河北安国、徐水两县的调查报告中说，由于供给的比例大，降低了工分分值，不利于发挥劳动者的积极性。总之，各级调查组了解到的情况是，公共食堂不能不散，供给制不能不取消。

这次调查研究，在共和国历史上是规模空前的。党的第一代中央领导集体的成员都深入到农村进行调查，从中央到县级以上各级党委都派出了调查组，写出了大量的调查报告，了解到了许多曾经不知情的真实情况，发现了人民公

① 《刘少奇选集》（下册），人民出版社1985年版，第329页。
② 《周恩来选集》（下卷），人民出版社1984年版，第315页。
③ 中共中央文献研究室编：《朱德年谱》，人民出版社1986年版，第478页。
④ 《邓子恢文集》，人民出版社1997年版，第533页。

社中存在的大量问题，并在调查中找到了解决问题的对策。通过近两个月的调查，许多事关人民公社的政策问题基本明朗，对“农业六十条”草案需要修改、补充和完善的地方也大体明确。在此基础上，1961年5月21日至6月12日，中共中央在北京召开工作会议。会议的一项重要成果，是对《农村人民公社工作条例（草案）》中关于公共食堂和供给制的内容作了重大修改，对生产大队的山林、社员的房屋和干部纪律作出了明确规定，最后形成了《农村人民公社工作条例（修正草案）》。

对于公共食堂，“六十条”修正草案第36条规定：“在生产队办不办公共食堂，完全由社员讨论决定。”“社员的口粮，不论办不办食堂，都应该分配到户，由社员自己支配。口粮分配到户的办法可以在收获后一次发，也可以分期发。”①对于供给制问题，“六十条”修正草案取消了原草案中关于社员分配中供给部分和工资部分“三七开”的规定，改为社员一切收入都“按劳动工分进行分配”。这实际上是允许解散公共食堂和取消了供给制。

“农业六十条”草案及其修正草案的出台，一度被视为“资本主义尾巴”的社员自留地和家庭副业得以恢复，吃饭不自由的公共食堂被解散，平均主义的供给制被取消，生产队和社员被“共产”风刮走了的财物得到了一定的退赔，这些都极大地调动了广大农民生产的积极性。河北唐山的社员说：“今年啥都遂心了，啥都由我们做主，多收少收就看我们的了。”“秋后见吧！一定对得起‘十二条’和‘六十条’，对得起毛主席。”②湖北省许多群众说：“毛主席的政策又到我们心头了！”“要是这样办，我们保证进一步把生产搞好。”③

但是，“六十条”草案和修正草案虽强调人民公社实行“三级所有，队为基础”，可是，这里的“队”是指生产大队而非生产队，也就是说，仍规定以生产大队为基本核算单位。因此，大队内部各生产队之间仍然是平均主义。

为了解决队与队之间的平均主义问题，各地基本上采取包工、包产、包成本、超产奖励的“三包一奖”办法，可这个既费时又费力的办法也不灵。

山东省历城县南郊公社东八里洼大队有5个生产队，各队的生产条件基本相同，第一生产队生产好、增产多，超产粮食18000斤，第二生产队只超产

① 中共中央文献研究室：《建国以来重要文献选编》第十四册，中央文献出版社1997年版，第401页。
② 《唐山地委关于贯彻执行农村人民公社工作条例（草案）试点工作的报告》，1961年5月23日。
③ 湖北省农业办公室：《农村食堂的变化情况》，《情况简报》第46期。

4000斤，结果大队从第一生产队提走超产粮9000斤，从第二生产队只提走了2000斤。第一生产队感到吃亏很大，又听说第二生产队搞了瞒产私分，实际超产粮不止那么多，更感到吃亏，该队队长干脆躺倒不干了。①

河北涿县西皋庄大队，1960年包产时第二生产队有10亩低洼地，每亩只包产28斤豆子，每亩包工9个。这个队算了一笔账，就算这10亩豆子颗粒不收，按亏产罚30%计算，共要罚款8.4元；每亩包工9个，按每个工决算时分值0.35元计算，能分款31.5元。除去赔款还净得23.1元。如果把这些工用去搞副业，还可得100多元。其他队的社员说："三包一奖好是好，就是投机取巧管不了。"②

毛泽东一直把"农业六十条"当做他的心爱之作，对于贯彻执行"六十条"之后生产队之间存在的平均主义，也是他在"六十条"修正草案通过后关注和思考的一个重要问题。

1961年2月下旬，毛泽东主持起草了《农村人民公社工作条例（草案）》（即"农业六十条"）。3月14日至23日，中共中央在广州举行工作会议，讨论通过了工作条例草案。23日，中共中央发出《关于认真进行调查工作问题给各中央局，各省、市、区党委的一封信》。广州会议是自人民公社化运动以来努力解决农业问题的一次重要会议。图为广州会议会场。

1961年9月下旬，毛泽东在从外地视察回北京的途中，于9月27日在河北邯郸邀集河北、山东省委和邯郸、邢台、保定、石家庄、张家口等五地委的负责人谈话。座谈中反映出的一个突出问题是："六十条"修正草案中用"三包

① 中共山东省委农村工作部：《关于农村人民公社体制问题的座谈意见》，1961年3月17日。
② 河北省委工作组：《关于分配大包干的调查报告》，1961年8月17日。

一奖四固定”的办法处理生产大队与生产队的经济关系，既繁琐，又没有真正克服队与队之间的平均主义问题。在谈话中，毛泽东得知，河北保定地区有些生产大队针对“三包一奖”的弊端，创造了“大包干”的分配办法。凡是实行这种办法的大队，队内部的“五风”问题不大，外部的“五风”到队内也被化小了。因此，这些队的生产逐年稳步提高，群众生活也较好。

在困难时期，中国共产党内涌现出大批以身作则，带领群众艰苦奋斗，努力改变贫困面貌的优秀干部。中共兰考县委书记焦裕禄身患肝癌，仍然深入田头调查研究，带领全县干部和群众治理内涝、风沙、盐碱三害。1964年5月14日逝世。他被誉为“县委书记的好榜样”，全国掀起了学习焦裕禄的热潮。图为焦裕禄在田间了解农作物的生长情况。

“分配大包干”的做法，与毛泽东一直萦绕于心的解决队与队平均主义的想法是一致的。他当即表示：“三包一奖”是个大问题，不以脚为基础，以腰为基础，闹平均主义。脚去生产，腰去分配。“三包一奖”算账算不清，强迫命令成定局，搞平均主义。他还说，什么叫队为基础，就是以现在的生产队为基础，就是过去的小队。三级所有，基础在队，在脚。这样搞上十年、八年，生产发展了就好办了。

9月29日，毛泽东将自己亲笔作的《邯郸谈话会记录》，批印给中央政治局常委们进行讨论、研究。同一天，他致信政治局常委说：“我们对农业方面的严重平均主义的问题，至今还没有完全解决，还留下一个问题。农民说，六十条就是缺了这一条。这一条是什么呢？就是生产权在小队、分配权却在大队，即所谓‘三包一奖’的问题。这个问题不解决，农、林、牧、副、渔的大发展即仍然受束缚，群众的生产积极性仍然要受影响。”“我的意见是‘三级所有、队为基础’，即基本核算单位是队而不是大队。”他还说：“在这个问题上，我们过去过了六年之久的糊涂日子（一九五六年，高级社成立时起），第七年应该醒过来了吧。[①]

在这之后，一些地方开始了将基本核算单位下放到生产队的试点，发现效果很好。在试点的基础上，1962年2月23日，中共中央发出了《关于改变农村人民公社基本核算单位问题的指示》。指示总结了以生产队为基本核算单位的四点好处：一是能够比较彻底地克服生产队之间的平均主义；二是生产队的生产自主权有了很好的保障；三是更适合当前农民的觉悟程度；四是更有利于改善集体经济的经营管理。

《指示》强调："在我国绝大多数地区的农村人民公社，以生产队为基本核算单位，实行以生产队为基础的三级集体所有制，将不是短期内的事情，而是在一个长时期内，例如至少三十年，实行的根本制度。基本核算单位一经确定之后，就要稳定下来，不能任意变动。"[②]

自1960年11月中共中央发出"十二条"紧急指示信以后，一系列"左"的政策得到了纠正，农民的生产积极性得到了调动，受"大跃进"和"五风"严重摧残的中国农村开始复苏。1961年，我国虽然仍遭受了较严重的自然灾害，但粮食生产已经开始有了转机，比上年度增长了2.8%，扭转了连续两年大减产的局面。到1962年，农村形势进一步好转，全年粮食总产量比1961年增长了125亿斤，其他经济作物也有了一定的发展，全国已有四分之一的县农业总产值恢复和超过了1957年的水平。到这时，中国农业和中国农民都走出了建国以来最困难的时期。

① 《毛泽东文集》第八卷，人民出版社1999年版，第284—285页。
② 中共中央文献研究室：《建国以来重要文献选编》第十五册，中央文献出版社1997年版，第180页。

4.“包产到户”的兴衰

邓小平说:“责任田”是新生事物,可以试试看。安徽省的同志说,“不管黑猫黄猫,能逮住老鼠就是好猫”,这话有一定的道理。

但在毛泽东看来,搞“包产到户”就会有滑向单干的危险。

“农业六十条”自起草到修改的全过程中,都是着力调整生产大队与生产队的关系,解决队与队之间的平均主义的问题,但是,生产队内部社员与社员间的平均主义仍然没有克服。

对于如何克服社员间的平均主义,调动农民更大的生产积极性,迅速扭转农村的困难局面,许多党的干部都在思考这个问题。安徽省委第一书记曾希圣便是其中之一。

在“大跃进”和人民公社化运动中,安徽曾是最积极的省份之一,结果付出了惨痛的代价。1960年冬,在中共中央召开的一次各中央局书记会议上,曾希圣听毛泽东说,“可以把高级社时期实行田间管理农活包工到户的办法恢复起来”,他很受启发,认为恢复农村经济可以考虑走“包产到户”的路子。

1961年2月,安徽省委书记处召开会议,研究包产到户问题。会上,曾希圣提出了“按劳动力分包耕地,按实产粮食记工分”的联产到户责任制的新办法。省委书记处研究后同意试行这个办法,但考虑到这个办法虽然没有“包产到户”之名，却是行“包产到户”之实，而大家对庐山会议后将“包产到户”当做走资本主义道路而大加批判记忆犹新，建议先请示一下华东局第一书记柯庆施，看看他的态度。柯庆施对这件事也拿不准，答复说，这个办法不推广，每个县先搞一个典型试验一下。

2月下旬，安徽省委通过对合肥市郊的蜀山公社井岗大队南新庄生产队的试点，认为联产到户具有诸多好处。随后，根据曾希圣的意见，安徽省委作出了《关于推行包产到队、定产到田、责任到人办法的意见》，下发到各地、市、县委。3月中旬，安徽每个县都搞起了一两个“责任田”试验点，一些社队则干脆自发地搞起“责任田”。在不长的时间里，全省搞“责任田”的生产队达到了39.2%。

当农村出现饥荒时，安徽、湖南等地实行了各种类型的责任制。图为湖南省祁东县官山公社南木塘生产队建立明确的责任制后，田间管理小组在施肥。

随后，曾希圣到广州参加“三南会议”时，向毛泽东汇报了“责任田”的情况。此时，毛泽东正在全力探索如何解决队与队、社员与社员间的平均主义问题，所以对曾希圣说：“你们试验嘛！搞坏了检讨就是了。”曾立即打电话告诉省委说：“现在已经通天了，可以搞。”过了几天，毛泽东又通过柯庆施转告曾希圣说：可以在小范围试验。同年7月，曾希圣又到蚌埠就“田间管理责任制”问题向途经这里的毛泽东作了汇报，并再次讲到了实行这种办法的好处。毛泽东表示：“你们认为没有毛病就可以普遍扩大。”“如果责任田确有好处，可以多搞一点。”[①]毛泽东认

① 安徽省农村经济委员会、安徽省档案局：《安徽责任田资料选编（1961—1963）》，1987年编印，第4、7页。

为安徽“责任田”“可以多搞一点”，并不是表明他已经认同了“责任田”，而是此时他正在为解决人民公社内部的两个平均主义问题寻求办法。在他看来，安徽“责任田”也不失为一种解决两个平均主义的探索，可以一试。

有了毛泽东这个表态，安徽全省的“责任田”迅速发展。这年8月中旬，实行“责任田”的生产队达到了74.8%，10月中旬增加到84.4%。到1961年年底，则更是增加到91.1%。

这年9月，毛泽东通过邯郸谈话会，从河北一些地方“分配大包干”中得到启发，并决定将基本核算单位下放到生产队。这也使得他对安徽“责任田”的态度发生了变化。如果说，此前他还认为“责任田”也不妨是一种解决公社内部平均主义的一种试验，那么，基本核算单位下放到生产队后，他认为已经找到了克服公社内部平均主义的根本途径，就没有必要搞“责任田”一类了。虽然安徽省委一再强调，他们的“田间管理责任制”不是“包产到户”，不是单干，但其本质还是搞的“包产到户”，而在毛泽东看来，搞“包产到户”就会有滑向单干的危险。1960年年底以后，毛泽东为解决人民公社问题付出了很多的精力，在他的努力下，中共中央出台了一系列的政策措施，但以生产队为基本核算单位，是毛泽东调整人民公社体制的底线，他认为不能再退了，再退就到了分田单干的道路上去了。

毛泽东这种态度的变化，从1961年11月13日中共中央发出的《关于在农村进行社会主义教育的指示》中可以看出来。指示中说：“目前在个别地方出现的包产到户和一些变相单干的做法，都是不符合社会主义集体经济的原则的，因而也是不正确的。在这类地方，应当通过改进工作，办好集体经济，并且进行细致的说服教育，逐步地引导农民把这些做法改变过来。”①

1961年12月中旬，毛泽东将曾希圣找到江苏无锡，以商量的口吻说，有了以生产队为基本核算单位，是否还要搞“责任田”？又说，生产恢复了，是否把这个办法变回来？曾希圣说：群众刚刚尝到甜头，是否让群众再搞一段时间。毛泽东听后没有再说什么，但他对不要再搞“责任田”的态度其实已经明朗了。

在安徽大搞“责任田”时，其他一些地方也出现了各种形式的包产到户。1961年9月，中共中央农村工作部在一份关于各地贯彻执行“农业六十

① 中共中央文献研究室：《建国以来重要文献选编》第十四册，中央文献出版社1997年版，第767页。

条”情况简报中说：“在一部分生产力破坏严重的地区，相当一部分干部和农民对于集体生产丧失信心，以致发展到‘按劳分田’、‘包产到户’、‘分口粮田’等变相恢复单干现象。……更值得注意的，是推行‘包产到户’的做法，尽管这种地区并不占多数，表现形式和具体作法上也各有不同，但带有一定的普遍性，差不多每个省、市、区都有发现。个别地方则是有领导地自上而下地执行这种作法。”①可见，当时以各种形式实行包产到户的，并非个别现象。

1962年年初的“七千人大会”后期，按照毛泽东提出的要把大会开成“出气会”的要求，各代表团纷纷开展了自我批评。在“大跃进”和人民公社化运动中，安徽“五风”比较严重，曾希圣在会上受到了批判，遭到了撤职处分。结果，曾希圣推行“责任田”也被连带批判，说“责任田”是“犯了方向性的严重错误”，“带有修正主义色彩”。

新的安徽省委成立后，立即着手纠正“责任田”，但“责任田”得到了安

允许社员从事家庭手工业和副业生产。图为河北白洋淀圈头公社的社员在编席。

徽广大农民的拥护，在新省委大张旗鼓地纠正“责任田”时，作了一份调查，仍有10%左右的社员，主张继续搞包产到

① 黄道霞等主编:《建国以来农业合作化史料汇编》，中共党史出版社 1992 年版，第 648 页。

户，不愿改正“责任田”；有20%左右的社员不愿搞“责任田”，这些人主要是干部、党团员、积极分子、困难户和劳动力少技术差的户；其余70%的社员处在中间状态。当然，这个统计数字未必可靠，但即使是这10%和70%，也说明推行“责任田”是深得人心的。

与此同时，党内亦有相当多的干部认为，“包产到户”是克服生产队内部社员之间平均主义的有效形式，因而以各种方式支持“包产到户”。

“七千人大会”后，安徽强行纠正“责任田”，许多干部虽不能公开反对，但内心不赞成这一做法。这年4月，宿县符离集区委书记武念慈给中央农村工作部部长邓子恢写信，向他保荐“责任田”。信中说，符离集区从1961年3月开始试行“责任田”，当年粮食增产18%，深受干部群众欢迎。对于省委纠正“责任田”的决议，区委的干部进行了多次学习和讨论，思想仍然不通。这封信引起了邓子恢的重视，乃派农村工作部副部长王观澜带领调查组前往安徽当涂调查。

6月中旬，邓子恢收到了王观澜报送来的《当涂县责任田的情况调查》。报告中说，“责任田”做到了生产资料、生产计划、劳动力、分配和上交任务“五统一”，把农民的个人利益和集体经济紧密结合起来，社员的生产热情空前高涨，对恢复生产起了积极作用。邓子恢看了调查报告后认为，既然大多数“责任田”不涉及所有制问题，只是集体经营管理的一种形式，就不应加以否定，而应总结经验，加以提高。为了稳妥起见，他又让调查组到符离集所在的宿县调查，结果调查组得出了与当涂调查相同的结论，并且反映当地的干部纷纷要求允许他们试三年，等粮食过了关再改过来。①

看了这些报告，结合自己对“包产到户”问题的了解和思考，邓子恢认为“包产到户”是可行的。7月11日，邓子恢到中共中央高级党校作关于农业问题报告，着重讲了生产责任制的问题。他指出，现在集体经济的经营管理大部分没有搞好，主要是社员积极性不高；责任心不强，责任制没有建立起来；不能因材使用，分工合作。他认为，农村生产责任制不和产量结合是很难包的。因此，他强调：“不能把作为田间管理责任制的‘包产到户’认为是单干，虽然没有统一搞，但土地、生产资料是集体所有，不是个体经济，作为田间管理包到户，超产奖励这是允许的。”②

① 参见《邓子恢传》，人民出版社1997年版，第563页。
②《邓子恢文集》，人民出版社1997年版，第608页。

当时，党内高层赞成“包产到户”的，并非只有邓子恢一人。

“七千人大会”后，受毛泽东委派，田家英率调查组到湖南进行贯彻执行“农业六十条”情况的调查。调查组调查了毛泽东家乡湘潭的韶山南岸生产队、毛泽东外祖父家湘乡的大坪大队和刘少奇家乡宁乡的炭子冲大队。调查组一进韶山，就发现群众普遍要求“包产到户”和分田到户，而且呼声很高。对这一情况，田家英没有思想准备，在一年前的广州会议上，他还是明确地反对“包产到户”的。通过进一步调查讨论，田家英一方面觉得搞“包产到户”明显对恢复生产有利，但另一方面又觉得这个问题重大，不能轻举妄动，因为韶山是个特殊的地方，对全国影响很大。

带着这种矛盾的心情，田家英前往上海向毛泽东汇报。结果，毛泽东说：“我们是要走群众路线的，但有的时候，也不能完全听群众的，比如要搞‘包产到户’就不能听。”而此时也在上海的陈云看了调查报告后，却评价说：“观点鲜明。”①

从上海回来后，田家英又到韶山进行了一段时间的调查，于6月底回到北京，将调查的情况向刘少奇作了汇报。刘对“包产到户”内心是赞成的。1961年4、5月间，他在湖南宁乡调查时针对“包产到户”问题就讲过，“有些零星生产可以包产到户”，例如田塍、荒地等。所以田家英的汇报刚开个头，就被刘少奇打断了。刘说：“现在情况已经明了了。”接着就提出关于实行“包产到户”的主张，并且详细地讲了对当时形势的看法。当田问可不可以将他这些意见报告毛泽东时，刘干脆地说：“可以。”②

邓小平对“包产到户”也是赞成的。1962年6月下旬，中共中央书记处听取华东局农村办公室的汇报，华东局认为安徽搞“责任田”就是单干，是方向性错误。会上，赞成和反对的意见各占一半。邓小平说：在农民生活困难的地区，可以采取多种办法，安徽省的同志说，“不管黑猫黄猫，能逮住老鼠就是好猫”，这话有一定的道理。“责任田”是新生事物，可以试试看。③

7月7日，邓小平在接见出席共青团三届七中全会的全体与会者时说，现在出现了一些新情况，如实行“包产到户”、“责任到田”、“五统一”，等等。以各种形式“包产到户”的恐怕不只是百分之二十，这是一个很大的问题。这样

① 董边等编：《毛泽东和他的秘书田家英》(增订本)，中央文献出版社1996年版，第89—91页。

② 董边等编：《毛泽东和他的秘书田家英》(增订本)，中央文献出版社1996年版，第91页。

③ 薄一波：《若干重大决策与事件的回顾》(下卷)，中共中央党校出版社1993年版，第1084页。

的问题应该是百家争鸣，大家出主意，最后找出个办法来。他还说：“生产关系究竟以什么形式为最好，恐怕要采取一种态度，就是哪种形式在哪个地方能够比较容易比较快地恢复和发展农业生产，就采取哪种形式；群众愿意采取哪种形式，就应该采取哪种形式，不合法的使它合法起来。”他进一步指出，就是有些“包产到户”的，要使他们合法化。①在这里，邓小平对“包产到户”的倾向性是不言而喻的。

1962年夏，从上至国家主席、党的副主席、总书记，下至基层干部和群众，都把“包产到户”当做恢复和发展农业生产、解决生产队内部平均主义的良方，但是“包产到户”到底能不能公开合法，还有一个必经的关口，就是毛泽东在这个问题上的表态。因为自“大跃进”以来，党内生活已不大正常。“大跃进”之初，毛泽东对主张“反冒进”的周恩来、陈云等人的批评，庐山会议对彭德怀的批判，使党内的民主决策机制遭到破坏。在重大问题上，最终的决定权在毛泽东那里。

然而，毛泽东却并不看好“包产到户”。在他看来，有了“农业六十条”，又有了以生产队为基本核算单位，人民公社的问题就已经解决。搞“包产到户”就是搞单干，这也就是在农村要走资本主义道路。毛泽东对人民公社内部的平均主义是反对的，所以他才决定将基本核算单位下放到生产队，但他又认为，生产队内部又不能没有一点平均主义，不能搞彻底的按劳分配，否则就不能给贫苦农民以适当的照顾，就不可避免地要出现农村的两极分化。毛泽东对农民尤其是贫苦农民有着深厚的感情，对他们的处境十分同情。搞互助合作，引导农民走集体化道路，就是为了避免农村的两极分化，实现共同富裕。毛泽东认为，如果在共产党领导下，农民仍然穷的穷、富的富，那就有悖领导农民革命的初衷，搞“包产到户”就会产生这样的后果。

1962年7月初，毛泽东从外地回到北京。7月6日，陈云致信毛泽东，希望就恢复农业的有关问题同他交换意见。当天下午，毛泽东就找陈云谈话。陈云阐述了个体经营与合作经济在我国农村相当长的时间内还要并存的问题，认为当前要注意发挥个体经济的积极性，以克服困难。陈云还说，分田到户不会引起两极分化，不会影响征购，恢复只要四年，否则要八年。当时毛泽东没有表态。但第二天传出消息说，毛泽东很生气，严厉批评说，“分田单干”是瓦解

① 《邓小平文选》第一卷，人民出版社1989年版，第323页。

集体经济，是修正主义。陈云从此不再谈“包产到户”的问题。[①]

接着，毛泽东约见了田家英。田在汇报中说，全国各地已经实行“包产到户”和分田到户的农民，约占30%，而且还在继续发展，与其让农民自发搞，不如有领导地搞活经济。将来实行的结果，“包产到户”和分田单干的可能达到40%，另有60%是集体的和半集体的。搞“包产到户”和分田单干，是临时的措施，等生产恢复了，再把他们重新引导到集体经济。田汇报完后，毛泽东突然问田：你是主张集体经济为主，还是以个体经济为主？又问是田个人的意见，还有其他人的意见。田回答说是个人的意见。对此，毛泽东没有表态。[②]没有表态本身就是一种表态。

1962年8月6日至8月下旬，中共中央在北戴河召开工作会议，主要讨论农业、财贸、城市等方面的问题。北戴河会议开幕的当天，毛泽东就提出了阶级、形势和矛盾等问题。他说，现在有那么一股风，不要合作社了，越是上层，风越大。阶级还要分层。小资产阶级就是要分阶层的。可以分为富裕阶层，比较贫的阶层，还有中间阶层。资产阶级、地主富农要争夺小资产阶级搞单干，无产阶级如果不注意，集体化就不能巩固。因为小资产阶级有富裕阶层存在，闹单干的可能性就长期存在，这是单干的社会基础。从此，党内高层再没有了赞成“包产到户”的声音。

北戴河会议后接着召开中共八届十中全会。会上，毛泽东把党内一些认识上的分歧，当做阶级斗争的反映，提出了所谓“黑暗风”、“单干风”和“翻案风”问题，并强调，在无产阶级革命和无产阶级专政的整个历史时期，在由资本主义过渡到共产主义的整个历史时期，存在着无产阶级和资产阶级之间的斗争，存在着社会主义和资本主义这两条道路的斗争。阶级斗争和资本主义复辟的危险性问题，从现在起，必须年年讲，月月讲。全会接受了毛泽东关于阶级和阶级斗争的观点，这就为党的指导思想向“左”倾错误方向发展，作了理论准备。

八届十中全会后，各地相继在农村开展社会主义教育运动，同时大力进行“包产到户”的纠正工作，一度沸沸扬扬的“包产到户”不久就销声匿迹了。

① 薄一波：《若干重大决策与事件的回顾》（下卷），中共中央党校出版社1993年版，第1086页。
② 董边等编：《毛泽东和他的秘书田家英》（增订本），中央文献出版社1996年版，第92—93页。

5.伤筋动骨的调整

从1961年1月至1963年6月，全国城镇人口共计减少了2600万人，周恩来当时说，下去这么多人，等于一个中等国家搬家，这是史无前例的。

在“农业六十条”的制定和修改过程中，农业的形势逐渐好转，但就工业及整个国民经济而言，局势还相当严峻，还没有从困境中真正走出。

“八字方针”提出之后，还有相当多的人不愿正视“大跃进”所导致的严重后果，特别是对农业生产的形势估计过于乐观，对粮食的实际产量的估计和可能增产的期望过高，下不了大幅度降低工业指标的决心。结果，1961年一季度非但没有实现“开门红”，反而使国民经济举步维艰，工业生产出现严重滑坡，25种主要工业产品中，除了食糖以外，其余24种分别比上年第四季度下降了30%—40%，一般只完成全年计划的10%—20%。

面对这种形势，国家计委不得不于1961年4月2日再次调整基本建设计划，将预算内投资由167亿元减少到129亿元，当年施工的大中型项目控制在771个。4月9日，中共中央批转了国家计委党组《关于安排1961年基本建设计划的报告》，并且明确规定：1961年的基本建设，必须认真执行全国一盘棋、上下一本账的原则，不要再搞新的建设项目。企业的利润分成，除了建设一些必要的职工宿舍外，也不要再搞其他的基本建设。

5月21日至6月12日，中共中央在北京召开工作会议。会议根据国家计委和国家经委的测算，决定当年的钢产量调低到1100万吨。李富春在发言中特别强调重工业一定要退够。他说："重工业这样下降，是一个惩罚，是因为没有按规律办事。重工业速度发展过快，基本建设拉长了，城市人口增多了、工农矛盾突出了，所以退也是应该的。"毛泽东、刘少奇、周恩来等也都赞成再次调整指标。毛泽东在李富春发言时插话说：退得够，这样好。无非是外国人骂，说中国人不行。过去战争，人家说我们不行，后来不就行了？！我们现在就要老老实实地承认没有学会，还要十一年才能搞好，至少要十年。不退，你有什么办法？①

根据此次中央工作会议的精神，国家计委于7月17日至8月12日在北戴河召开全国计划会议，分析当前的经济发展形势，研究1961年至1962年的国民经济计划控制数字，并提出相应措施。会议提出，今明两年国民经济计划的安排，必须坚决、认真地执行调整、巩固、充实、提高的方针，并且以调整为中心。调整的主要内容是：坚决缩短重工业战线，适当降低重工业的发展速度，加强农业和轻工业战线；要使重工业生产适合于支援农业、支援轻工业和增强国防的需要；坚决缩短基本建设战线，基本建设项目必须逐个审查，严格控制。

根据上述指导思想，这次计划会议对1962年的计划重新作了安排。会议估计，1961年钢产量至多能完成850万吨，1962年只能定750万吨；煤产量预计为2.7亿吨，1962年只能安排2.5亿吨；粮食产量预计为2700亿斤，1962年要求在此基础增产8%—10%；预算内基本建设投资78亿元，1962年安排42.3亿元。

为集中讨论工业问题，1961年8月16日至23日，中共中央在庐山召开工作会议。毛泽东说自己"对工业没有发言权"，因此庐山会议的主要议程是由刘少奇、周恩来、邓小平等人主持的，但毛泽东认同了他们的意见。在会议的第一天，毛泽东召集中央和各中央局的负责人开会安排会议议程时，不无感慨地说：对于社会主义，我们现在有些了解，但不甚了了。搞社会主义我们没有一套，没有把握。他还说：这次会议如何开，也没有把握，用江西话说就是："蒸酒煮豆腐，不敢称师傅"，只有"寡妇养仔，众人之力"，大家出主意。

此次庐山会议没有重蹈两年前庐山会议的覆辙，会议中虽然也有不同意见的交锋，有对工作中问题的批评和议

① 房维中、李富春主编：《李富春传》，中央文献出版社2001年版，第562—563页。

论，但大家都是心平气和，没有指责和批判。会议产生了几个好文件，如《中共中央关于当前工业问题的指示》、《工业七十条》、《高教六十条》等。

会议最重要的是作出了“工业要退够”的决定。《中共中央关于当前工业问题的指示》提出：为了系统地解决当前工业发展中存在的严重问题，逐步协调工业内部各行业之间、工业和农业之间、城市与农村之间的关系，所有的工业部门，在今后7年里，都必须毫不动摇地贯彻执行调整、巩固、充实、提高的方针。在今后3年内，必须以调整为中心。中共中央在文件中提醒各级党委：“我们已经丧失了一年多的时机。现在，再不能犹豫了，必须当机立断，该退就坚决退下来，切实地进行调整工作。如果不下这个决心，仍然坚持那些不切实际的指标，既不能上，又不愿下，那么，我们的工业以至整个国民经济就会陷入更被动、更严重的局面。”①

按照“坚决后退”和“必须退够”的要求，1961年10月16日，中共中央批转了国家计委党组《关于第二个五年计划后两年补充计划（控制数字）的报告》，对年初所确定的当年计划指标作了重大调整：基本建设投资由167亿元降到78亿元，钢指标由1900万吨降到850万吨，原煤指标由4.36亿吨降到2.74亿吨，棉纱指标由450万件降到250万件，粮食指标由4100亿斤降到2700亿斤。《报告》还提出1962年的基本建设投资暂定为42.3亿元，钢产量为750万吨，煤产量为2.5亿吨，粮食产量2900亿斤。

从这时起，1958年“大跃进”以来畸形发展起来的重工业，开始了真正意义上的后退即调整。

但是，形势的发展并不平衡，城市的局势依然严峻，工业并没有扭转被动的局面。尤其重要的是，党内各级领导干部对于调整工作重要性和紧迫性的认识仍不统一。

由于连续几年的“大跃进”和1959年庐山会议后全党“反右倾”的影响，还有相当多的领导干部，对于“大跃进”还没有从思想上转过弯来，还在企图等待形势好转后继续大干，搞新的“跃进”，不愿意将基本建设规模和工业指标压缩下来；有的领导干部虽然也认为调整极为必要，但对庐山会议后的“反右倾”仍心有余悸，担心降低指标、调整速度会被人看成是右倾倒退，被扣上否定总路线、大跃进和人民公社“三面红

① 中共中央文献研究室：《建国以来重要文献选编》第十四册，中央文献出版社1997年版，第617页。

1962年1月11日至2月7日，中共中央在北京举行扩大的工作会议。参加会议的有各中央局、中央各部门、省、自治区、市、地、县、重要厂矿企业和部队的负责干部7000多人（因此又称“七千人大会”）。毛泽东在大会上作了讲话，对几年来工作中发生的缺点和错误承担了责任。

旗”的帽子；也有少数的党员干部面对严重困难不知所措，产生悲观埋怨情绪，对何时走出低谷信心不足。

为了统一全党尤其是中高级干部的认识，进一步总结经验教训，动员全党更坚决地执行调整方针，彻底战胜面临的经济困难，中共中央决定召开一次有县级以上党委主要负责人，以及一些重要厂矿、部队负责干部参加的扩大的中央工作会议。因为与会者共达7000人，史称“七千人大会”。

“七千人大会”的第一阶段，是讨论刘少奇代表中共中央提出的书面报告草稿。与以往不同的是，这个报告草稿写出来之后，没有经过政治局会议讨论，毛泽东便提议直接印发大会进行讨论和征求修改意见，以便更好地集思广益，将报告修改好。经过与会者反复地讨论和修改，最后形成了《在扩大的中央工作会议上的报告》的定稿，作为大会的正式文件。《报告》分为三个部分：（一）目前形势和任务；（二）加强党的民主集中制，加强集中统一；（三）党的问题。

按照原定的计划，报告由刘少奇在1962年1月27日的大会上宣读。开会的前一天，毛泽东提议：既然报告已经印发，在大会上就不要念了，由刘少奇根据报告的精神在大会上放开讲一讲。这样，刘少奇连夜准备了一个提纲。第二天开会前，他在休息室里将提纲送给了毛泽东和其他中央常委作了传阅。经常委同意后，他在大会上作了长篇讲话。

讲话同报告一样，也是三个部分，但比报告要分析得更为透彻。关于目前形势，刘少奇说："我们在经济方面是有相当大的困难的。我们应该承认这一点。当前的困难主要表现在：人民吃的粮食不够，副食品不够，肉、油等东西不够；穿的也不够，布太少了；用的也不那么够。就是说，人民的吃、穿、用都不足。"

对于困难出现的原因，刘少奇指出，一条是天灾，连续三年的自然灾害，使农业和工业减产了；还有一条就是1958年以来"我们工作中的缺点和错误"。这两条原因，哪一条是主要的呢？刘少奇说，有的地方，减产的主要原因不是天灾，而是工作中的缺点和错误，正如湖南的农民所说的，是"三分天灾，七分人祸"。

对于工作中成绩与缺点的关系，过去常常用九个指头与一个指头的关系来形容。刘少奇在讲话中虽然也认为成绩是主要的，第一位的；缺点和错误是次要的，第二位的。但是，刘少奇又指出："全国总起来讲，缺点和成绩的关系，就不能说是一个指头和九个指头的关系，恐怕是三个指头和七个指头的关系。还有些地区，缺点和错误不止是三个指头。如果说这些地方的缺点和错误只是三个指头，成绩还有七个指头，这是不符合实际情况的，是不能说服人的。"刘少奇甚至还说："全国有一部分地区可以说缺点和错误是主要的，成绩不是主要的。"①

如何评价总路线、大跃进和人民公社这"三面红旗"，在当时是一个极为敏感的问题。刘少奇在书面报告中仍肯定"三面红旗"的基本方向和主要原则是正确的，但他在讲话中又指出："现在，有些问题还看得不那么清楚，但是再经过五年、十年以后，我们再来总结经验，那时候就可以进一步地作出结论。"②这实际上把"三面红旗"正确与否的评价问题，留下了将来再作研究的可能，同时也留下了后来党内斗争的阴影。

按照预定的计划，会议在1月30日或31日结束，31日晚代表们便可以离京返回各地过春节。可是，到了29日下午，许多人反映，话还没有说完，还憋着一肚子气。有的组还反映，会上还有

① 《刘少奇选集》（下卷），人民出版社1985年版，第421页。
② 《刘少奇选集》（下卷），人民出版社1985年版，第426页。

人压制民主，不让讲话。针对这种情况，毛泽东在同其他中央常委商量后，决定让与会者把要讲的话都讲出来，把“气”出完，将会期延长。

1月30日，毛泽东在会上作了长篇讲话，中心是讲民主集中制问题，强调不论党内党外都要有充分的民主生活，让群众讲话。有了错误，一定要作自我批评，让人批评。他批评说：有些人有了错误自己不讲，又怕群众讲，越怕越有鬼。一讨论问题就压制群众的积极性，不许人家讲话，这种态度非常恶劣。他指出：没有民主，不可能有正确的集中。他说：我的错误也不能隐瞒。“凡是中央犯的错误，直接的归我负责，间接的我也有份。因为我是中央主席。”①

1月12日至2月6日，会议开展了积极的批评与自我批评，各大组对省委、中央局、中央国家机关及其有关负责人几年来的工作，提出了许多批评，各省委的主要负责人都在大会上作了检讨，一些部委的负责干部对工作指导上出现的缺点错误作了自我批评。会议洋溢着浓郁的民主气息，与会者畅所欲言，会议的热烈气氛是近几年来所少见的。

2月6日，邓小平就党的问题在大会上作了讲话。他指出，最近几年，党的领导、党的工作是有严重缺点的，特别重要的是党的优良传统受到了削弱。因此，现在必须把党的优良传统恢复起来，加强起来，发扬起来。

第二天，周恩来在大会上讲了1958年以来计划工作的失误，做了自我批评，并分析了国民经济存在的困难和克服困难的办法。

此外，林彪也在大会上讲了话，但他在讲话中大搞对毛泽东的个人崇拜。林彪说：“我深深感觉到，我们的工作搞得好一些的时候，是毛主席的思想能够顺利贯彻的时候，毛主席的思想不受干扰的时候。如果毛主席的意见受不到尊重，或者受到很大的干扰的时候，事情就要出毛病。我们党几十年来的历史，就是这么一个历史。”②林彪在此吹捧毛泽东，其用心是不言而喻的。林彪的讲话，成为“七千人大会”中一段不和谐的杂音。

“七千人大会”对1958年以来的经验教训作了深入的总结，客观地分析了所面临的形势，使党的中高级干部进一步认识到了国民经济调整的必要性，在一定程度上解放了思想，统一了认识，这就为1962年国民经济调整的顺利进行奠定了思想基础。

“七千人大会”对形势的基本估计

① 《毛泽东文集》第八卷，人民出版社1999年版，第296页。
② 中共中央文献研究室：《建国以来重要文献选编》第十五册，中央文献出版社1997年版，第108页。

是“最困难的时期已经渡过了”；困难尽管还很严重，“但是正在逐步地被克服”。可是，会后却发现，这个估计还是过分乐观了，其实最困难的时期并没有渡过。

1962年2月21日，刘少奇在北京主持召开中共中央政治局常委扩大会议。会议连续开了三天，除了毛泽东外出南方视察没有参加外，中央政治局常委、书记处成员和中央经济部门负责人共16人参加了会议。由于会议是在中南海西楼会议室召开的，史称“西楼会议”。

刘少奇在会上提出：“中央工作会议（即‘七千人大会’）对困难情况透底不够，有问题不愿揭，怕说漆黑一团！还它个本来面目，怕什么？说漆黑一团，可以让人悲观，也可以激发人们向困难作斗争的勇气。”他还说：“现在处于恢复时期，但与1949年后的三年情况不一样，是个不正常的时期，带有非常时期的性质，不能用平常的办法，要用非常的办法，把调整经济的措施贯彻下去。”①

会上，周恩来提议下决心对国民经济进行大幅度调整。与会者对此深有同感，大家认为，只有压缩某些工业生产指标和基本建设投资，才能实现财政收支“当年平衡、略有回笼”的要求，使经济逐步恢复正常秩序，然后在这个基础上发展。

陈云在会上作了系统的发言，全面阐述了目前财政经济的困难和克服这些困难的若干办法，中心内容是讲精简职工和减少城镇人口的重要性。他说，为了满足城市人口需要的粮食，必须把农民的口粮和饲料粮挤出来，不挤农民的口粮、饲料粮，城里的人口就要缺粮。农村的农民饿肚子，城市的人的患浮肿病，就是这样造成的。解决这个矛盾的办法只有一个，就是必须减少城市人口，让一部分城市人口回乡务农。

陈云的讲话得到了刘少奇和其他中央领导人的赞同。刘少奇还建议召开一次国务院全体会议，请陈云再展开讲一讲，以便进一步统一全党的思想。根据刘少奇的建议，陈云在2月26日召开的国务院各部委党组成员会上作了《目前财政经济的情况和克服困难的若干办法》的报告，再次阐述了他在政治局常委扩大会议上所讲的内容。

对于目前财政经济方面存在的困难，陈云讲了五点：(一)农业在近几年有很大的减产。(二)已经摆开的基本建

① 中共中央文献研究室：《刘少奇年谱(1898—1969)》(下)，中央文献出版社1996年版，第549页。

设规模，超过了国家财力物力的可能性，同现在的工农业生产水平不相适应。职工和城市人口增加过多，不但农业负担不了，工业也负担不了。(三) 钞票发得太多，通货膨胀。(四) 城市的钞票大量向乡村转移，一部分农民手里钞票很多，投机倒把在发展。(五) 城市人民的生活水平下降。吃的、穿的、用的都不够，物价上涨，实际工资下降很多。

陈云在分析了克服困难的诸多有利条件后，提出了六条克服困难的具体措施：第一，把十年经济规划分为两个阶段。前一阶段是恢复阶段，后一阶段是发展阶段。第二，减少城市人口，“精兵简政”。第三，采取一切办法制止通货膨胀。第四，尽力保证城市人民的最低生活需要。第五，把一切可能的力量都用于农业增产。第六，计划机关的注意力，应该从工业、交通方面，转移到农业增产和制止通货膨胀上来，并且在国家计划里得到体现。

陈云还建议，为了保证城市人民最低生活需要，可是分几步做到城市每人每月供应3斤大豆，同时每年供应几千万双尼龙袜子，并把全国各地价值4000万元到5000万元的山珍海味等高级副食品用于高价馆子，既可以改善一部分人的生活，又能多回笼货币。这些建议后来都得到了落实。

在国务院各部委党组成员会议上，李富春和李先念也分别作了《关于工业情况和建设速度问题》、《当前财政、信贷、市场方面存在的问题和应采取的措施》的报告。为了让更多的人了解中央的精神，刘少奇主张将陈云、李富春、李先念的报告转发给全国。3月18日，中共中央转发了陈云等人的讲话，并在批语中说：“我们现在在经济上是处在一种很不平常的时期，即非常时期。”

为了加强对经济工作的领导，3月13日，中共中央政治局常委会扩大会议决定恢复中央财经小组，统管经济工作。

中央财经小组可以说是几起几落。

早在1957年1月，中共中央政治局就决定成立中央经济工作五人小组，陈云任组长。1958年6月，又决定恢复50年代初曾设立的中央财经小组，仍由陈云任组长，李富春、李先念任副组长。因为这时已经搞起了“大跃进”。“跃进”与“冒进”是同样的意思，只不过是“跃进”更好听，而陈云是主张反冒进的，在经济建设的速度问题上与毛泽东不一致，所以中央财经小组恢复后没有发挥作用，是有其名而无其实。

1959年年初，“大跃进”出了一些问题，毛泽东乃请陈云出面研究一下钢铁指标，使当年的国民经济计划落到实处。1959年庐山会议前期，有人建议仍由陈云负责经济工作，毛泽东此时也讲“国乱思良将，家贫念贤妻”，还讲了陈云的经济思想是正确的。可是，庐山会议后期，主题由纠“左”转向为“反右倾”，会后又重新搞“大跃进”，陈云不再被重用，而且还将他领导的中央财经小组也取消了。

西楼会议后，全党对形势有了进一步认识，调整国民经济的措施也更为具体，调整工作取得了显著的进展。但是，在这个时候也出现了一些不同的声音，有人对陈云的讲话不以为然，有人不同意西楼会议对形势作出的判断，说“七千人大会”中央已经对形势作出了正确的估计，现在只过了几个月，又讲了一通同那时估计大不同的话，这样好吗？

为了进一步统一全党的认识，保证调整工作的顺利进行。1962年5月7日至11日，中共中央又在北京召开工作会议（简称“五月会议”）。出席会议的有政治局常委刘少奇、周恩来、朱德、邓小平，在京的政治局委员和书记处书记，各中央局、中央各部门的负责人共105人。毛泽东在外地视察、陈云因病赴南方休养，所以没有参加这次会议。

会议的中心议题是讨论西楼会议以来形成的文件，落实调整国民经济计划的部署，重点讨论中央财经小组提出的《关于讨论1962年调整计划的报告》。这个报告全面、深入地分析了当时国民经济形势，认为国民经济存在着粮食供应紧张、职工人数大大超过目前经济水平等八个方面的重要情况，需要对整个国民经济进行大幅度的调整，下最大决心，坚决拆掉那些用不着的架子，收掉那些用不着的摊子，进一步精简职工，首先维持简单再生产，然后实现扩大再生产。

《报告》在分析国民经济存在的困难情况后，提出三条针对性的措施：（一）国民经济需要进行大幅度的调整。（二）财政经济情况的根本好转，要争取快，准备慢。（三）大力加强农业战线，努力恢复农业生产。

中央工作会议对中央财经小组的报告进行了认真讨论，并在对形势作了深入分析和统一认识的基础上，对大幅度调整经济作出了几项重要的决策。第一，进一步缩小基本建设规模。第二，降低重工业产品的指标。第三，对现有的企业实行“关、停、并、转”。第四，也是最重要的，在1961年已经减少城镇人口1000万人、精简职工800多万人的基础上，1962年和1963年两年内，再减少城镇人口2000万人，精简职工1000万人以上。

这次中央工作会议的最大成果，就是进一步统一了党内的思想认识，增加了下决心对国民经济进行伤筋动骨的大调整的决心。这次会议是全党下最大决心进行国民经济调整的一个转折点，也是我国国民经济走出困境的转折点。

大力缩短工业战线，就必须压缩基本建设规模。1962年，全国的基本建设投资规模压缩到了46亿元，仅为1960年384亿元的12%。与此同时，还严格控制了地方和企业的自筹资金用于基本建设。通过调整，全国基本建设项目，从1961年的35000个（1960年曾达82000个）削减到1962年的25000个，其中大中型项目由1409个减为1003个，同1961年相比，分别减少了1万多个和406个。

工业指标的降低，工业企业过多、生产能力过剩的矛盾进一步暴露出来，许多企业没有生产任务或者任务严重不足。为了最大限度地减少财政支出和提高工业经济的效益，不得不对工业企业采取关、停、并、转，重点是用关、停的方针进行调整。从1962年5月至10月，全国县以上工业企业减少了1.9万个，如果加上1961年减少的，共减少企业4.4万个，占1960年9.6万个企业的44.8%。其中冶金企业减少了70.5%，建材企业减少了50.7%，化工企业减少了42.2%，机械工业企业减少了31.6%。同时，还降低了大多数重工业指标。同1960年相比，工业总产值下降了47%，其中重工业下降了57%，钢产量由1866万吨下降到667万吨。

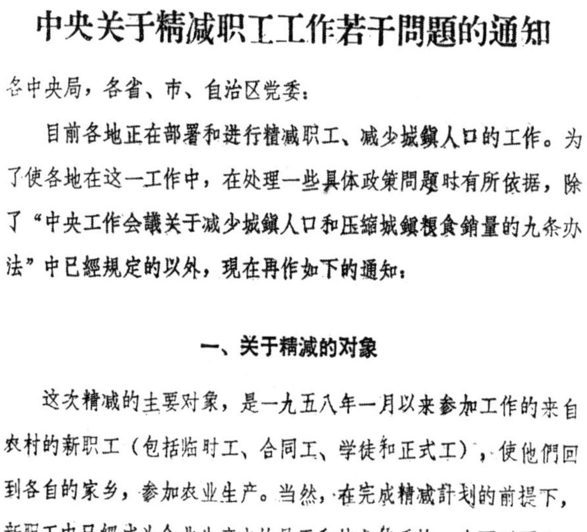
中央关于精減职工工作若干問題的通知

各中央局，各省、市、自治区党委：

目前各地正在部署和进行精减职工、减少城鎮人口的工作。为了使各地在这一工作中，在处理一些具体政策問題时有所依据，除了“中央工作会議关于减少城鎮人口和压縮城鎮粮食銷量的九条办法”中已經規定的以外，现在再作如下的通知：

一、关于精减的对象

这次精减的主要对象，是一九五八年一月以来参加工作的来自农村的新职工（包括临时工、合同工、学徒和正式工），使他們回到各自的家乡，参加农业生产。当然，在完成精减計划的前提下，新职工中已經成为企业生产中的骨干和技术能手的，也可以不减。

—1—

精简职工和减少城镇人口，是中共中央为调整国民经济、克服经济困难而采取的一项重要措施。从1961年至1963年6月，全国共精简职工1887万人，减少城镇人口2600万人。图为1961年6月28日中共中央发出的《中央关于精减职工工作若干问题的通知》。

在“拆庙”的同时，大刀阔斧地进行了“搬和尚”即精简职工的工作。

1960年下半年，按照中共中央一系列指示的精神，各地迅速开展了清理劳动力充实农业生产第一线的工作，精简下放了部分机构和职工。截至1961年2月底，全国共精简下放职工410.6万人。1962年5月的中央工作会议后，全国范围的精简职工和减少城镇人口的工作取得了重大进展。到这年年底，全国共精简职工900万人，城镇人口1200万人，相应地减少工资总额31亿元，商品粮少销81亿斤。1963年1至6月，全国又精简职工128.4万人，城镇人口减少了300万人。

这样，全国职工人数从1961年1月到1963年6月两年半的时间里，共减少了1887万人，总数从1960年末的5043.8万人，下降为3183万人。从1961年1月至1963年6月，全国城镇人口共计减少了2600万人。周恩来当时说，下去这么多人，等于一个中等国家搬家，这是史无前例的。

由于采取这些果断措施，到1962年年底，国民经济开始好转。这年粮食总产量达到3200亿斤，比上年增产250亿斤。1962年国家财政收支平衡，结余83亿元，结束了四年连续赤字的状况。城乡人民生活也开始略有上升，与1961年相比，全国人均粮食消费量增加12斤，猪肉增加1.6斤。经过全党和全国人民的艰苦奋斗，新中国终于战胜严重的经济困难，从“三年暂时困难”的阴影中走了出来。

1962年的八届十中全会虽然重提以阶级斗争为纲，但鉴于庐山会议的教训，也由于刚刚渡过最困难的时期，因而毛泽东在会上表示，一个工作，一个阶级斗争，绝不能因为阶级斗争妨碍我们的工作；不要把工作丢了，要把工作放到第一位，大量的时间要做工作。所以会后几年，尽管在农村开展“四清”和城市开展“五反”运动，进行阶级斗争，分散了一部分力量，但全党仍然把主要的精力放在贯彻“八字方针”上，放在搞好国民经济调整上。

在1962年的全国计划会议上，李富春在讲话中强调：现在的经济形势确实有了显著好转，看不到这个形势，看不到调整的成绩，是错误的；但如果认为国民经济已经全面好转，或者认为没有问题了，可以把“八字方针”放在次要的地位上了，也是错误的。①

全国计划会议经过充分讨论，认为1962年总的形势是正在全面好转，但这还只是开始，存在的问题仍不少，农业还没有达到1957年的水平，基本原料、材料工作特别是木材、煤炭、有色金属、特殊钢材等还是薄弱环节，国防

① 《李富春选集》，中国计划出版社1992年版，第300页。

工业的基础也很薄弱，因此，要巩固已取得的成绩，争取经济的根本好转、全面好转，还必须继续贯彻“八字方针”。①

1963年1月3日，中共中央批准下达了《1963年基本建设计划草案》。这一计划草案提出，在1963年77.1亿的总投资中，用于农业和直接支援农业的投资占33.3%；用于轻工市场和直接为轻工市场服务的投资占5.9%；用于国防和直接为国防工业服务的投资占14.3%；用于重工业的投资，除去直接为农业、轻工业和国防工业服务的部分以外，占31.4%，主要是用于基础工业的建设。中共中央在批转这个计划草案时强调，1963年的基建投资只能适当增加，步子不能迈得太大；各地方、各部门必须坚决按此计划办事，不准在计划外再增加投资、增加项目和自行扩大基本建设规模；自筹资金的建设项目，也应一律纳入计划。

由于贯彻了“八字方针”，1963年第一季度的经济形势不错，越冬农作物长势良好，按季度计划生产的各种工业产品90%以上超额完成任务，工业劳动生产率比上年度同期提高30%，财政结余增加至10.4亿元。在这种情况下，从中央到地方盲目乐观的情绪又开始抬头。1963年3月1日，中共中央发出《关于厉行增产节约和反对贪污盗窃、反对投机倒把、反对铺张浪费、反对分散主义、反对官僚主义运动的指示》，《指示》认为，“我国的经济情况已经有了很大的好转”，“再经过一段时间的努力，就可以使我国的工业、农业和其他各项事业在新的基础上，以比较快的速度向前发展，就可以使我国以建成一个独立的完整的现代化的国民经济体系为目标的社会主义建设，进入一个新的高涨时期”。②各地也将1963年作为“三五”计划的头一年，纷纷提出要打好第一仗、实现开门红的口号，有的地方还制订了过高的指标。③

在这年6月1日至15日的全国年度计划工作座谈会上，产生了两种意见：一部分人认为，把调整作为主要任务的历史时期已经过去了，“八字方针”可以不再提了；另一部分人则强调，虽然大调整的任务已经完成，但还存在不少遗留问题，还需要进一步贯彻“八字方针”。7月1日。李富春在中央政治局第115次会议发言介绍时也说，关于明年任务的提法，要不要继续提“八字方

① 刘国光主编：《中国十个五年计划研究报告》，人民出版社2006年版，第225页。

② 中共中央文献研究室：《建国以来重要文献选编》第十六册，中央文献出版社1997年版，第172页。

③ 刘国光主编：《中国十个五年计划研究报告》，人民出版社2006年版，第225页。

针”，总的来说有两种意见:一种意见还要继续提，一种意见可以不提。主张继续提的，也有两种不同意见:一种是少数，觉得还应该以调整为中心；多数觉得应该是以提高、充实为中心。主张不提的，觉得这三年来中央要求调整的主要的内容基本上已经解决了，国民经济进一步地全面好转了。①

究竟如何看待形势，是继续贯彻“八字方针”呢，还是可以搞新一轮的“大跃进”？这个问题不解决好，不但关系到经济建设应该采取什么样的方针，而且关系到整个经济建设的全局。

在这个问题上，毛泽东和中共中央的态度很明确：继续以调整为主。7月下旬，周恩来在中共中央书记处传达了毛泽东关于1963年至1965年三年继续调整的想法。毛泽东说：三年调整，重点是巩固、充实、提高。提高质量，增加品种，提高劳动生产率，学会管理，填平补齐，成龙配套。今后三年，必须创造条件，为第三个五年计划做好准备。②

8月6日，薄一波在国务院各部委负责人会议上说:“毛主席最近指出，1963年、1964年、1965年仍然是作为调整的年代。我们原来打算，今年是第三个五年计划开始。现在不搞了。1963年、1964年、1965年调整三年，1966年开始第三个五年计划。假如1963年到1965年是调整，加上1961、1962两年，实际上就是五年调整。目的就是把我们的工作搞得更好，把基础打得更扎实，把各方面的关系调整得更好，把第三个五年计划搞得更好，不要仓仓促促。这三年也叫调整，但内容多少和1961、1962两年有所不同。1961、1962两年的调整，取得了很大的成绩。现在开始的调整更着重于充实、巩固、提高，填平补齐，成龙配套。不要一说调整，就单纯理解为继续精简人员、裁并机构、关并企业。当然有个别部门、个别地区减一些人还是必要的，但总的方面不是这样的性质。”③

1963年12月2日，周恩来在全国人大二届四次会议上的报告中，对为何还要进行三年的国民经济调整作了解释。他说:“我们把1963年到1965年的三年计划，叫做过渡计划，意思是指，从第一个五年计划主要学习苏联，第二个五年计划在总路线的指导下，摸索把马列主义关于建设社会主义的原则同中国

① 田松年:《1963—1965年国民经济继续调整决策的形成及实施》，《党的文献》1998年第4期。
② 刘国光主编:《中国十个五年计划研究报告》，人民出版社2006年版，第226页。
③ 薄一波:《关于1964年计划的问题》，《党的文献》1998年第4期。

的具体实践相结合的经验，过渡到以后十五年的三个五年计划，求得在基本上建成独立的、完整的国民经济体系和工业体系。因为有这样一个目的，我们需要总结经验，全面安排，创造条件，全面跃进，就必须有这三年的过渡。”①

1961年6月19日，周恩来在北京召开的全国电影故事片创作会议上讲话，批评了当时文艺工作中“左”的思想，阐明了中共中央的文艺工作方针。图为周恩来和与会的文艺工作者在一起交谈。

1964年9月6日至27日，中共中央在北京举行工作会议。会议讨论了农村工作和1964年国民经济计划等问题，并着重讨论了工业发展的方针问题。

会议确定，从1963年起用三年时间，继续进行调整、巩固、充实、提高的工作，作为第二个五年计划（1958年至1962年）到第三个五年计划（1966年至1970年）之间的过渡阶段。在这个阶段中，工业各个部门，要认真做好提高质量，增加品种，填平补齐，成龙配套的工作；并要搞好设备更新和专业化协作。

会议对三年后的任务提出了分两步走的设想：第一步，建立一个独立的、比较完整的工业体系和国民经济体系，使

① 中共中央文献研究室：《建国以来重要文献选编》第十七册，中央文献研究室1997年版，第516页。

我国工业大体接近世界先进水平；第二步，使我国工业走在世界前列，全面实现农业、工业、国防和科学技术现代化。

会议提出，在我国发展国民经济，应当贯彻执行如下方针：（一）以农业为基础，以工业为主导；（二）自力更生、奋发图强、艰苦奋斗、勤俭建国；（三）按照解决吃穿用，加强基础工业，兼顾国防，突破尖端的次序安排经济计划；（四）继续实行调整、巩固、充实、提高的“八字方针”。①

按照这样的指导思想，1963年至1965年继续对国民经济进行调整，但这三年的调整与前两年的调整不同的是，前两年主要是退，要退够，后三年则是有退亦有进，重点转入增加品种，提高质量，填平补齐，成龙配套，更新设备，改善经营管理，提高劳动生产率上。

这几年，在调整国民经济的同时，还进行了经济体制改革的某些探索。

在企业管理体制方面，为改变过去主要用行政方式管理的办法，在毛泽东、刘少奇等人的支持下，进行了办托拉斯的试点，将生产和经营同类产品的许多企业联合组成专业性大公司，按经济规律进行管理。1964年6月，国家经委党组拟定了《关于试办工业、交通托拉斯的意见（草稿）》。同年8月17日，中共中央、国务院将这个文件批转给各中央局、各省市自治区党委及国务院各部委党组参照执行。在此之前的1963年3月，首先成立了中国烟草公司，统管全国卷烟原料收购和产品销售。1964年8月，又决定试办盐业、汽车工业、拖拉机和内燃机配件、橡胶工业、纺织机械、制铝、医药工业、地质机械和仪器等9个全国性的公司，同时试办华东煤炭工业、京津唐电力、长江航运等3个地区性公司。这些托拉斯的试办，不仅促进了生产建设的发展，而且为企业管理制度的改革积累了初步经验。

这几年还进行了劳动制度改革试验。经刘少奇提议，中共中央于1964年5月正式决定，在全国逐步推广固定工与临时工并行的两种劳动制度和全日制与半工半读、半农半读并存的两种教育制度，并首先在一些矿山试行轮换工制度，在一些季节性生产工厂试行临时工制度，在一些企业推行半工半读制度。这些做法，既可减轻国家和企业负担，增加人民收入，还可扩大就业渠道和学习机会，产生了积极的效果。

鉴于“大跃进”造成工农业比例严重失调的教训，在整个国民经济调整时

① 国家计划委员会：《一九六四年计划安排的方针和主要内容（节选）》（1964年10月20日），《党的文献》1998年第4期。

期，党和政府都十分重视农业的基础地位，在资金、物资上加大了对农业的投入。1963年10月建立了中国农业银行，统一管理国家支援农业的资金，当年计划用于农业方面的资金为62亿元，比上年增加18亿元左右。1963年至1965年对农业的投资总数占全部基本建设投资的17.6%,为建国以来农业投资比重最高的时期。工业也加大了支援农业的力度，如1963年供应农业化肥540万吨，比上年增加219万吨。排灌机械、农用汽车、拖拉机等也有较大增加。

同时，在工业内部也注意了轻、重工业的关系，增加生产市场和人民所急需的轻工业品，特别是棉纱、棉布、化学纤维和塑料制品等主要生活资料，加强了急需的"短线"产品如木材、水泥、有色金属、某些钢材品种和硫酸、烧碱、纯碱等基本原料、材料的增产工作。

经过全党全国人民的共同努力，这三年的国民经济调整取得了重要成就。1963年至1965年的三年中，工农业总产值平均每年增长15.7%，农业总产值平均每年增长11%，工业总产值平均每年增长17.9%。到1965年，工农业总产值已基本上恢复到历史最高水平。农业总产值达590亿元，比历史上最高的1958年增长7.2%；粮食产量3891亿斤，接近建国后最高年产量，比1962年的3200亿斤增长21.6%，基本恢复到1957年的水平。工业总产值达1394亿元，比1962年的920亿元增长51.5%；钢产量为1223万吨，比1962年的667万吨增长83.4%；石油产量突破1000万吨，实现国内需求全部自给。

积累与消费的比例也基本恢复正常。工、农业比例由1960年的3.6:1调至1965年的1.7:1；轻、重工业比例由33:67调整为51:49。1963年至1965年的积累率分别为17.5%、22.2%和27.1%，基本上达到了正常水平。商品短缺现象大为改观，大部分商品已敞开供应，原来实行高价的大部分商品也改为平价。

尤其值得一提的是，在国民经济严重困难面前，在全国人民的大力支援下，广大科技工作者在极为艰苦的条件下，奋力攻关，使我国的国防工业和尖端技术取得了显著的成就。1964年10月16日，我国成功地爆炸了第一颗原子弹，打破了苏美的核垄断，大大提高了我国的国防实力和国际地位。

在1964年12月底至1965年年初的三届人大一次会议上，周恩来宣布：国民经济的调整工作基本完成，整个国民经济将进入一个新的发展时期，1966年将开始实行第三个五年计划，全国人民要努力奋斗，把我国逐步建设成为一个具有现代农业、现代工业、现代国防和现代科学技术的社会主义强国。这是党和政府第一次在如此庄严的场合郑重地向全国人民提出实现四个现代化的任务。

6."备战备荒为人民"

越南战争的扩大，坚定了毛泽东和中共中央加紧三线建设的决心。在此之前，毛泽东曾打算骑马从黄河入海口沿河而上，对整个黄河流域特别是其源头进行考察。美国扩大越南战争后，他不得不放弃这个设想，考虑准备打仗的问题。

1963年中共中央决定再用三年的时间进行国民经济的调整后，有关部门即已开始编制第三个五年计划。

"三五"计划本应在1963年至1967年实行，而计划的编制则应提前一、二年进行，也就是说，本应在1961年、1962年编制，但由于"大跃进"导致严重经济困难，从1961年起不得不进行国民经济调整，因而"三五"计划编制和实行的时间都只得后移。

1963年2月8日，中共中央决定由李富春、李先念、谭震林、薄一波、陈伯达、邓子恢、程子华、薛暮桥等8人组成计划领导小组，并规定小组的任务主要是讨论研究年度计划和长远计划的方针、政策、任务及主要指标，研究和确定实现计划的重大措施，定期听取国家计委日常工作的汇报。随后，领导小组接连开会，初步研究了长期计划和"三五"计划的奋斗目标。

2月20日，计划领导小组召开会议，李富春在发言中说：前些年没有长期计划，吃了苦头。发展国民经济，建设社会主义，必须要有长期计划。编制长期计划，要从远处着眼、近处着手。二十年的奋斗目标，就是要基本上实现农业、工业、国防和科学技术的现代化，基本上建立全国统一的、独立完整的、现代化的国民经济体系。十年的奋斗目标，需要在计划编制过程中逐步明确起来。第三个五年的奋斗目标，应集中力量解决人民的吃穿用。领导小组成员一致赞同他的这个设想。[1]会后，李富春将上述设想写成《关于编制长期计划工作的要点》，报送中共中央。

中共中央同意了李富春在《要点》中提出的设想，并决定继续对国民经济进行调整。1963年7月30日，邓小平在工业问题座谈会上传达了中共中央的决定：还要进行三年调整，重点是巩固、充实、提高，创造条件，为第三个五年计划做好准备。

1963年年底至1964年年初，国务院召开全国工业交通工作会议，参加会议的有工交各部委负责人、各大区和各省市自治区主管工交工作的负责人及经委主任，主要内容是研究改进计划工作。李富春代表国务院在会上作了报告，强调指出：各级计委必须克服屁股坐在工业上的毛病，要首先抓农业发展计划和支援农业的计划；在国家财力、物力有限的情况下，"三五"计划期间首先抓水利、肥料和必要的农业机械，到1970年实现三个目标：一是建设5亿亩比较旱涝保收、稳产高产农田；二是化肥产量达到1000万吨；三是化纤产量达到20万吨。[2]

1964年2月至4月，国务院先后召开农业、财贸、工交三个长期规划会议。农业规划会议由谭震林主持，主要是研究落实5亿亩稳产高产农田的建设问题。这个主张是邓小平提出来的，他在1963年9月的中央工作会议上建议，在"三五"计划内，建设五亿亩高产稳产农田，以保证粮食的稳产和高产。财贸规划会议由李先念主持，着重讨论农产品收购政策。工交规划会议由薄一波主持，讨论编制长期计划的政策思想、计划方法和中心任务。三个会议都确定，按照不同的标准，把基本解决吃、穿、用作为"三五"计划的首要任务，同时兼顾国防建设，加强基础工业对农业和国防工业的支援。[3]

同年4月底，国家计委提出了《第三个五年计划（1966—1970）的初步

① 薄一波：《若干重大决策与事件的回顾》（下卷），中共中央党校出版社1993年版，第1194页。
② 薄一波：《若干重大决策与事件的回顾》（下卷），中共中央党校出版社1993年版，第1195页。
③ 房维中、金冲及主编：《李富春传》，中央文献出版社2001年版，第629页。

设想》，规定“三五”计划的主要任务是：第一，大力发展农业，基本上解决人民的吃穿用问题；第二，适当加强国防建设，努力突破尖端技术；第三，与支援农业和加强国防相适应，加强基础工业，继续提高产品质量，增加产品品种，增加产量，使我国国民经济建设进一步建立在自力更生的基础上。相应地发展交通运输业、商业、文化、教育、科学研究事业，使国民经济有重点、按比例地向前发展。①

《初步设想》与“一五”、“二五”计划相比，在计划方法上有了重大的改变，把计划工作转到以农业为基础的轨道上来，其中安排的各项计划指标，首先比较充分地考虑了农业的需要，再兼顾国防的需要，然后从以上两方面出发来安排重工业——基础工业。

国家计委提出的“三五”计划设想的主要指标是，到1970年，粮食4300—4600亿斤，年均递增2.5%—3.9%；棉花3850—4200万担，年均递增3.8%—5.6%；棉纱780—850万件，年均递增6.1%—7.9%；棉布69—77亿米，年均递增5.8%—8.2%；钢1600—1800万吨，年均递增9.9%—12.5%；煤炭2.85—2.95亿吨，年均递增4.8%—5.6%；发电量1000—1080亿度，年均递增10.1%—11.7%。1970年，主要消费品每人平均消费量，粮食425斤，食用植物油4.2斤，猪肉15斤，糖3.2斤，棉布及化纤织品22尺。

4月29日，中共中央书记处听取了国家计委关于“三五”计划初步设想的汇报。邓小平对《初步设想》作了肯定，认为这次计划是按新的方法搞的，体现了以农业为基础，工业为主导的方针。他还表示，一切计算都要以低数为基础，年度计划可以在此幅度中进行调整。农业问题，再有几年可以做到粮食不进口，以便腾出外汇进口一些新技术，这对国家来说是很大的节约，可以促进自力更生。整个国家粮食情况究竟怎样，要把问题摆出来，供大家讨论，这是真刀真枪。②5月2日，中共中央将《初步设想》连同《第三个五年农业发展计划的初步设想》和《第三个五年农业发展计划中几个问题的说明》一起，印发经各中央局，各省、市、自治区党委，国务院财经、文教各部委党组，征求意见。

5月10日，国家计委领导小组向毛泽东汇报“三五”计划的初步设想。在这个过程中，毛泽东作了许多插话。当

① 中共中央文献研究室：《建国以来重要文献选编》第十八册，中央文献出版社1998年版，第448页。

② 刘国光主编：《中国十个五年计划研究报告》，人民出版社2006年版，第260页。

汇报到钢只搞质量好并合需要的产品时，毛泽东说："搞工业干什么？搞钢铁干什么？它又不能吃，又不能穿。"当汇报到铁路建设只能上有限的几段时，毛泽东说："酒泉和攀枝花钢铁厂还是要搞，不搞我总是不放心，打起仗来怎么办？"

李富春在汇报中说，基础工业、交通还比较薄弱，毛泽东插话说："没有坐稳，没有站稳，是要跌跤子的。两个拳头——农业、国防工业，一个屁股——基础工业，要摆好。要把基础工业适当搞上去，其他方面不能太多，要相适应。"

当汇报到邓小平关于逐年减少进口粮食、增加新技术进口的意见时，毛泽东深表赞同，说："很好，必须从明年起这样做。"但是对邓小平集中投资搞四亿五千万亩高产稳产农田的主张，他有些不以为然，说道："已有二亿四千万亩了，再搞一亿六千万亩就是四亿亩，也很好嘛，不要套四亿五千万亩、五亿亩那个框子。"①

毛泽东在插话中还表示，工业要为农业服务。建设要按客观规律办事，只能是有多少钱办多少事，不能搞多了，要少而精，集中力量打歼灭战，留有余地。②

5月15日至6月17日，中共中央召开工作会议，讨论"三五"计划设想是一个重要的议题。5月27日，毛泽东找刘少奇、周恩来、邓小平、李富春、彭真、罗瑞卿等人谈话。他从存在着战争严重威胁的估计出发，提出：在原子弹时期，没有后方不行。"三五"计划要考虑解决全国工业布局不平衡的问题，要搞一、二、三线的战略布局，加强三线建设，防备敌人的入侵。毛泽东特别强调应该在四川的攀枝花建立钢铁生产基地。③他还说：大家如果不同意，我就到成都、西昌开会。西昌通不通汽车？不通，我就骑毛驴下西康。搞攀枝花没有钱，我把工资拿出来。前一个时期，我们忽视利用原有的沿海基地，后来经过提醒，注意了，最近这几年又忽视屁股和后方了。④

5月28日，中共中央书记处开会进一步研究"三五"计划。会议认为，国民经济经过几年调整，形势虽然有所好转，但各方面仍有不少困难，加强国防建设的重点和规模以及它同解决吃穿用的关系，必须安排得当。邓小平说：这

① 《毛泽东在国家计委领导小组汇报第三个五年计划设想时的插话》，《党的文献》1996年第3期。
② 薄一波：《若干重大决策与事件的回顾》（下卷），中共中央党校出版社1993年版，第1198页。
③ 中共中央文献研究室：《周恩来传（1949—1976）》，中央文献出版社1998年版，第811页。
④ 刘国光主编：《中国十个五年计划研究报告》，人民出版社2006年版，第262页。

次计划按农轻重、解决吃穿用和两个拳头、一个屁股进行安排，是建设的完整方针。攀枝花钢铁工业基地的建设，第三个五年计划打基础。按低方案摆计划，五年全国基本建设投资不能超过1000亿元。周恩来说：计划方法要总结经验，不能再搞苏联的那一套。我们国家经济发展不平衡，如果不注意布局，发展下去更不平衡。1964年的基本建设要重新排队。刘少奇表示：大家要多搞基本建设，但不能过多，只能办几件事，一切要保持过去几年的做法，不能一下放松。①

6月6日，毛泽东在中央工作会议上发表讲话，集中讲了两个方面的问题。

一是改变方法。他说：要改变计划方法，这是一个革命。学上了苏联的方法以后，成了习惯势力，似乎很难改变。这几年我们摸索出了一些方法，我们的方针是以农业为基础、以工业为主导。按照这个方针制订计划，先看可能生产多少粮食，再看需要多少化肥、农药、机械、钢铁，还要考虑打仗的需要。

二是进行备战。毛泽东说：只要帝国主义存在，就有战争的危险。我们不是帝国主义的参谋长，不晓得它什么时候要打仗。决定战争最后胜利的不是原子弹，而是常规武器。他提出：要搞三线工业基地的建设，一、二线也要搞点军事工业。各省都要有军事工业，要自己造步枪、冲锋枪、轻重机枪、迫击炮、子弹、炸药。有了这些东西，就放心了。攀枝花钢铁工业基地的建设要快，但不要潦草，攀枝花搞不起来，睡不着觉。

在此之前，即1964年4月25日，中央军委总参谋部作战部在一份报告中说，国家经济建设中如何防备敌人突然袭击的问题很多，有些情况相当严重，主要表现在：（一）工业过于集中。全国14个百万人口以上的大城市，就集中了约60%的主要民用机械工业和52%的国防工业。（二）大城市人口多。全国有14个百万人口以上和25个五十万至百万人口的大城市，大都在沿海地区，防空问题尚无有效措施。（三）主要铁路枢纽、桥梁和港口码头多在大城市附近，还缺乏应付敌人突然袭击的措施。（四）所有水库的紧急泄水能力都很小，一旦遭到破坏，将酿成巨大灾害。这份报告引起了毛泽东的高度重视。

的确，当时我国的周边环境比较严峻。南面，美国发动了侵略越南的战争，战火已烧到我国南大门外；东面，美国支持的台湾当局一直叫嚣“反攻大陆”，并多次派遣小股武装特务窜犯东南沿海

① 薄一波：《若干重大决策与事件的回顾》（下卷），中共中央党校出版社1993年版，第1198—1199页。

地区；西面，印度政府不断蚕食我国领土，并多次发动大规模的武装入侵，我国虽取得了对印自卫反击战的胜利，但两国关系仍未根本缓和；北面，中苏关系恶化，苏联不断制造事端，并派重兵进驻蒙古。在这种情况下，中国不得不对可能发生的战争有所准备。

因此，毛泽东在中央工作会议上发表关于备战问题的那番话后，立即引起了与会人员的共鸣。“大家一致拥护他的主张，认为应在加强农业生产、解决人民吃穿用的同时，迅速展开三线建设，加强战备。”[①]由此，“三五”计划的重心转入备战方面，并重点开展三线建设。

毛泽东这里指的一、二、三线，是按我国地理区域划分的，沿海地区为一线，中部地区为二线，后方地区为三线。三线分为两大块，一是包括云、贵、川三省的全部或大部分及湘西、鄂西地区的西南三线；二是包括陕、甘、宁、青四省区的全部或大部分及豫西、晋西地区的西北三线。当时三线又分为大三线和小三线，西南、西北被称为大三线，而中部及沿海省区的腹地则为小三线。

1964年8月5日，美国飞机对越南民主共和国发动突然袭击，连续轰炸了其义安、鸿基和清化地区，跨过了它自己宣布的“战争边缘”，并给中国的安全造成严重威胁。为此，中国政府于8月6日发表声明，严正警告：“越南民主共和国是中国唇齿相依的邻邦，越南人民是中国人民亲如手足的兄弟，美国对越南民主共和国的侵犯，就是对中国的侵犯，中国人民绝不会坐视不救。”

面对越南战争已经扩大的形势，更加坚定了毛泽东和中共中央加紧三线建设的决心。在此之前，毛泽东曾打算骑马从黄河入海口沿河而上，对整个黄河流域特别是其源头进行考察。美国扩大越南战争后，他不得不放弃这个设想，考虑准备打仗的问题。他在8月6日中国政府的声明稿上批写道：“要打仗了，我的行动得重新考虑。”[②]

8月19日，李富春、罗瑞卿和薄一波三人联名，向毛泽东和中共中央报送了《关于国家经济建设如何防备敌人突然袭击的报告》。报告建议在国务院成立专案小组，由李富春、李先念、谭震林、薄一波、罗瑞卿等人组成；李富春任组长，薄一波、罗瑞卿任副组长。报告还提出：一切新的建设项目应摆在三线，并按照分散、靠山、隐蔽的方针布点，不要集中在某几个城市；一线的重

① 薄一波：《若干重大决策与事件的回顾》(下卷)，中共中央党校1993年版，第1200页。

② 中共中央文献研究室：《毛泽东传(1949—1976)》(下)，中央文献出版社2003年版，第1349页。

要工厂和重点高等院校、科研机构，要有计划地全部或部分搬迁到三线；不再新建大中型水库；恢复人民防空委员会，积极准备北京地下铁道的建设，考虑在上海、沈阳建设地下铁道。对上述各项工作，确定由专案小组成员分工负责，用8、9两个月的时间进行研究，提出逐步施行的具体方案，经专案小组综合研究后，报中共中央批准，分别纳入1965年计划和“三五”计划。①

8月中旬，中共中央书记处开会讨论三线建设问题。毛泽东在会上讲话说：要准备帝国主义可能发动战争。现在工厂都集中在大城市和沿海地区，不利于备战。工厂可以一分为二，要抢时间搬到内地去。各省都要建立自己的二、三线。不仅工厂、交通部门要搬家，而且学校、科学院、设计院都要搬家，成昆、川黔、滇黔三条铁路都要抓紧修好。根据毛泽东的意见，会议决定：三线建设在人力、物力、财力上给予保证，新建设的项目都摆在三线，现在就要搞勘察设计，不要耽误时间。第一线能搬的项目都要搬；明年后年不能见效的续建项目一律缩小建设规模。在不妨碍生产的条件下，有计划有步骤地调整第一线，一、二线企业要有重点地搞技术改革。②

10月18日，广东省委向中共中央和中南局呈送了《关于国防工业和三线备战工作的请示报告》。报告中说，帝国主义目前正积极准备扩大对越南北方发动的侵略战争，广东省加紧进行战备工作十分必要，省委决定加速地方军事工业建设；把广州及沿海城市的部分民用工厂和高等院校迁至三线（小三线）去，后方电力工业也要发展；加强国防公路、通讯网、电力及物资储备仓库等的建设；加速后方农业和山区经济的发展，并适当增建学校和医院。

毛泽东认为广东的做法很好，他在写给刘少奇、周恩来等人批语中，建议将广东省委的报告转发第一线和第二线各省，使其也讨论一下自己的第三线问题，并向中共中央提出一个合乎各省具体情况的报告。他说：“无非是增加一批建设费，全国大约十五亿元左右，分两、三年支付，可以解决一个长远的战略性的大问题。现在不为，后悔无及。”③周恩来当即将毛泽东的批语和广东省委的报告批转各有关省自治区。各地按照毛泽东的指示，迅速采取了广东类似的行动。

为了加强三线建设，1964年年底，成立了以李井泉为主任的西南三线建设

① 薄一波：《若干重大决策与事件的回顾》（下卷），中共中央党校出版社1993年版，第1200—1201页。
② 丛进：《曲折发展的岁月》，河南人民出版社1989年版，第465页。
③《建国以来毛泽东文稿》第十一册，中央文献出版社1996年版，第196页。

委员会和以刘澜涛为主任的西北三线建设委员会。

当时，大三线建设的重点放在打基础上，国家将大部分投资集中在成昆、湘黔等铁路，攀枝花、酒泉等钢铁基地，以及以重庆为基地的常规武器生产上。为使三线能在短时间形成生产能力，对一、二线经济建设采取了停（停止建设新项目）、缩（压缩在建项目）、搬（将一些企事单位全部搬迁到三线）、分（将一些企事业单位一分为二，其中一部分搬迁三线）和帮（一二线企业对口支持三线企业）的方针。

在这个过程中，毛泽东认为三线建设的进度还是太慢，加之兼任国家计委副主任的陈伯达从中挑拨离间，因而他对国家计委的工作也日益不满，并多次对其提出批评。1964年8月他在一份批示中说："计划工作方法，必须在今明两年内实行改变，如果不变，就只好取消现有计委，另立机构。"①

李富春看到毛泽东的批示后，夜不能寐，连夜向毛泽东写信说明情况。随后，他又三次写信给毛泽东，一方面检讨计划工作中存在的问题，提出改进方法，另一方面汇报加快三线建设的设想和安排。

12月3日，国家计委向中共中央书记处报送了《关于编制长期计划的程序问题》，提交中央书记处讨论，然后根据讨论的意见，对文件作了修改，于12月7日送请毛泽东审阅。

12月12日，毛泽东对国家计委的文件作了下述批示："此件已阅，写的可以，是好的。但有骨头，无血肉，感到枯燥乏味，则是缺点。望你们在今后几个月内，搞出一个有骨有血有皮有毛的东西出来。要有逻辑有论证。否则仍然是形而上学的东西。十几年来，形而上学盛行，唯物辩证法很少人理，现在是改变的时候了。"②

这个月初，陈伯达向毛泽东汇报说，国家计委前一段机关革命化声势不小，但效果不大；第三个五年计划的编制工作，他们完不成任务；计委机构应该改组。③陈伯达的汇报进一步增加了毛泽东对国家计委工作的不满。在这个月下旬召开的中央工作会议上，毛泽东对邓小平领导的中央书记处和李富春领导的国家计委提出严厉批评，说北京就有两个独立王国。

1965年年初，中共中央根据毛泽东的意见，决定成立"计划参谋部"，即"小

① 房维中、金冲及主编：《李富春传》，中央文献出版社2001年版，第639页。
②《建国以来毛泽东文稿》第十一册，中央文献出版社1996年版，第262页。
③ 房维中、金冲及主编：《李富春传》，中央文献出版社2001年版，第643页。

计委”，由石油部部长余秋里、副部长李人俊，浙江省委主管农业的书记林乎加，北京市委主管工业的书记贾庭三，中央政治研究室主任兼国家计委副主任陈伯达组成。“小计委”的主要任务是摆脱国家计委机关的日常工作，专心拟定“三五”计划的方针和任务，研究战略问题。毛泽东还特别交代：小计委由周恩来直接领导，国务院各副总理不要干预其工作。这时，李富春的国家计委主任和党组书记的职务虽然仍保留着，但整个计划工作的领导已由余秋里负责了。

在这之后，“小计委”开始拟制新的“三五”计划。

1965年3月12日，周恩来向中央书记处汇报了制定“三五”计划设想，他首先强调，必须从应付战争出发，争取时间，着重解决以下四个问题：

（一）立足于打仗，抢时间，改变布局，加快三线建设，首先是国防建设，其中包括国防工业和与国防工业相关的基础工业、交通运输和小三线建设；

（二）大力发展农业，大体解决吃、穿、用，重点抓粮、棉、糖、油、盐，争取在三年左右做到粮食进出口平衡；

（三）加快建设以钢铁和机械为中心的基础工业，把屁股坐稳，做到既能支援国防和农业，又能为第四个五年更大的发展做好准备；

（四）猛攻科学技术，有目标、有重点地掌握六十年代的新技术，保证第四个五年计划能够在新的技术基础上加快前进。①

6月16日，毛泽东听取了国家计委关于“三五”计划和三线建设的汇报。他认为，“三五”计划投资项目多了，指标也高了。

毛泽东说：“鉴于过去的经验，欲速则不达，还不如少一点慢一点能达到。我看5年搞1080亿的建设规模大了，留的余地太少了。少搞些项目就能打歼灭战，大了歼灭不了。要考虑来个大灾或者大打起来怎么办。我看大家想多搞，你们也想多搞。向老百姓征粮征税，多了会闹翻，不行的。这是个原则问题。要根据客观可能办事，绝不能超过客观可能。按客观可能还要留有余地。留有余地要大，不要太小。要留有余地在老百姓那里，对老百姓不能搞得太紧。”

毛泽东又说：“总而言之，第一是老百姓，不能丧失民心；第二是打仗；第三是灾荒。计划要考虑这三个因素。脱离老百姓毫无出路，搞那么多就会脱离老百姓。”②后来，周恩来把毛泽东提出这个思想，概括为“备战、备荒、为人民”。

① 刘国光主编：《中国十个五年计划研究报告》，人民出版社2006年版，第276页。
② 中共中央文献研究室：《毛泽东传（1949—1976）》（下），中央文献出版社2003年版，第1363页。

7月下旬，"小计委"根据毛泽东杭州谈话的指示精神，对原来初步设想的第三个五年计划作了修改和调整。在向周恩来汇报之后，又遵照周恩来的指示，分别到各大区征求了意见。随后，又根据各方面的意见，作了修改和补充，形成了《关于第三个五年计划安排情况的汇报提纲（草稿）》，提交9月18日至10月12日的中央工作会议讨论。

汇报提纲共分为十个方面的问题，其中提出，"三五"计划的方针、任务是：必须立足于战争，从准备大打、早打出发，积极备战，把国防建设放在第一位，加快三线建设，逐步改变工业布局；发展农业生产，相应地发展轻工业，逐步改善人民生活；加强基础工业和交通运输的建设；充分发挥一、二线的生产潜力；积极地，有目标、有重点地发展新技术，努力赶上和超过世界先进技术水平。

对于三线建设，汇报提纲指出："三五"计划必须突出三线建设，集中国家的人力、物力、财力，把三线的国防工业，原料、材料、燃料、动力、机械、化学工业，以及交通运输系统逐步地建设起来，使三线成为一个初具规模的战略大后方。"这是关系着第三个五年计划的全局、关系国家安危、关系世界人民革命运动的一个大问题，也是解决长远和当前战略任务的一个根本问题。我们在第三个五年计划期间，一定要把建设重点放在三线，在这个问题上如果不采取坚定的态度，那末，就会犯方针性的错误。"①

汇报提纲中还有其他九个问题，即：基本建设；农业、工业生产和交通运输；在科学技术上赶上和超过世界先进水平；文化、教育、卫生事业；人民生活；对外贸易和对外经济技术援助；人力、物力、财力的平衡；十五年远景的设想；调动一切积极因素，为实现第三个五年计划而奋斗。其中最后一个问题只有标题没有内容。此次中央工作会议批准了这个汇报提纲，小计委开始着手"三五"计划的编制。

1966年3月12日，毛泽东就农业机械化问题致信刘少奇，对"三五"计划的方针任务作了高度概括。毛泽东认为，发展农业机械化，应与"备战、备荒、为人民"联系起来，否则地方有条件也不热心去做。他在信中写道：

"第一是备战，人民和军队总得先有饭吃有衣穿，才能打仗，否则虽有枪炮，无所用之。第二是备荒。遇了荒年，

① 中共中央文献研究室：《建国以来重要文献选编》第二十册，中央文献出版社1998年版，第361页。

地方无粮棉油等储蓄，仰赖外省接济，总不是长久之计。一遇战争，困难更大，而局部地区的荒年，无论哪一个省内常常是不可避免的。几个省合起来看，就更加不可避免。第三是国家积累不可太多，要为一部分人民至今口粮还不够吃、衣被甚少着想；再则要为全体人民分散储备以为备战备荒之用着想；三则更加要为地方积累资金用之于扩大再生产着想。”①

这封信系统地体现了毛泽东“备战、备荒、为人民”的思想。这也是中共中央制定“三五”计划乃至六、七十年代整个经济建设工作的根本指导思想，但是未等到“三五”计划完整编制出来，“文化大革命”就爆发了。

在“三五”计划开始编制的同时，三线建设开始启动。据初步统计，从1964年下半年到1965年，在西南、西北三线部署的新建和扩建、续建的大中型项目达300余项，其中钢铁工业14项、有色金属工业18项、石油工业2项、化学工业14项、化肥工业10项、森林工业11项、建材工业10项、纺织工业12项、轻工业8项、铁道工程26项、交通工程11项、民航工程2项、水利工程2项，另有一批农业、林业、邮电、商业、广播、教育事业等项目。同时，从一线搬迁到三线的工厂约有400个。军事工业方面，在西南三线规划了以重庆为中心的常规兵器工业基地、以成都为中心的航空工业基地、以长江上游重庆至万县为中心的造船工业基地；在西北三线规划了航天工业、航空工业、常规兵器、电子和光学仪器等工业基地。②

① 《建国以来毛泽东文稿》第十二册，中央文献出版社1998年版，第20页。

② 薄一波：《若干重大决策与事件的回顾》（下卷），中共中央党校出版社1993年版，第1203页。

7.工业学大庆

"铁人"王进喜应邀在人民大会堂作报告，他当场朗诵了自己作的一首诗："石油工人一声吼，地球也要抖三抖，石油工人干劲大，天大困难也不怕，北风当电扇，大雪当炒面，天南地北来会战，誓夺头号大油田"。这时，整个大会堂响起了经久不息的掌声。

20世纪六十年代前期的国民经济调整时期，是共和国历史上一段艰难的岁月。这又是一个英雄和典型辈出的年代，曾涌现出了无数的典型个体和众多的典型群体，成为那个时代的人们乃至整个民族精神的象征，成为共和国历史永恒的记忆。

在这些典型当中，影响最大的，莫过于工业战线上的大庆和农业战线上的大寨。

我国的石油工业基础十分薄弱。解放前，只有甘肃的玉门、新疆的独山子和陕西的延长三个小油田。解放后，党和政府一直十分重视石油在国民经济中的地位。1952年2月，毛泽东亲自发布命令，决定中国人民解放军第19军第57师集体转业为石油工程第1师，支援石油工业建设。1953年，他对地质部长李四光说，要进行建设，石油是不可缺少的。我国制定的第一个五年计划中，要把勘察石油资源、发展石油工业作为一项重要内容。

1956年2月26日，毛泽东在听取石油部负责人的工作汇报时，对石油生成、储油构造、如何找油、石油炼制等作了详细了解。当毛泽东得知西北地区、东北松辽平原、华北平原的广大地区都是很有希望找到石油的地区时，他说，美国人老讲中国地质贫，没有石油，看起来起码新疆、甘肃这些地方是有的。怎么样？石油部也给我们树立点希望！他要求在全国广泛开展石油勘探，并要有全国规划。他还说，搞石油艰苦啦，看起来发展石油工业，还得革命加拼命。

“铁人”王进喜。

然后，由于种种原因，解放后，石油工业虽有发展，1957年，全国石油产量达到了145.7万吨，比1949年增长了11.4倍，其中天然油达86万吨，增长了11倍多，人造油59.7万吨，增长了11倍，但仍远远不能满足国民经济发展的需要。第一个五年计划期间，粮食、棉花、钢铁、原煤等等，都超额完成了计划指标，唯独石油工业的计划没有完成。至1957年，全国尚未发现新的油田，已探明的天然油储量只有0.56亿吨，石油年产量也只有86万吨，仅能满足全国石油消费量的38%，国家所需的大量石油不得不依赖进口。

加快发展我国的石油工业，就成为发展国民经济的当务之急。当时，分管这一工作的中央领导人是邓小平。1958年2月27日和28日，邓小平连续用两个下午的时间，听取石油工业部的工作汇报。参加汇报的有石油工业部原部长李聚奎、新任部长余秋里、地质勘探司司长唐克。李聚奎汇报了石油工业的形势和基本情况，唐克汇报了各地区的勘探开采情况，重点介绍了第二个五年计划的石油勘探部署。邓小平对汇报听得很仔细，不时作些记录，并且有时提问，有时插话。

汇报会结束后，邓小平对发展石油工业作了许多重要指示。

第一个五年计划期间，我国在石油产量中，差不多有一半是人造石油。由于一时没有发现大的油田，石油界对是发展天然油为主还是发展人造油为主，一直有不同意见。一种意见认为，我国的油页岩资源丰富，搞人造油的风险小，把握大，应重点发展；另一种意见则认为，人造油的成本高，难以大规模发展，还是应想办法重点发展天然油。对此，邓小平表示，中国石油工业要发展，要天然油与人造油并举，并以天然油为主。他说："听说你们石油工业部有搞人造油与天然油的讨论。石油工业怎样发展，我看是两条腿走路。人造油是要搞的，并且下决心搞，但中国这样大的国家，从长远看，当然要靠天然油。"①

在此之前，我国石油的勘探重点在西部，而经济较为发达的东部地区，则基本上没有勘探。可是，当时西部地区已探明的石油储量有限，而且由于交通条件的限制，西部即使能开采出大量的石油，也难以运送到急需石油的东部地区。因此，如果能在东部地区找到大的油田，在当时显得尤为重要。为此，邓小平反复讲了石油勘探的战略重点和战略布局问题，提出石油勘探工作应从战备方面来考虑，把战略、战役、战术三者结合起来。石油勘探要选择突击方向，在建设西部天然石油基地的同时，要把石油勘探的重点放到东部地区。

按照邓小平的指示，石油工业部在编制石油工业的第二个五年发展计划时，具体研究了如何把石油勘探的战略重点转移到东部地区的问题。随后，石油工业部撤销了西安石油地质调查处，在这个处的基础上，成立了东北、华北、鄂尔多斯和贵州四个石油勘探处。这年5月，石油部党组又决定，除保留华北石油勘探处建制外，在东北、鄂尔多斯和贵州三个勘探处的基础上，成立松辽、银川、贵州三个石油勘探局，并新建了华东石油勘探局。同时确定，从1958年起，在全国建立十个石油勘探战略区，除原有的准噶尔、柴达木、河西走廊、四川和鄂尔多斯外，开辟松辽、苏北、山东、贵州、吐鲁番五个新区，并以松辽、苏北为重点。

随后，石油工业部从西北各油田和部队机关抽调了大量的人员，充实新组建的松辽石油勘探局，先后调集了5个地质详调队、6个地质研究队、9个磁重力队、2个大型钻井队、1个中型钻井队，以及其他配套队伍，共32个队，一千多职工，分属黑龙江、吉林、辽宁3个大队，奋战在松辽平原上。经过石

①《余秋里回忆录》，解放军出版社1996年版，第510页。

油工人的艰苦努力，1958年在松辽平原的地质浅钻中发现了油砂，证明这一地区肯定含油。1959年9月底，在国庆十周年到来之际，位于黑龙江省肇州县大同镇的松基3井喷出了棕褐色的原油。同年11月，黑龙江省人民委员会决定将松基3井所在地大同镇改为大庆区。

按照国家的计划安排，1960年全国的石油需要量为1000万吨，而国内的生产能力只有500万吨，缺口达一半。由于严重缺油，许多地方汽车只能改烧木炭和酒精，就连北京的公共汽车上也背上一个大大的煤气包。被称为“工业血液”的石油，对于中国来说实在太缺了。

松辽盆地探井接连出油后，石油部决定采取集中兵力打歼灭战的办法，抽调队伍，组织松辽石油会战，他们将这一设想向邓小平作了汇报。邓小平同意了石油部的设想，并要求石油部党组给中共中央正式写一份报告。2月13日，石油部党组向中共中央报送了《关于东北松辽地区石油勘探情况和今后工作部署问题的报告》，提出集中石油系统一切可以集中的力量，用打歼灭战的办法，来一个声势浩大的大会战，一鼓作气，抽调几十个优秀的钻井队，加上2000名科学技术人员，参加大会战，以最快的速度一鼓作气拿下大庆油田。

这个报告送上去仅七天，中共中央就向黑龙江省委、国家计委等相关省市自治区党委和中央有关部委批转了这个报告，不但同意了石油部党组的意见，而且要求各相关单位对大会战给予支持和协助，以加快松辽地区的石油勘探和开发工作，迅速改变我国石油工业落后状况。

为了支持松辽石油会战，中共中央、国务院在国家财力十分困难的情况下，特别批准在计划外为会战划拨了2亿元的投资和几万吨的钢材、设备；同时，中央军委将3万名退伍兵和3千名转业军官分配给石油部参加大会战。

随后，石油部集中全国30多个石油厂矿、院校的4万名职工，调集7万多吨器材设备，来到了地广人稀的萨尔图大草原。1960年4月29日，石油部召开“石油大会战万人誓师大会”，数万名石油工人决心以苦干实干加巧干的精神，高速度高水平地拿下这个大油田，为国争光。

大庆石油会战是在极为艰苦的条件下展开的，当年指挥会战的余秋里回忆说：“环境之恶劣，生活之艰苦，一般人是很难想象到的。”[①]会战队伍进入油田时，时值5月，而这一年松辽地区的雨季来得特别早，这里本来是松花江、

①《余秋里回忆录》，解放军出版社1996年版，第667页。

嫩江的自然泄洪区，所以油田建设的工地和井场上，遍地积水，处处泥泞。数万人进驻这里，首先住就成了大问题。开始时，参加会战的干部工人就住在简陋的帐篷、临时搭起的木板房，甚至被废弃的牛棚、马厩里。往往是一场雨下来，外面大下，里面小下；外面雨停了，里面还在下。

大庆油田位于高纬度地区，冬天来得特别早，国庆节后就下雪，最冷时气温降到零下36摄氏度，届时会战人员不能再住帐篷和活动房之类了，当时有人向会战指挥部建议，入冬后将人员撤往东北的大城市，开春后再回来。但是，这样一来，一年中只有半年的有效工作时间。为此，会战指挥部决定自己动手修建当地群众称之为“干打垒”的土坯房。于是，参与会战的人员，不分地位高低、职务大小，下班回来都参加搞“干打垒”，整个油田成了修建“干打垒”的大工地。经过120天的奋战，全油田建成30多万平方米的“干打垒”，参加会战的数万名石油工人，就靠这种近乎原始的房子度过了严寒的冬天。仅此一项，就为国家节省5000多万元，这在当时可是一个很大的数字。

大会战启动时，正是我国经济最困难之际，特别是粮食遭到严重的危机，国家不得不降低城乡人民的口粮标准，参与大会战的干部职工的粮食定量也相应减少，机关干部只有二十多斤，二线工人三十多斤，而劳动强度最大的一线工人也只有40斤左右。由于定量减少，加之副食品短缺，肉食几乎没有供应，而会战人员劳动强度大，因而体质不断下降，很多人得了浮肿病，全油田浮肿病患者多时达到4千多人。尽管地方和驻军给油田很大的支援，但各地粮食都很紧张，支援有限，不能从根本上解决问题。为此，会战指挥部作出组织全体人员挖野菜的决定，要求每人每天吃野菜三斤，节约粮食二两，同时捕鱼、采松子，并在住地、井场的附近开荒种粮。到1961年秋，油田终于度过了最困难的时期。

大庆石油大会战不但生活艰苦，生产同样也是困难重重。大会战的队伍开进大草原后，这里没有公路，到处泥泞，供水供电设备缺乏，汽车、吊车数量不足，设备不配套，困难可想而知。但在困难面前，大庆人没有退缩，而是迎难而上。他们采用人拉肩扛的办法，把几万吨的设备器材从火车上卸下来，连五六十吨重的大钻机也是用这种方法，拖到几公里之外的井场上安装起来。

在开发大庆油田的大会战中，涌现出许许多多的英雄模范人物，“铁人”王进喜就是其中的一个代表。

王进喜原是玉门油矿1259钻井队的队长，1958年他所领导的钻井队曾创造了月钻5口井、进尺5000米的当时全国中型钻机最高纪录，探索出了一套优质快速打井的经验。1959年9月，王进喜作为石油战线的劳模代表出席全国群英会，参加了国庆十周年观礼活动。在北京期间，他看到公共汽车上放一个气鼓鼓的煤气包，心里特别难受，觉得作为石油工人没有搞到油，对不起国家。1960年年初，他所在的钻井队被调来大庆参加会战。当他和队友们到达萨尔图车站时，首先想到的是钻机到了没有，井位在什么地方，当天他就带着全队人员步行20里到达井场。

钻机到站后，由于吊车少，装卸有困难，王进喜就组织全队工人用人力卸车，经过七天七夜的苦干，把钻机和其他设备化整为零，搬运到井场并安装好。开钻后调配泥浆缺水，他领着工人从附近的水泡子用脸盆之类运水，使钻井顺利开钻。王进喜和全队人员吃住在井场，日夜不离，连续苦干，只用了5天零4个小时的时间，就打完了一口井，创全油田最高纪录。附近的一位老大娘看到钻井队打井的经过后，提了一篮鸡蛋去慰问，她对工人们说："你们王队长，真是个铁人！"于是，王进喜"铁人"的名字就叫开了。

中共党员、被誉为"铁人"的大庆油田钻井队2大队队长王进喜和他领导的钻井队是一支能打硬仗的石油工业队伍。图为王进喜和工人在用身体搅拌泥浆，制服井喷。

在大庆石油大会战的日子里，油田出现了无数个这样的"铁人"。1202钻井队队长马德仁，在钻机泥浆泵上结冰，泥浆不能循环，影响继续钻井时，立即砸开冰层跳进泥浆池里，排除故障；老工人薛国邦为使已凝结成块的原油化开，在用蒸气给原油加温时，手抱滚热的蒸气管，跳进原油池，用管子刺化原油；施工队长朱洪昌，为抢救本队唯一一台意外燃烧的拖拉机，手和脸被火燎

大庆工人欢呼第一口油井试喷成功。

起一层层水泡，双眼被烤得通红，这时又传来了生病住院的小孩抢救无效死亡的消息，但他强忍悲痛坚持会战。

大庆油田在开发和建设过程中，十分重视职工队伍的作风建设，形成了“三老四严”作风。“三老”是指当老实人，说老实话，做老实事；“四严”是指严格的要求，严密的组织，严肃的态度，严明的纪律。

在数万名石油工人的不懈努力下，到1963年年底，经过3年多的艰苦会战，大庆人取得了巨大的成绩：

——开发了一个大油田。仅用了一年多的时间就探明了油田面积并大体上算出储量。当时探明储量26.7亿吨，成为世界上特大油田之一。

——建成了年产原油几百万吨的生产规模和大型炼油厂第一期工程，质量良好。

——三年多累计生产原油一千多万吨，油田生产管理水平不断提高。

——进行了大量的科学研究工作，解决了油田开发上的重大技术难题。

——经济效果好，国家投资已经全部收回，并开始为国家积累资金。

——锻炼和培养了一支政治觉悟高，干劲大，作风好，有组织，有纪律，能吃苦耐劳、能打硬仗的石油职工队伍，并且积累了比较丰富的经验。①

1963年，大庆油田生产原油600多万吨，加上全国其他油田的产量，全年总产量达到1000万吨，我国石油产品已经基本自给。1963年12月25日，新华社向全世界宣布：1963年原油、汽油、柴油、煤油和润滑油等主要产品产量全面超额完成计划；石油产品达几百种，比1957年增加2倍；1963年新建的炼油装置总加工能力比1962年新建的增加4倍多。这些成就预示着，中国人民使用“洋油”的时代，即将一去不复返了。

在当年中国面临美国的包围封锁、苏联对中国采取敌视态度、国民经济刚刚走出困境的情况，这一消息的发布，极大地振奋了全国人民。可以说，大庆石油工人为中国人民找到了争气油，也开采出了争气油。而这一切，都是数万名大庆油田建设者艰苦奋斗的结果。

党的领导人极为关注大庆油田的开发和建设。1961年7月、8月和1962年6月，邓小平、刘少奇、周恩来曾分别到大庆视察，了解油田开发建设情况，他们对大庆人艰苦奋斗，自力更生的创业精神给予了充分肯定。

1963年6月19日，周恩来和陈毅陪同朝鲜领导人第二次来到大庆。大庆人认真严谨的工作态度再次深深地感动了周恩来，他说：“四个一样好，我要向全国宣传。”

1963年12月24日，在彭真的主持下，石油部副部长兼大庆油田会战指挥部总指挥康世恩，向北京市一万多名干部报告了大庆会战情况。28日，彭真又主持召开中央机关十七级以上干部大会，由余秋里作大庆石油会战的报告。

与此同时，石油部党组向中共中央报送了《关于大庆石油会战情况的汇报提纲》，将大庆石油会战的基本经验总结为：（一）社会主义的现代化企业，必须革命化；（二）高度的革命精神与严格的科学精神相结合；（三）现代化企业要认真搞群众运动；（四）认真做好基础工作，狠抓基层建设；（五）领导干部亲临前线，一切为了生产；（六）积极培养和大胆提拔年轻干部；（七）培养一个好作风；（八）全面关心职工生活；（九）全面地学习人民解放军的政治工作。

随后，毛泽东等中共中央领导人一再表示要开展向大庆学习的活动。1964年1月7日，毛泽东在听取全国工业交通情况汇报时，指示报纸要写点新鲜事物，报道学习解放军、学习石油部，并在会上表扬了石油部经验和大庆“铁

① 《石油会战、工业学大庆运动文献选载》，《党的文献》1994年第6期。

人”王进喜。

2月5日，中共中央发出《关于传达石油工业部关于大庆石油会战情况的报告的通知》。中共中央在通知中指出：大庆油田的开发，是一个多快好省的典型，贯彻执行了党的社会主义建设总路线，系统地学习和运用解放军政治工作经验，把政治思想、革命干劲和科学管理紧密结合起来，把工作做活了，把事情做活了。它的一些经验在各部门和党、政、军、群众团体中也都适用，或者可以作参考。中共中央还要求把石油部的这个报告传达到全国工交、财贸、文教系统和各机关、团体、部队中去，并一直传达到基层单位。

2月9日，毛泽东在会见新西兰共产党总书记威尔科克斯时说：北京有好几十个部，只有一个部即石油工业部，学解放军学得比较好。他们用比较少的投资、比较短的时间、全部自己制造的设备，在三年中找到了一个大油田，建成了年产量六百万吨的油田，和建设了一个大的炼油厂，而且比苏联的要先进。所以，我们现在的石油问题基本上解决了，进口的石油很少了。

过了几天，毛泽东又在春节座谈会上讲话，要求学解放军，学大庆。他说：“要鼓起劲来。所以，要学解放军，学大庆，石油部在大庆搞了一个大油田，投资少、时间短、收效大。”“要学习解放军，学习石油部大庆油田的经验，学习城市、乡村、工厂、学校、机关的好的典型”。①

4月20日，《人民日报》发表了由袁木、范荣康采写的通讯《大庆精神大庆人》，称赞大庆人“是一支穿着蓝色制服的解放军”，到了大庆，好像又回到了延安，看到延安的革命精神被发扬光大了。《人民日报》还在其《编后》中说：“大庆精神，就是无产阶级的革命精神。大庆人，是特种材料制成的人，就是用无产阶级革命精神武装起来的人。这种精神，这种人，正是我们学习的崇高榜样。”“大庆油田的一切成果，集中到一点上来说，那就是由于他们坚持高举毛泽东思想的红旗，把高度的革命干劲和严格的科学态度紧密结合在一起。学习大庆，首先就要学习他们的革命精神。”从此之后，《人民日报》、中央人民广播电台等媒体，多次发表文章介绍大庆石油会战的事迹和经验，全国迅速掀起了工业学大庆的热潮。

这时的大庆也成为众人瞩目的地方。许多地方和单位纷纷组织到大庆参观学习，一些党和国家领导人也前来大庆考察。仅1964年，就有朱德、邓小平、

① 《石油会战、工业学大庆运动文献选载》，《党的文献》1994年第6期。

董必武、彭真、李先念、刘伯承、薄一波、杨尚昆、罗瑞卿、张鼎承等。还有许多的作家、艺术家前来采风、采访，一批批的文艺界人士来慰问演出。人们以中国工业有大庆为骄傲，以来大庆参观为光荣。

1964年年底至1965年年初的三届全国人大一次会议上，大庆与大寨分别作为工业和农业战线的典型，写进了周恩来所作的《政府工作报告》。报告对大庆石油会战的基本经验和大庆精神作了高度概括，指出："这个油田的建设，是学习毛泽东思想的典范。他们用自己的话说，是'两论起家'，就是通过大学《矛盾论》和《实践论》，用辩证唯物主义观点去分析、研究、解决建设中的一系列问题。""这个油田的建设，也是大学解放军、具体运用解放军政治工作经验，坚持'四个第一'、'三八作风'的典范。""这个油田的建设，自始至终坚持了集中领导同群众运动相结合的原则，坚持了高度革命精神同严格的科学态度相结合的原则，坚持了技术革命和勤俭建国相结合的原则，全面体现了社会主义建设总路线的多快好省的要求。"

全国各地在开展工业学大庆运动过程中，广大干部职工以大庆为榜样，开展比学赶帮、增产节约活动，发扬艰苦奋斗精神，开展社会主义劳动竞赛，完善各项规章制度，加强思想政治工作，取得了很大的成绩，涌现出了一大批学大庆先进单位和先进典型，也产生了一些大庆式的企业。

1964年年底，"铁人"王进喜应邀在人民大会堂作报告，汇报大庆石油工人迎着困难上，与恶劣的自然条件斗，与各种困难斗，终于取得了大会战的伟大胜利的经过。在报告的过程中，他当场朗诵了自己作的一首诗："石油工人一声吼，地球也要抖三抖，石油工人干劲大，天大困难也不怕，北风当电扇，大雪当炒面，天南地北来会战，誓夺头号大油田"。这时，整个大会堂响起了经久不息的掌声。

8. 大寨红旗的升起

毛泽东问陈永贵：你是庄稼专家了，多大岁数啦？陈答：五十岁。毛泽东说：五十而知天命，搞出一个大寨来，很好！陈永贵没有听懂他的湖南话，只得下意识地点了点头，事后才知道毛泽东所说，后悔自己不该点头。

大庆和大寨是20世纪六七十年代中国的双星。在工业战线学大庆的同时，广大农村开展了学大寨的群众运动。

大寨曾是我国农业战线上一面鼓舞亿万农民的旗帜。它是山西昔阳县的一个小山村，人口不足百户，虽然离县城只有几里地，但自然条件很差，有七沟、八梁、一面坡之称。1952年大寨成立了初级农业合作社，全村人都入了社。1956年，转入高级社。1958年人民公社化后，大寨成为大寨人民公社下的一个生产大队。

人民公社化后，大寨大队在党支部书记陈永贵的带领下，在发展生产的同时，制订了一套行之有效的管理制度。陈永贵也逐渐被上级所重视，1959年10月，他作为山西省代表，赴京参加国庆十周年庆典活动。

1959年12月，中共晋中地委在大寨召开整风整社现场会，号召全地区学习大寨的管理经验。由于当时正值庐山会议后全党开展“反右倾”之际，大寨经验也就被赋予“政治挂帅，思想先行”，“敢想敢干的共产主义风格”，“苦干实干的革命干劲”等内涵。1960年2月，中共山西省委批转了中共晋中地委关于学习陈永贵和大寨大队党支部的决定，并且号召全省农村基层干部“学习模范支部书记陈永贵”。同时，《山西日报》配发了《陈永贵——党支部书记的好榜样》的社论，在山西全省引起了很大反响。

1960年8月，中共昔阳县委在一份报告中说，从1960年1月起，省、地委先后发出学习大寨党支部和陈永贵工作方法的号召后，对于改进支部工作和干部的领导方法，保持生产持续跃进，都起了积极作用，昔阳县委为此要求全县：“动员全党、全民奋斗三年，实现全县大寨化”。①

1963年8月，山西省昔阳县大寨大队遭受特大洪灾。中共大寨大队支部带领群众自力更生，发愤图强，艰苦奋斗，把贫瘠的山坡地修成水平梯田，发展生产。毛泽东和中共中央向全国发出了“农业学大寨”的号召。图为大寨大队党支部书记陈永贵同社员一起参加劳动。

1962年，大寨精神又被中共晋中地委总结为干部参加劳动和领导生产相结合，革命干劲和科学态度相结合，以农田基本建设为中心，运用“农业八字宪法”（指毛泽东总结出来的农业生产基本技术措施土、肥、水、种、密、保、管、工），高速度发展农业生产。

八届十中全会后，毛泽东强调要抓阶级斗争，防止资本主义复辟，并将干部参加劳动作为防止干部队伍腐化变质的一项重大举措。1963年3月，中共中央批转了昔阳县干部参加劳动的材料，其中大寨被当做干部参加集体劳动的典型。同月，山西召开全省农业生产先进集体代表会议，再次号召向陈永贵和大寨学习。同年第13、14期合

① 孙启泰、熊志勇：《大寨红旗的升起与坠落》，河南人民出版社1990年版，第31页。

刊的《红旗》杂志上发表了晋中地委农村工作部撰写的文章——《昔阳县四级干部参加生产劳动的伟大范例》，介绍了陈永贵长年坚持参加劳动的事迹。

8月3日，《人民日报》发表了长篇通讯《在农村阵地上——记昔阳大寨公社大寨大队党支部书记陈永贵》，介绍了大寨大队党支部和支部书记陈永贵抓阶级斗争、生产斗争、探索科学种田和进行思想政治工作的经验。文章说：

> 太行山，山连岭，岭连山。万山丛中，有一座山峰，名叫虎头。虎头山根，有一个山村，名叫大砦（寨的异体字，引者）。
>
> “昔阳干部劳动成风”，已经传遍全国。昔阳这风，最初就是从这个山村里兴起来的。大砦公社大砦大队的党员们，在阶级斗争和生产斗争中总是在最前线冲锋陷阵。陈永贵同志解放前二十来年给地主富农当长工，当然是天天劳动；解放后当副村长、农业社长、支部书记，还是长年坚持劳动。当了干部以后，他不是劳动少了，而是更多；不是劳动差了，而是更好。他不是为了多挣劳动日而劳动，也不只是为了不使集体中减少一个劳动力而劳动；他主要是为做好工作而劳动。为什么工作？为什么劳动？他的目的很明确：为了革命。照他爱说的一句话来说，就是：“咱是听毛主席的号令，占领阵地哩！”

从此，大寨与陈永贵的事迹已不再局限于山西，而是知名全国了。

可是，陈永贵还没有看到这张报纸，一件意想不到的事发生了。从8月2日至7日，昔阳连下七天大雨，总降水量达到500毫米。大寨合作化以来经过十多年艰苦努力整修的土地全被冲垮，社员70%的房屋被冲塌，长势正旺的庄稼水泡倒伏。下雨之前，陈永贵正在县城开会，县城离大寨不过几里地，但也无法返回，等到雨停之后回来，大寨已是满目疮痍，一片狼藉。

大寨遭受大灾后，各级都派来了慰问团或发来了慰问信，有的甚至提出给大寨一批救灾物资。大寨也有部分社员认为没有国家的帮助，很难度过难关。在这个时候，大寨大队党支部却提出了“三不要、三不少”的口号，即不要国家救济粮、救济款和救济物资；交国家的统购粮不少、社员口粮不少、社员收入不少，决心依靠自力更生，艰苦奋斗，以战胜洪灾。

其实，在此之前，年年都有县里来的干部或师生支援大寨的农业生产，国家也曾给大寨一定的物资支援。现在自然无法考究陈永贵为什么要作出这样的决定，但无论如何，在当时面临严重困难的情况下，大寨人的这个决定，是需要胆识的。也正是因为这一点，使大寨的形象更光彩，事迹更感人。

依靠干部群众的齐心协力，大寨人战胜了天灾。据当时的报道，这年秋天，大寨粮食平均亩产达到了700多斤，全年总产粮食42万斤，卖给国家24万斤，户均粮食仍有3000斤，劳动日分值一元，基本上实现了“三不少”的口号。

大寨大灾之年夺高产的事迹，再次引起了山西省委的重视。1963年11月，山西省委发出通知，号召全省各级党组织向大寨学习，并在全省开展大规模的学习大寨的运动。11月20日，山西人民广播电台拟定了《关于陈永贵和大寨大队的宣传计划》，认为陈永贵具有“大公无私、立场坚定、热爱国家和发愤图强、艰苦奋斗、自力更生、坚持进行‘三大革命’，建设新农村的革命精神和风格”，对大寨精神作了初步概括。同年12月28日，《人民日报》发表了《大寨大队受灾严重红旗不倒——山西省委号召学习他们藐视困难的英雄气概和高尚风格》的报道，大寨的名字更响亮了。

20世纪60年代初，曾是我国经济严重困难的时期，但这也是一个英雄辈出的年代，大庆、大寨，王进喜、陈永贵、雷锋、焦裕禄等，都是这一时期涌现出的先进集体和先进人物。1963年后，虽然中国的经济已经走出了低谷，但还未实现根本的好转。此时特殊的国际环境，自力更生、艰苦奋斗的精神显得尤为重要。大寨的事迹传出后，的确感动了许多人，中国需要更多的大寨，中国农村的发展需要大寨精神。

1964年1月19日，应中共北京市委的邀请，陈永贵在人民大会堂向首都一万多名干部、群众介绍大寨抗灾夺丰收的事迹，中央人民广播电台向全国播放了现场录音。北京市委在印发陈永贵报告的记录整理稿时指出：“大寨党支部坚持毛泽东的自力更生思想，是我国人民在当前国内外阶级斗争中的精神状态的一面镜子。”①

2月10日，《人民日报》发表了新华社记者莎荫、范银怀采写的长篇通讯《大寨之路》，并配发了《用革命精神建设山区的好榜样》的社论。社论号召全国人民学习大寨的革命精神，并且说：要学习大寨的革命精神，就要学习他们这种远大的革命理想和对未来坚定不移的信心；敢于藐视困难，敢于同困难作斗争的顽强精神；自力更生、奋发图强的优良作风，严格要求自己、以整体利益为重的共产主义风格；永远前进并且

① 杜润生主编：《当代中国的农业合作制》（上），当代中国出版社2002年版，第728页。

把伟大的革命精神和严格的科学态度结合起来的好作风。

同年3月29日，毛泽东在邯郸车站听取山西、河北省委“四清”情况汇报时，山西省委第一书记陶鲁笳介绍了大寨抗灾自救、重建家园的情况。陶鲁笳告诉毛泽东，他在大寨蹲点，了解到大寨的生产建设工作和思想政治工作都很出色，支部书记陈永贵既是生产能手，也是思想政治工作能手，而且对大队的管理工作抓得很严，公私分得很清。

陶鲁笳接着说，陈永贵提出了一个很好的口号，叫做“参加生产，领导生产”。毛泽东听后说，很好嘛，就像打仗，纸上谈兵不行；你不参加打仗，怎么会指挥战争呢！

陶鲁笳又汇报说，大寨的工分账和财务账，从来都是一清二楚，接受群众监督，定期向社员公布。大寨的评工记分，照陈永贵的说法，是有制度、不繁琐，有差别、不悬殊。毛泽东听后说，这个办法好。评工记分就是不要搞繁琐哲学。又有差别，又不悬殊，才能调动广大群众的社会主义劳动积极性。

陶鲁笳接着汇报了大寨战胜洪灾、重建家园的情况，并介绍了山西开展学大寨运动的经过。毛泽东听到这里，问道：陈永贵是哪几个字，他识不识字。陶鲁笳当即在纸条上写出了“陈永贵”三个字，并说，陈永贵42岁扫盲，今年50岁，现在能读报，还懂什么叫逻辑。不久前他在太原作报告，赵树理听了很佩服，说陈永贵的讲话，没有引经据典，但他的思想完全符合毛泽东思想和辩证法。

毛泽东听后用赞赏的语气说：穷山沟里出好文章。唐朝你们山西有个大学问家柳宗元，他在我们湖南零陵县作过官，那里也是个穷山区，他在那里写过许多好文章。最后，毛泽东问：你们有他的材料没有？陶鲁笳随即将预先准备好的关于陈永贵和大寨的材料给了毛泽东。

4月20日至5月12日，受周恩来的委托，陶鲁笳到大寨作了20天的实地调查。调查组严格遵守不耽误陈永贵和其他干部、社员劳动时间的原则，白天或与社员一起下地劳动，或与专区派来的驻队干部座谈，或到附近的大队去访问，晚饭后同干部社员座谈。5月25日，调查组向毛泽东、周恩来报送了《大寨大队调查报告》，并对大寨精神和大寨经营管理的经验作了初步总结。

陶鲁笳着重总结了大寨自力更生，艰苦奋斗，按照农业“八字宪法”，建设高产稳产农田的成功经验：

（一）旱涝保收、稳产高产的大寨田。其具体措施，一是改坡地、梁地为梯田；二是闸山沟，节节打坝，拦洪淤地，把沙石沟变成一层层梯田；三是加厚活土层；四是改良土壤；五是深耕、深刨。大寨的耕地，经过这一套办法加工改造，保住了水、土、肥，大大提高了耕地蓄水保墒能力，做到旱涝保收。

（二）在土地加工改造的基础上，结合实施农业“八字宪法”。大寨在这方面的主要措施是增施肥料，特别是农家肥；扩大玉米种植面积；合理密植；充分利用土地等。

（三）自力更生，苦干实干。大寨的稳产高产田全部是自力更生建设起来的，当然，“大寨也还是得到国家和兄弟社队不少物资支持的”，但根本的还是“听党的话，听毛主席的话，自力更生，苦干实干”。

《报告》将大寨精神概括为六个方面：（一）树雄心、立斗志，不断革命；（二）始终坚持着依靠贫农、下中农的阶级路线；（三）不仅有陈永贵这样的好当家人，更重要的是有一个比较好的领导班子；（四）干部参加劳动，大公无私，以身作则；（五）冲天的革命干劲同严格的科学态度相结合；（六）自力更生，艰苦奋斗，爱国家，爱集体，爱社会主义。

此外，大寨在经营管理上也有不少新经验，主要有“长干部，短干部，天天培养新干部”；各尽所能，按劳分配，承认差别，悬殊不大，实行“标兵工分，自报公议”（即指定农活做得最多最好的社员为标兵，参照劳动定额，确定“标兵”一天的工分，然后社员比照“标兵”，自报本人应得的工分，一般按本人自报记分，个别不合适地由大家评议修正）；正确处理积累与消费的关系；干部参加劳动等。

《报告》最后说：“大寨是我国农业战线的一面旗帜。要使大寨大队和各级领导机关、有关部门，上下共同努力，使这面旗帜越来越红，越举越高。”①

5月10日、11日，毛泽东听取国家计委领导小组关于第三个五年计划的设想的汇报，当议论到建设4、5亿亩高产、稳产田时，毛泽东插话说：“要自力更生，要像大寨那样，他也不借国家的钱，也不向国家要东西。”②这是毛泽东对大寨的第一次公开肯定。同年6月，毛泽东在中央工作会议上的讲话中，更是明确表示：农业主要靠大寨精神，自力更生，要在种好十六亿亩地的基础上，建好四亿多亩稳产高产田。

同年12月，周恩来在三届人大一次

① 黄道霞等主编：《建国以来农业合作化史料汇编》，中共党史出版社1992年版，第797—799页。

② 黄道霞等主编：《建国以来农业合作化史料汇编》，中共党史出版社1992年版，第794页。

会议上所作的《政府工作报告》中，介绍了大寨的先进事迹。报告中说：

“山西省昔阳县大寨公社的大寨大队，是一个依靠人民公社集体力量，自力更生地进行农业建设，发展农业生产的先进典型。”

“这个大队，原来生产条件很差，是一个穷山恶水土地薄，全部耕地散在七沟八梁一面坡的地方。十几年来，这个大队在党的领导下，充分调动群众的积极性，以加工改造耕地为中心，综合运用‘八字宪法’，高速度地发展了农业生产。他们进行了大量的、艰巨的农田建设，把过去的4700多块土地连成了2900块，并且都建成为旱涝保收、稳产高产农田。他们的粮食亩产量，1952年为237斤，1962年增加到774斤，1963年虽然遭到很大的水灾，但仍然保持在700斤以上。”

“大寨大队进行了这么多的农业建设，农业生产发展这样快，完全是依靠集体力量，他们正确处理了集体和国家的关系，他们只向国家借过一次钱，第二年就归还了。从1952年到1963年的11年中，这个大队在逐步改善社员生活的同时，向国家总共交售了175.8万斤粮食，每户每年平均交售两千斤。”

周恩来还在报告中对大寨的基本经验作了进一步的总结和概括，指出：“大寨大队所坚持的政治挂帅、思想领先的原则，自力更生、艰苦奋斗的精神，爱国家爱集体的共产主义风格，都是值得大大提倡的。”①

这次人大会期间，周恩来看到新华社内参上有一份报道说，大寨的耕地亩数不实，亩产超过800斤的产量也不实。他当即将华北局第一书记李雪峰、山西省委第一书记陶鲁笳和省长卫恒找到中南海，专门询问此事，并要求他们立即派人去大寨丈量土地，核实产量。并且说，如果有假，《政府工作报告》公布后，外国记者将之捅出去，会造成不好的国际影响。为此，山西省委立即组织调查组前往大寨量地核产，结果没发现大寨有瞒地虚报行为。

12月26日，毛泽东特地请参加三届人大一次会议的陈永贵等劳动模范，参加他的生日宴会，并将他们安排在自己同桌，刘少奇等中央领导人则在另一桌。席间，毛泽东问陈永贵：你是庄稼专家了，多大岁数啦？陈答：五十岁。毛泽东说：五十而知天命，搞出一个大寨来，很好！陈永贵没有听懂他的湖南话，只得下意识地点了点头，事后才知道毛泽东所说，后悔自己不该点头。毛泽东还对众劳模说：你们有了成绩不要翘尾

① 黄道霞等主编：《建国以来农业合作化史料汇编》，中共党史出版社1992年版，第794页。

巴，一辈子也不要翘尾巴，要夹着尾巴做人。

在这以后，大寨的影响日益扩大，而且也不断受到领导人的关注。1965年5月21日，周恩来和李先念、罗瑞卿一起，陪同科列加为首的阿尔巴尼亚政府经济代表团来大寨参观。这是周恩来第一次踏上大寨的土地，以后他又来过两次。周恩来既肯定了大寨所取得的成绩，又要求大寨多种树，控制水土流失；要立足三年大旱搞水利设施，保证稳产高产；要多储备粮食，办粮食加工厂，发展畜牧业，发展多种经营，增加收入。他还提醒陈永贵和大寨干部，有了成绩不要骄傲自满，要检查自己的不足，虚心向别人学习，并且要发扬民主，办事和群众商量，不能一人说了算。①

同年6月15日，毛泽东在杭州听取余秋里关于编制第三个五年计划和长期计划汇报时，再次肯定了大寨，指出：搞农业要靠大寨精神，农业投资不要那么多，要减下来。搞化肥我不反对，但还是要靠养猪、养羊、搞绿肥。

1964年开始，报刊上关于大寨先进事迹、大寨经验介绍的文章渐多，并开始出版这方面的通俗读物。1964年3月，山西人民出版社出版了张丽泉、郝占敖编的《大寨：自力更生奋发图强建设山区的旗帜》。6月和11月，农村读物出版社和作家出版社上海编辑所又分别出版了作家孙谦的报告文学《大寨英雄谱》。之后，有关大寨的书籍陆续出版，从而使更多的人知道了大寨。

从1965年起，全国农村掀起了农业学大寨运动的高潮，广大农村以大寨为榜样，开展大规模的兴修水利和高产稳产田的建设。在这个过程中，涌现出了一批大寨式的先进典型。河南的林县就是其中一例。这是一个十年九旱的地方，为了从根本上改变吃水难、用水难的局面，从1960年2月起，只有55万人的林县，组织10余万劳动力，在艰难的施工条件下，奋战于太行山的悬崖绝壁上，漳河水的险滩峡谷中，逢山凿洞，遇沟架桥。经过几年的苦战，凿通40多个山洞，穿过50多处悬崖峭壁，挖出了140多里的山间渠道，为红旗渠的全部建成奠定了基础。

为检验农业学大寨运动的初步成果，推广大寨式农业单位的先进经验，进一步把学大寨运动引向深入，在周恩来的亲自过问和谭震林的直接指导下，1965年11月，在北京农业展览馆举办了“全国大寨式农业典型展览”。参加展览的除大寨大队以外，还有黑龙江甘南

① 陶鲁笳：《毛主席教我们当省委书记》，中央文献出版社2003年版，第236—237页。

县中兴公社太平大队、广东四会县清塘公社芙蓉大队、河北沧州市南陈公社佟家花园大队、江苏东台县三仓公社新五大队、江西瑞昌县大桥公社大桥大队、内蒙古赤峰县当铺地公社当铺地大队、青海湟源县和平公社小高陵大队和河南的林县等52个单位。

这次展出的52个大寨式典型中，包括8个人民公社、21个生产大队、1个生产队、1个互助组、2个区、13个县、4个专区和2个市。全国28个省、市、自治区都分别展出了1个到3个单位。它们都是从各地成千上万的先进典型中选拔出来的。展出的单位中，有长期艰苦奋斗改变自然面貌的生产大队和公社，有充分利用当地自然资源实现农林牧副渔全面发展的区和县，也有更大范围内实现稳产高产的专区和大城市郊区。党和国家领导人周恩来、朱德、邓小平、董必武等，在预展期间先后参观了展出。这次展览引起了巨大反响，推动了农业学大寨运动向纵深发展。

为配合这次展览会的开幕，《人民日报》发表了《农业靠大寨精神——祝全国大寨式农业典型展览开幕》的社论。社论指出，全国各地大批大寨式的农业先进单位的涌现，对于进一步深入开展农业战线上的比学赶帮超运动，将发挥极大的促进和鼓舞作用。从总的方面来看，我国农业的底子仍然比较薄，生产水平还不够高，抗御自然灾害的能力还不强。能不能在不太长的时间内改变这样的状况？完全有可能。中国有几亿农民，他们不但是世界上最强大的劳力，而且是用大寨精神武装起来的伟大的革命力量。只要发扬大寨精神，继续充分调动广大农民的社会主义积极性，依靠他们的双手，加上国家必要的支援，就能够进一步开展农田基本建设，增强抗御自然灾害的能力，提高农业的技术水平，建设更多的稳产高产农田。①

大寨成为全国农业战线上的一面红旗，是大寨人实实在在干出来的。他们当初的苦干，目的就是为国家做的贡献大一点，自己的生活好一点。大寨精神是时代的产物，大寨成为典型也适应了时代的需要。大寨艰苦创业的精神，不论过去、现在，还是将来，都是值得肯定和应该发扬的。“文化大革命”前的农业学大寨运动，对于激发广大农民的生产干劲，推进农田基本建设的发展，改变当时我国农村的落后面貌，都起到了积极作用。1964年和1965年，我国粮食产量达到了3750亿斤，1965年又增

① 《农业靠大寨精神——祝全国大寨式农业典型展览开幕》，《人民日报》1965年11月1日。

加到3890亿斤。至此，我国的农业生产已走出了“大跃进”造成的低谷，走上了恢复性发展之路。这其中原因固然很多，但与全国农民和广大农村基层干部以大寨为榜样，发挥了自力更生、艰苦奋斗的精神，是密不可分的。

当然，也应该看到，大寨成为全国农业战线的旗帜之际，正值以“阶级斗争为纲”的“四清”运动进入高潮之时，因此，对大寨精神的总结，就不可避免地带上这场运动的某些烙印。如前面提到的陶鲁笳总结的大寨精神的第二条，就具有明显的阶级斗争色彩。陶鲁笳在1965年的《红旗》杂志第11期上发表的《让大寨精神遍地开花——山西农村开展学大寨运动的初步总结》一文中，更是提出大寨“在互助组、初级社、高级社、公社化的各个时期，从没有放松过对资本主义势力的斗争”，并认为“学大寨的运动，不仅是一次生产革命的运动，实际上也是一次社会主义教育运动”。这篇文章还对大寨精神作了新概括，将其归纳为“一条红线、五个要点”。“一条红线”是以毛泽东思想挂帅，总路线挂帅。“五个要点”即：有社会主义、共产主义的远大理想；有爱憎分明、一心向党的坚定立场；有自力更生、艰苦奋斗的顽强意志；有大胆踏实、改天换地的革命干劲；有热爱国家、热爱集体的高尚风格。

在“阶级斗争为纲”思想的影响下，大寨人自己也在有意识地强化这种观点。1966年3月，陈永贵在介绍大寨的劳动管理经验时，着重提出：“首先要抓住阶级斗争这个纲”，“坚持社会主义方向，防止资本主义影响”。并且说：“坚持社会主义方向，防止资本主义影响，使集体经济得到巩固和发展，这是一切工作的纲。”①到了“文化大革命”时期，大寨经验逐渐演化为大搞阶级斗争的范例，使农业学大寨运动失去了原有的意义。

①《突出政治的一课——陈永贵谈大寨大队在劳动管理中坚持社会主义方向的经验》，《人民日报》1966年3月22日。

二、中苏论战

20世纪60年代初，对于中国来说，可谓是多事之秋，在经济面临严重困难的同时，原本为同志加老大哥的苏联又与中国交恶，并由此展开了国际共产主义运动历史上的一场大论战。到“文化大革命”爆发前，中苏关系濒临破裂的边缘。

1.裂缝的产生

1956年苏共二十大赫鲁晓夫作了关于斯大林问题的秘密报告后,中苏关系便变得复杂曲折起来。

毛泽东明确表示对斯大林要“三七开”。他说：斯大林对中国做了一些错事。可是，我们还认为他是三分错误，七分成绩。总起来还是一个伟大的马克思主义者。

苏联是第一个正式承认中华人民共和国的国家。开国大典的第二天，苏联政府就决定同新中国建立外交关系，并带动保加利亚、罗马尼亚等一批人民民主国家相继同新中国建立了外交关系。

在当时的特殊历史条件下，中国共产党在执掌全国政权前夕，就明确宣布新中国将执行“一边倒”，即倒向苏联为首的社会主义阵营的外交政策。开国大典刚过两个月，毛泽东便离开北京，前往莫斯科访问。这是毛泽东第一次以国家元首的身份出国访问，也是他有生以来第一次走出国门。

毛泽东此次访苏尽管也有不愉快的时候，但作为访问的一项重要成果——《中苏友好同盟互助条约》的正式签订，不论是毛泽东还是斯大林，对此都是比较满意的。毛泽东曾公开表示，签订这个条约是中央人民政府成立以来的一件重要的工作，具有重大的意义，它“使中苏两大国家的友谊用法律形式固定下来，使得我们有了一个可靠的同盟国，这样就便利我们放手进行国内的建设工作和共同对付可能的帝国主义侵略，争取世界的和平”。[①]

毛泽东莫斯科之行的另一重要成果，就是签订了《关于中国长春铁路、旅顺口及大连的协定》、《关于贷款给中华人民共和国的协定》。前一协定规定，苏联最迟在1952年末，将原由中苏两国共同管理的中长铁路以及属于该路的全部财产无偿移交给中国；苏联不迟于1952年末，从旅顺口撤军，并将该地区的设备移交给中国，而中国则偿付苏联自1945年起对上述设备恢复与建设的费用；将大连的行政权完全交给中国政府管辖。后一协定规定：苏联以年利1%的优惠条件，向中国提供3亿美元的贷款，供中国偿付苏联为帮助恢复和发展中国经济而出售给中国的设备和器材；中国自1953年起，向苏联提供钨、锡、锑矿等战略原料及商品、自由外汇，以偿还该贷款的本息。

1953年3月，斯大林去世，中苏关系进入了一个新的阶段。

这年5月，中苏两国签订了关于苏联援助中国发展国民经济的协定与议定书。苏联承诺，将援助中国建设与改建91个企业，加上1950年苏方承诺援助中国建设和改建的50个企业，总数增加到141个。这些项目将在1953年至1959年期间分别开工，由苏联负责完成各项设计工作和设备供应，在施工过程中给予技术援助，帮助培养这些企业所需的干部，并提交在上述各企业中组织生产产品所需的制造特许权及技术资料。中国政府组织现有企业生产一部分供这些项目所需配套用的和辅助的半成品、成品和材料，完成建设上述企业的技术设计与施工图的20%—30%的设计工作。1954年10月，两国政府又商定，苏联政府设计和帮助建设项目再增15个。这就是建国之初156项重点项目的由来。这些项目包括鞍山、武汉、包头三大钢铁联合工业，以及吉林化肥厂、长春第一汽车制造厂、武汉重型机床厂、哈尔滨汽轮机厂、兰州炼油化工机械厂、洛阳第一拖拉机制造厂、华北制药厂等，这都是新中国重要的骨干企业。新中国工业的许多第一，都是由这些企业创造出来的。

在援建这些工程项目的过程中，苏联派遣了许多专家来中国帮助工作。同时，苏联接受了大量的中国留学生和实习生去学习。当然，中苏经济合作是互利的，为了向苏联购买建设物资并偿还苏联贷款的本息，中国除了用黄金和硬通货支付外，还向苏联出口了它所十分需要的许多矿产品和农产品。

1954年9月，赫鲁晓夫率代表团访问中国，中苏经过会谈发表了联合声

① 《建国以来毛泽东文稿》第一册，中央文献出版社1987年版，第290页。

明。会谈商定，苏联从中苏共同使用的旅顺口海军基地撤退，基地设备无偿交给中国（朝鲜战争爆发后，应中国政府之请，苏联推迟了从旅顺撤军的时间）；将1950年和1951年中苏联合创办的四个股份公司中的苏联股份移交中国，股份价值由中国以贷款方式数年内偿还；联合修建兰州—乌鲁木齐—阿拉木图铁路并组织联运等；双方签订了科学技术合作协定和苏联给予中国5.2亿卢布长期贷款的协定；赫鲁晓夫还慷慨地向中国赠送了为组建拥有两万公顷播种面积的国营谷物农场所必需的全套机器设备。

应当说，赫鲁晓夫此次中国之行带来了较丰厚的礼物。特别是两国关于科学技术合作的协定规定：双方将互相供应技术资料，交换有关情报并派遣专家，以进行技术援助和介绍两国在科学技术方面的成就；双方互相提供技术资料，不付代价，仅支付用于复印各种资料的副本所需的实际费用。协定从文字上看，双方是对等的，但由于当时中国的科学技术远比苏联落后，除某些传统技术外，真正能向苏联提供的科技资料不会很多，相反，中国却能得到较多的先进技术资料和科技情报。这时，中苏关系进入了蜜月时期。

可是，1956年苏共二十大赫鲁晓夫全盘否定斯大林后，中苏关系便变得复杂曲折起来。

1956年2月14日至25日，中共代表团团长朱德与其他参加苏共二十大的兄弟共产党和工人党代表团成员在一起。

在苏共二十大前，赫鲁晓夫和苏共中央决定在会上批判斯大林的错误。揭露斯大林的个人崇拜问题，对其错误进行批判，必然会在国际共产主义运动内部引起震动。同时，揭露斯大林的错误，也一定会引起西方国家的注意。要知道，自从列宁去世后，斯大林就是国际共产主义运动的最高领袖和象征。对于这些，赫鲁晓夫和苏共中央事先并非没有考虑。所以会上虽然有人对斯大林作了公开的批判，但调子并不很高。

大会快要结束的时候，即1956年2月24日深夜至25日凌晨，赫鲁晓夫突然召集与会代表开会，并作了长达四个小时的秘密报告，题目是《关于个人崇拜及其后果》，“秘密报告详细地说明了对斯大林的个人崇拜如何导致了对党的集体领导原则的破坏，如何导致了个人专断独裁，直至产生了完全无视民主与法制的骇人听闻的大规模镇压和恐怖行为”①。据秘密报告透露，斯大林通过逼供信的手段，制造了大量的冤假错案，仅1934年参加联共（布）十七大的1966名代表中，有一半以上的代表被指控为反革命而遭逮捕并被流放或被杀；此次大会选出的139名中央委员和候补中央委员中，70%的人遭逮捕并枪决。仅1937年至1938年两年的时间，经斯大林亲自批准捕杀的名单就达383份，人数达4.5万人，这些人几乎都是党、政、军、团等各系统的重要干部。

赫鲁晓夫曾在报告的最后强调：不要将这个问题传到党外去，尤其不要泄露给报纸。我们之所以在大会的秘密会议上讨论，其理由正在于此。可是，秘密会议结束后，赫鲁晓夫又将这个报告的副本发给了列席苏共二十大的几个大党代表团的负责人。这不能不说是一个致命的错误。

中国共产党派出了以朱德为团长，成员有邓小平、谭震林、王稼祥、刘晓等参加的代表团出席苏共二十大。当代表团到达莫斯科后，从赫鲁晓夫的暗示中，得知会上将批判斯大林的个人迷信，当即急电中共中央，请示应对办法。中共中央复电说:照常参加。于是，中共代表团决定，对批判斯大林一事不表态，不发言，以回避方式应付之。

中共中央对赫鲁晓夫的秘密报告极为重视。3月3日下午一时半，邓小平、谭震林等人回到北京（代表团团长朱德继续在苏联访问）。仅过了三个小时，毛泽东就在中南海怀仁堂休息室召集刘少奇、周恩来、邓小平、彭真、康生、聂荣臻、刘澜涛、谭震林等人开会，由邓

① 杨奎松：《毛泽东与莫斯科的恩恩怨怨》，江西人民出版社1999年版，第372页。

小平作关于参加苏共二十大情况的汇报。会上，毛泽东表示，赫鲁晓夫反斯大林的秘密报告，一是揭开了盖子，这是好的；二是捅了娄子，全世界震动。如何对待这一事，是一个大问题。

自此之后，毛泽东把更多的注意力转到苏共二十大问题的处理上，或召集会议，或进行个别谈话，讨论和研究苏共二十大和斯大林问题。随后，毛泽东提议发表一篇关于苏共二十大的文章，公开表明中共中央在斯大林问题上的态度。这就是这年4月4日以《人民日报》编辑部名义发表的《关于无产阶级专政的历史经验》一文。

《关于无产阶级专政的历史经验》对苏共二十大批判个人崇拜作了肯定，表示"苏联共产党对于自己有过的错误所进行的这一个勇敢的自我批评，表现了党内生活的高度原则性和马克思列宁主义的伟大生命力"，"中国共产党庆祝苏联共产党在反对个人崇拜这一个有历史意义的斗争中所得到的重大成就"。文章指出，斯大林在他一生的后期，愈陷愈深地欣赏个人崇拜，违反党的民主集中制，违反集体领导和个人负责相结合的制度，因而发生了一些重大的错误，这篇文章对产生个人崇拜的社会历史原因作了分析。但是，毛泽东和中共中央不同意对斯大林采取一棍子打死的办法。所以文章特别强调："共产党人对于共产主义运动中所发生的错误，必须采取分析的态度。有些人认为斯大林完全错了，这是严重的误解。斯大林是一个伟大的马克思列宁主义者，但是也是一个犯了几个严重错误而不自觉其为错误的马克思列宁主义者。我们应当用历史的观点看斯大林，对于他的正确的地方和错误的地方作出全面的和适当的分析，从而吸取有益的教训。"①

不久，毛泽东又明确表示对斯大林要"三七开"。1956年4月，他写了《论十大关系》一文。其中说："苏联过去把斯大林捧得一万丈高的人，现在一下子把他贬到地下九千丈。我们国内也有人跟着转。中央认为斯大林是三分错误，七分成绩，总起来还是一个伟大的马克思主义者，按照这个分寸，写了《关于无产阶级专政的历史经验》。三七开的评价比较合适。斯大林对中国作了一些错事。第二次国内革命战争后期的王明'左'倾冒险主义，抗日战争初期的王明右倾机会主义，都是从斯大林那里来的。解放战争时期，先是不准革命，说是如果打内战，中华民族有毁灭的危险。仗打起来，对我们半信半疑。仗打胜了，

①《关于无产阶级专政的历史经验》，《人民日报》1956年4月5日。

又怀疑我们是铁托式的胜利，1949、1950两年对我们的压力很大。可是，我们还认为他是三分错误，七分成绩。这是公正的。”①

中苏两党在斯大林评价问题上的分歧，就成为后来中苏论战的一个远因。

苏共二十大后三个月,中共与苏共在是否悬挂斯大林像上产生了明显的分歧。

苏共中央从打破斯大林的个人迷信出发,致函中共中央说,苏共决定五一节时不再在莫斯科红场上悬挂斯大林像，要求中国也照此办理。中共中央经过考虑，决定不予回复。五一节这天，天安门广场上继续按照马、恩、列、斯的顺序，挂着斯大林像。中共中央的理由是斯大林虽然犯有严重的错误，但仍然是“伟大的马克思列宁主义者”。毛泽东说：他们不挂，我们挂。②

在随后的中共八大上，又发生了两件使双方都不愉快的事情。

一是以米高扬为首的苏共代表团在冗长的祝词中，大讲苏联革命的经验，大讲中国革命的胜利是学习运用苏联经验的结果。由于事先毛泽东看过米高扬的讲话稿，对此十分反感，于是在米高扬正式发表讲话的那天，没有出席会议。1958年7月22日，毛泽东对苏联驻华大使尤金明确表示：“我对米高扬在我们八大上的祝词不满意，那天我故意未出席会议，表示抗议，很多代表都不满意，你们不知道。他摆出父亲的样子，讲中国是俄国的儿子。”③反过来，赫鲁晓夫对毛泽东此举也很不满意，认为中共不尊重苏共。

二是八大快要结束的时候，毛泽东和周恩来分别同苏共代表团进行了一次谈话。毛泽东在同米高扬的谈话中，以谈中共党内的路线斗争为名，对共产国际和苏共作了尖锐的批评，认为苏共以老子党的态度对待兄弟党，形成了国际共产主义运动内部一个党必须听另一个党的话，服从另一个党的政策、策略和利益，跟在另一个党的屁股后面跑的坏习气、坏传统，是一种极为严重的不正之风。毛泽东还用了一句中国的成语说，不平则鸣，表示中共有权说话，写文章。周恩来也作了同样的批评，强调兄弟党之间必须有兄弟间的平等关系，而不应是父子关系。④

赫鲁晓夫那个在苏共二十大上一再要求保密的秘密报告，却没有保守住秘密。苏共二十大后不久，美国中央情报

① 《毛泽东文集》第七卷，人民出版社1999年版，第42页。
② 丛进：《曲折发展的岁月》，河南人民出版社1989年版，第327页。
③《毛泽东外交文选》，中央文献出版社、世界知识出版社1994年版，第324页。
④ 师哲：《在历史巨人身边——师哲回忆录》，中央文献出版社1991年版，第609、612页。

局从波兰获取到了秘密报告的文本。1956年6月4日，美国的《华盛顿邮报》将之全文刊登出来。

赫鲁晓夫的秘密报告经西方媒体披露后，全世界为之轰动，并立即在国际共产主义运动内部引起了大震荡，其中影响最大的要数这年下半年的波兰和匈牙利事件。

1956年6月，波兰波兹南市的工人为增加工资和减少税收，举行大规模罢工和示威游行，当地政府不但拒绝了工人的要求，还出动军警加以镇压，造成伤亡。事件发生后，波兰统一工人党决定在10月召开中央全会，准备改组政治局，选举哥穆尔卡为第一书记。这本是波兰党内部事务，但却为一向以老子党自居的苏共和赫鲁晓夫等人不能容忍。从10月17日起，赫鲁晓夫一面命令驻扎在波兰的苏军向华沙及波兰其他地区调动，一面率苏共代表团一行四人强行参加波兰统一工人党的中央全会。苏波两党两国关系骤然紧张起来。

赫鲁晓夫眼看局势不可收拾，乃不得不请求中共中央出面为之协调。10月19日，苏联驻华大使尤金向刘少奇通报了有关情况。仅仅过了两天，苏共中央又通知中共中央，说波兰情况极为严重，要求中共中央派一个代表团去莫斯科与其共商对策。

接到苏共中央通知的当天晚上，毛泽东就召集中央政治局常委扩大会议，专门研究波兰问题。讨论结束时，已是午夜时分了。由于情况紧急，毛泽东立即约见苏联驻华大使尤金，亲自告诉他，同意派一个代表团去莫斯科，并且表明了中共中央对波兰问题的意见。尤金走后，政治局常委扩大会议继续进行。会议决定由刘少奇、邓小平、王稼祥、胡乔木组成中共代表团于23日赴莫斯科。

10月23日晚，刘少奇、邓小平一行飞抵莫斯科。当天晚上，就在中共代表团住处，代表团同赫鲁晓夫进行交谈。中共代表团首先对苏联调动军队作了严厉批评，指出战争虽然没有真正打起来，但也是一种非常严重的大国沙文主义表现，是冒险的行动。刘少奇、邓小平在会谈中说：在斯大林后期，苏共对各国共产党有强加于人、使用压力的大国沙文主义错误，使社会主义国家间关系处于一种不正常状态，这是波兰事件发生的根本原因之一。党与党、国与国之间的关系要有一个原则，必须承认国与国、党与党的独立平等原则。

中共代表团也与到莫斯科的波兰统一工人党代表团举行了会谈。代表团首先对波兰党反对苏联干涉其内部事务表示支持，并介绍了中共中央政治局曾严厉警告苏联不要武装干涉波兰的经过。同时，刘少奇和邓小平也劝说波兰党以大局为重，改善苏波关系，加强同苏联的合作，搞好社会主义阵营的团结。

通过中共代表团的工作，苏共中央对波兰问题的方针发生了转变，撤退了军队，承认哥穆尔卡为首的波兰统一工人党中央，形势已经缓和下来，问题基本得到解决。赫鲁晓夫对中共代表团说，他们对波兰的怀疑是没有根据的，并且也了解到中国方面的意见，所以改变了方针，准备承认波兰党新的领导。随后，苏共中央和苏联政府代表团同波兰党政代表团在平等的气氛中举行会谈，并发表联合声明。至此，波兰问题在中共中央的积极推动下，得到了比较稳妥的解决。

一波未平，一波又起。波兰事件刚刚平息，又发生了匈牙利事件。10月下旬到11月上旬，匈牙利首都布达佩斯也发生了工人罢工、群众示威游行和骚乱，而且事态越来越严重。

匈牙利十月事件爆发，街上出现路障，市中心的斯大林像被拉倒。

在这种情况下，苏共中央派主席团成员米高扬和苏斯洛夫前往匈牙利首都布达佩斯，同匈牙利当局会商平息事态的办法。在会谈中，苏方表示，苏联党和政府决定从匈牙利撤军。尚在莫斯科调处苏波关系的刘少奇、邓小平等得知这一情况后，立即报告了中共中央，请示对此事采取的方针。

中共中央政治局经过讨论认为，如果此时苏联对匈牙利撒手不管，匈牙利的社会主义就完了。苏军应当留在匈牙利，帮助匈牙利党和政府平息骚乱。中共中央立即将这一意见电告刘少奇和邓小平。

中共代表团接到中共中央的电报后，于10月31日约见了苏共中央主席团，转述了中共中央的意见。当时，苏共中央主席团几乎所有的成员都认为，匈牙利问题已没有别的办法解决，只有撤军一条路了。于是，刘少奇和邓小平严肃地指出，如果苏联真正从现在撤军，对匈牙利撒手不管，那么你们将要成为历史的罪人。

11月1日晚，中共代表团离开莫斯科回国。在赴机场的途中，赫鲁晓夫在汽车上对刘少奇说，昨天下午中苏两党代表团会谈后，苏共中央主席团开了一夜的会，决定苏军留在匈牙利，帮助匈牙利人民保卫社会主义的成果。不久，匈牙利事件也得以平息。

波匈事件发生后，赫鲁晓夫处在内外矛盾的夹攻之中，威信大受影响，地位也很不稳固，此时需借助中国党的支持，在对待斯大林问题上也就有意与中共缩小差距。

在1956年12月31日的新年宴会上，赫鲁晓夫在众目睽睽之下，特意下台与中国驻苏大使刘晓拥抱，还热情地邀请刘晓到主席台上，然后特意对全场的人说：敌人是仇视我们政府的，敌人说什么“斯大林假面具”，其实斯大林主义就是马克思列宁主义，斯大林曾和阶级敌人无情斗争，我们曾和他们一起进行了这一斗争，我们现在仍然要和以前一样对阶级敌人斗争。敌人说我们是斯大林主义者，是的，我们是斯大林主义者，我们因此而感到骄傲。①

1957年1月，赫鲁晓夫在欢迎周恩来访苏的宴会上说：“斯大林主义者和斯大林本人是同伟大的共产党员称号不可分割的。当问题涉及革命事业，涉及革命斗争中保卫无产阶级的阶级利益，反对我们阶级敌人的时候，斯大林英勇地、决不妥协地捍卫马克思列宁主义事业。但愿像俗语所说的那样，上帝保佑，让每一个共产党员都能够像斯大林一样地战斗。”②

1957年6月，赫鲁晓夫主动通过其驻华大使尤金向周恩来提出，愿意帮助中国发展原子能科学，建立研究中心和建设原子能工业。7月，国务院副总理聂荣臻根据周恩来的指示，同时任苏联驻华负责经济技术的总顾问阿尔希波夫会谈，要求苏联在尖端武器，主要是导弹核武器的研究制造方面，在技术上给中国以援助，包括派专家、提供资料和样品等。很快，阿尔希波夫在请示莫斯科后答复说：苏联政府对中国的要求表示支持，同意中国政府派代表团去苏联谈判。9月，由聂荣臻、陈赓、宋任穷等组成的代表前往苏联谈判，并签订了《关于生产新式武器和军事技术装备以及在中国建立综合性的原子工业的协定》（即“国防新技术协定”）。根据这一协定，苏方将在1957年至1961年年底，供应中国原子弹的教学模型和图纸资料，

① 丛进：《曲折发展的岁月》，河南人民出版社1989年版，第328—329页。
② 刘晓：《出使苏联八年》，中共党史资料出版社1986年版，第21页。

供应中国导弹的样品和技术资料等。

苏共二十大后，为了繁荣中国的文学艺术和学术研究，中共中央和毛泽东提出艺术上实行“百花齐放”、学术研究上实行“百家争鸣”的方针。很快，苏联方面表示出了对这一方针的不理解。

1957 年 4 月，苏联最高苏维埃主席团主席伏罗希洛夫率代表团来华访问时，就曾当面向毛泽东表达过苏共中央对这一方针的不安。

伏罗希洛夫（以下简称伏）：你们提出“百花齐放，百家争鸣”的口号是什么意思？

毛泽东（以下简称毛）：万马齐喑究可哀么？

伏：我们不理解，作为社会主义国家，为什么允许报纸上发表那些反社会主义的言论。

毛：先放么。

伏：社会主义国家不应该允许这些右派言论。

毛：放出来我们才好驳么。

伏：可能会出乱子的，你们公开登出这些右派言论，对党不会有利。

毛：中国不是匈牙利，中国共产党也和匈牙利共产党的情况不完全一样。

伏罗希洛夫一时语塞。[①]

后来，毛泽东当面向赫鲁晓夫问过对“百花齐放”的看法。赫鲁晓夫回答得很老实，说这个口号的确切含义我们还不十分清楚。我们觉得难以在我们的国家加以贯彻，我们怕人家误解它，怕这个口号不能解决我们的问题。

赫鲁晓夫一直不明白毛泽东要采取这一方针的用意。他在其回忆录中说：“我认为，百花齐放这个口号是个激将法。毛假装把民主和自由发表意见的闸口开得大大的。他想唆使人们把自己内心深处的想法用口头或书面的形式发表出来，以便他能够把那些他认为具有有害思想的人搞掉。”[②]这显然是对毛泽东提出“双百”方针的误解。

“双百”方针本与苏联无关，中共中央提出这一方针，也从未打算让苏联实行这样的方针，但它给了苏联一个信号：中国在许多问题上在另搞一套，不会事事都唱同样的调子了。

① 李越然：《中苏外交亲历记》，世界知识出版社2001年版，第138—139页。
② 《最后的遗言——赫鲁晓夫回忆录续集》，东方出版社1988年版，第417页。

2.“东风压倒西风”

毛泽东在莫斯科发表长篇讲话，提出了“东风压倒西风”的著名论断。可是在场的苏联人听后心中却很不是滋味。日益强大的中国在苏联的东面，东风压倒西风是否含有中国压倒苏联之意？就算没有这层意思，可从苏联的情况看，只有西风才能带来雨水，而东风带来干燥的空气，对农作物并不利，要是老刮东风就麻烦了。

1957年11月2日，毛泽东来到莫斯科，这是他第二次也是最后一次出国。毛泽东此行的任务有两个：一是参加庆祝十月革命四十周年庆典活动；二是出席各国共产党工人党代表会议。这次，毛泽东带来了一个阵营强大的代表团，副团长是宋庆龄，主要成员有邓小平、彭德怀、郭沫若、李先念、乌兰夫、陆定一、陈伯达等。

对于毛泽东的到来，苏联方面给予了最高的礼遇。其他国家和党的领导人安排到了列宁山等处，只有毛泽东下榻在克里姆林宫，并住在最豪华的叶卡捷琳娜女王的寝宫里。

11月6日，出席纪念十月革命胜利四十周年大会。大会开了一天，上午由赫鲁晓夫作报告，下午各兄弟党代表团负责人致词或讲话。毛泽东是第一个讲话的。他说：

“世界各国人民从苏联人民所获得的成就中，一天比一天明显地看到自己

1957年11月2日，毛泽东率代表团赴苏参加十月革命40周年庆典抵达莫斯科时，与前往欢迎的赫鲁晓夫在机场握手。

的将来。苏联的道路，十月革命的道路，从根本上说来，是全人类发展的共同的光明大道。”“中国共产党所领导的人民革命，从来就是十月革命所开始的世界无产阶级社会主义革命的一个组成部分。中国革命有自己民族的特点，估计到这些特点是完全必要的。但是不论在革命事业中和社会主义建设事业中，我们都充分地利用了苏联共产党和苏联人民的丰富经验。”

讲话中，毛泽东还谈到了如何对待苏联和维护国际共产主义运动内部团结的问题，强调：“增强以苏联为首的社会主义各国的团结，是一切社会主义国家的神圣的国际义务。”①

在毛泽东讲话过程中，一次又一次响起长时间的掌声。代表团成员之一的杨尚昆在其日记中写道：“今天主席出现在纪念会上，大受欢迎。主席一出场，全体即起立致敬。下午大会时，主席第一个讲话，全场起立。讲话中不断鼓掌，讲完了全场又起立，为纪念会致最高敬意的表现。其余各兄弟党代表讲话，都是鼓掌没有起立。”②

赫鲁晓夫对毛泽东可谓关怀备至，每天早上都到克里姆林宫来看望，并且迎来送往，这也使毛泽东对其增加了几

① 《在苏联最高苏维埃庆祝十月革命四十周年会议上毛泽东同志的讲话》，《人民日报》1957年11月7日。

② 《杨尚昆日记》（上），中央文献出版社2001年版，第287页。

分好感。他当面对赫鲁晓夫说："中国有句古话，叫做荷花虽好，还得绿叶扶持。我看赫鲁晓夫这朵花是需要绿叶扶持的。"还说："一个好汉三个帮，一个篱笆三个桩。"[1]意思是对赫鲁晓夫还是要多加帮助。

11月6日，毛泽东在苏联最高苏维埃庆祝十月革命40周年大会上发表讲话。

到莫斯科后，毛泽东多次同兄弟党的领导人举行会谈，仅与波兰统一工人党领导人就谈了三次，与英国共产党和印度共产党领导人谈了两次，此外还有法国共产党、意大利共产党、瑞典共产党以及南斯拉夫共产主义者联盟的负责人，内容涉及国际形势、社会主义阵营内部关系、革命道路问题等诸多方面。有研究者认为，"毛泽东谈话的主要目的之一，很大程度上就是想要了解西方

① 李越然：《中苏外交亲历记》，世界知识出版社2001年版，第170页。

国家是否真的存在着赫鲁晓夫在苏共二十大提出的‘和平过渡’的可能性。在毛泽东看来，‘和平过渡’的观点是背离列宁主义的国家理论的”。①

11月14日，社会主义国家共产党和工人党代表会议召开，毛泽东出席了会议并作了发言，中心内容是“以苏联为首”的问题。毛泽东说：

“我想谈一谈‘以苏联为首’的问题。我们这里这么多人，这么多党，总要有一个首。就我们阵营的内部事务说，互相调节，合作互助，召集会议，需要一个首。就我们阵营的外部情况说，更需要一个首。我们面前有相当强大的帝国主义阵营，它们是有一个首的。如果我们是散的，我们就没有力量。即使党的一个小组，如果不举出一个小组长，那么这个小组也就开不成会。我们面前摆着强大的敌人。世界范围内的谁胜谁负的问题没有解决。还有严重的斗争，还有战争的危险。要防备疯子。当然，世界上常人多，疯子少，但是有疯子。偶然出那么一个疯子，他用原子弹打来了你怎么办？所以，我们必须有那么一个国家，有那么一个党，它随时可以召集会议。为首同召集会议差不多是一件事。

“既然需要一个首，那么，谁为首呢？苏联不为首哪一个为首？按照字母？阿尔巴尼亚？越南，胡志明同志？其他国家？我们中国是为不了首的，没有这个资格。我们经验少。我们有革命的经验，没有建设的经验。我们在人口上是个大国，在经济上是个小国。我们半个卫星都也没有抛上去。这样为首就很困难，召集会议人家不听。

“苏联共产党是一个有四十年经验的党，它的经验最完全。它的经验分两部分：最大的基本的部分是正确的；一部分是错误的。这两部分都算经验，都有益于全人类。有人说，只有好的经验就好，坏的经验就无用。我觉得这样看不妥。缺点作为教训对各国也很有帮助。有些同志因为苏联在斯大林时期犯了一些错误，对苏联同志的印象就不大好。我看这恐怕不妥。这些错误现在没有害处了。从前是有害处的，但现在它的性质转变了，转变得有益于我们了。它使我们引以为戒。至于大量的正确的经验，大家都知道，我就不需要多讲了。

“苏联共产党在几十年来，总的说来，是正确的，这甚至连敌人也不能不承认。”②

根据事先的协商，社会主义国家共产党和工人党代表会议后，将发表一个宣言。中共代表团抵达莫斯科的当天，就

① 杨奎松：《毛泽东与莫斯科的恩恩怨怨》，江西人民出版社1999年版，第412页。

②《建国以来毛泽东文稿》第六册，中央文献出版社1992年版，第625—626页。

收到了苏方起草的各国共产党和工人党代表会议宣言稿。中方认为，这个稿子中仍保留着赫鲁晓夫在苏共二十大时的一些片面观点，照着这样的观点发表宣言，对国际共产主义运动是有害的。于是，毛泽东决定，中方也准备起草一个宣言稿，并由邓小平主持讨论和修改，最后由他亲自审定。

从11月6日起，中方由邓小平牵头，苏方由苏共中央主席团成员苏斯洛夫负责，开始讨论双方各自起草的宣言稿。经过讨论，双方一致同意以中共代表团起草的稿子为基础，再进行修改和补充。

1957年11月16日至19日，中共代表团先后出席了在莫斯科举行的12个社会主义国家共产党和工人党代表会议及64个共产党和工人党代表会议。会议期间，毛泽东提出中国将用15年左右时间，在钢铁等主要工业产品的产量上赶上和超过英国。图为毛泽东在莫斯科会议通过的《社会主义国家共产党和工人党宣言》上签字。

在修改宣言稿的过程中，双方争论最大的是关于“和平过渡”的问题。对于这个问题，毛泽东与赫鲁晓夫也多次谈过，并且表示不赞成赫鲁晓夫提出的和平过渡的可能性越来越大，无产阶级有可能通过议会斗争取得政权的观点，但赫鲁晓夫固执己见。为此，毛泽东提出，他与赫鲁晓夫都不再谈这个问题，而由邓小平同苏方有关人员来谈。邓小平在同苏斯洛夫的会谈中，代表中方严肃批评了苏方关于“和平过渡”的提法。

但是，为了社会主义阵营内部的团结，中共代表团同意保留宣言草稿中的“和平过渡”的提法，并在宣言上签了字。这个宣言的主要观点是：现时代的主要内容是由资本主义向社会主义过渡，社会主义是远比资本主义优越的社会制度，目前和平的力量已经大大成长，已有实际可能防止战争，争取和平已成为各国共产党的主要任务；要加强各社会主义国家、各国共产党和工人党的团结，加强国际工人运动、民族解放运动和民主运动的团结和合作。

尽管如此，中方对“和平过渡”问题仍有不同看法，为阐明自己的立场，中共代表团又向苏共中央提出了一个关于和平过渡问题的意见提纲，提出：“按照目前国际共产主义运动的状况，从策略观点出发，提出和平过渡的愿望是有益的，但不宜过多地强调和平过渡的可能”。“必须准备随时迎击反革命的袭击，准备在工人阶级夺取政权的革命紧急关头，如果资产阶级用武力来镇压人民革命（一般说来，这是必然的），就用武力去打倒它”。“取得议会的多数，并不等于旧国家机器（主要是武力）的摧毁，新国家机器（主要是武力）的建立。如果资产阶级的军阀官僚国家机器没有被摧毁，无产阶级及其可靠同盟者在议会中的多数，或者是不可能的”，“或者是靠不住的”。①赫鲁晓夫对中共这个提纲是不满意的，但因中共的提纲既未公开发表，又未向其他兄弟党散发，因而也不便说什么。

11月16日，各国共产党和工人党代表会议上继续举行，毛泽东第一个作了发言。他首先肯定这个宣言，认为宣言用了一个很好的方法达到目的，这就是协商的方法。坚持了原则性，又有灵活性，是原则性、灵活性的统一。这么一种进行协商的气氛现在形成了，在斯大林的后期是不可能的。他还说：这个宣言是正确的，它没有修正主义或者机会主义的因素。

毛泽东风趣地说：“将来我们见马克思的时候，他问我们，你们搞了一个什么样的宣言？他会怎样评价这个宣言呢？有两种可能性。一种可能是：他老先生发一顿脾气，说你们搞坏了，有机会主义的因素，违背了我的主义。第二种可能是：他说不坏，不是机会主义的，是正确的。也许列宁会出来为我们讲

① 《关于国际共产主义运动总路线的论战》，人民出版社1965年版，第78页。

话。他说，马克思、恩格斯呀，你们两位死得早，我死得迟，我熟悉他们，他们现在会做工作了，他们成熟了。”①

11月16日，又召开了各国共产党和工人党代表会议，出席会议的有64个国家的共产党和工人党代表团。8月18日，毛泽东在会上发表了长篇讲话。在讲到有关国际形势问题时，他提出了著名的“东风压倒西风”的观点。

毛泽东一开头就说：“现在我感觉到国际形势到了一个新的转折点。世界上现在有两股风：东风，西风。中国有句成语：不是东风压倒西风，就是西风压倒东风。我认为目前形势的特点是东风压倒西风，也就是说，社会主义的力量对于帝国主义的力量占了压倒的优势。

他又说：最近这几年，西方世界非常猖狂，利用我们阵营中的一些问题，特别是匈牙利事件，在我们阵营的脸上抹黑，我们的天上飞起许多乌云。今年，1957年，形势大为不同了。我们的天上是一片光明，西方的天上是一片乌云。我们很乐观，而他们呢，却是皇皇不安。他接着列举了十件大事，如苏联打败希特勒，中国革命，朝鲜战争，越南战争，叙利亚事件，苏联抛上了两个卫星，英国退出亚洲、非洲很大一片土地，荷兰退出印尼，法国退出叙利亚、黎巴嫩、摩洛哥、突尼斯及在阿尔及利亚没有办法等，来论证“究竟是他们行还是我们行，究竟是东风压倒西风，还是西风压倒东风”的问题。

“东风压倒西风”确实是一个很有气魄的论断，可是在场的苏联人听后心中却很不是滋味。首先，日益强大的中国在苏联的东面，东风压倒西风是否含有中国压倒苏联之意？其次，就算没有这层意思，可从苏联的情况看，只有西风才能带来雨水，而东风只带来干燥的空气，对农作物并不利，要是老刮东风就麻烦了。

毛泽东本来就不赞成赫鲁晓夫“和平过渡”的论调，他认为发生世界大战的危险性是存在的，共产党和社会主义国家不应该害怕战争。于是，他说：

“现在还要估计一种情况，就是想发动战争的疯子，他们可能把原子弹、氢弹到处摔。他们摔，我们也摔，这就打得一塌糊涂，这就要损失人。问题要放在最坏的基点上来考虑。我们党的政治局开过几次会，讲过这个问题。现在要打，中国只有手榴弹，没有原子弹，但是苏联有。要设想一下，如果爆发战争要死多少人？全世界二十七亿人口，可能损失三分之一；再多一点，可能损失

①《建国以来毛泽东文稿》第六册，中央文献出版社1992年版，第629页。

一半。不是我们要打，是他们要打，一打就要摔原子弹、氢弹。我和一位外国政治家辩论过这个问题。他认为如果打原子战争，人会死绝的。我说，极而言之，死掉一半人，还有一半人，帝国主义打平了，全世界社会主义化了，再过多少年，又会有二十七亿，一定还要多。我们中国还没有建设好，我们希望和平。但是如果帝国主义硬要打仗，我们也只好横下一条心，打了仗再建设。每天怕战争，战争来了你有什么办法呢？我先是说东风压倒西风，战争打不起来，现在再就如果发生了战争的情况，作了这些补充的说明，这样两种可能性都估计到了。"①

苏联领导人本来就对"东风压倒西风"的说法就不敢认同，现在毛泽东又用如此轻松的语气说，如果帝国主义摔原子弹，社会主义也可以摔，而且"极而言之，死掉一半人"，那就更不敢认同了。后来，赫鲁晓夫在其回忆录中说："在会议进行期间，已经出现了某些迹象，表明这种摩擦可能会采取何种形式表现出来。当出席会议的80多个代表团谈到热核战争的可能性时，毛泽东发表了一次演说，……那时，除了毛以外，大家都在想着如何避免战争。我们的主要口号是：'继续为和平与和平共处而斗争！'可是突然来了个毛泽东，说我们不应该害怕战争。"②

11月21日，毛泽东离开莫斯科回国。此次莫斯科之行，使他在国际共产主义运动中的威信大增。与之相比，赫鲁晓夫不免黯然失色。

这次各国共产党和工人党云集莫斯科，表面上看是二战结束后社会主义力量的一次盛会，但就中苏两个大党而言，在空前团结的表象之下，却潜伏着某种危机。第一，苏联党极力鼓吹"和平过渡"，而中国党则对此大泼冷水；第二，苏联党要千方百计避免战争，特别是核战争，而中国党的态度是既要争取和平但又不要害怕战争，即使是核战争也用不着怕。正是在这些理论问题上的分歧，为后来的中苏大论战埋下了种子。

①《毛泽东外交文选》，世界知识出版社、中央文献出版社1994年版，第291、297页。

②《最后的遗言——赫鲁晓夫回忆录续集》，东方出版社1988年版，第394—395页。

3.“完全一致”的背后

中苏之间“同志加兄弟”的亲密关系没有维持多久就出了问题。“共同舰队”一事在双方的心里都留下了挥之不去的阴影。在赫鲁晓夫看来，中国已是尾大不掉，搞自己的一套了。而在毛泽东看来，赫鲁晓夫还是想控制中国，使中国成为苏联的附庸，这对于毛泽东来说，无论如何也是不能接受的。

莫斯科会议之后，一时间中苏之间确实保持了“友好合作”关系。1957年12月，中苏签订了新的科学技术协定。1958年4月，两国签订了中苏通商航海条约和1958年的货物交换议定书。与此同时，对于苏联提出在亚洲建立无核区的主张，中国方面也是积极予以响应。关于苏联提出的社会主义阵营建立“卢布区”的设想，也得到了中国领导人的充分肯定。苏联发动的对南斯拉夫共产主义者联盟的批判后，中国方面也积极给予配合，公开发表批判“南斯拉夫修正主义者联盟”。

这一段时间，中国领导人对苏联的评价颇高。周恩来在1958年3月的成都会议上说：现在世界上只有社会主义国家，像苏联，才能无代价地（除了纸张费以外）把整个蓝图给我们。凡是它有的一种定型的东西，包括原子、导弹这些东西，都愿意给我们，这是最大的信任，最大的互助。1958年5月16日，毛泽东在第二机械工业部党组一份关于同苏联专家关系的报告所写的批示中说：

“苏联专家都是好同志，有理总是讲得通的。不讲理，或者讲得不高明，因而双方隔阂不通，责任在我们方面。就共产主义者队伍来说，四海之内皆兄弟，一定要把苏联同志，看作自己人。”①

可是，中苏之间这种“同志加兄弟”的亲密关系，没有维持多久就出问题了。

1958年4月18日，苏联国防部长马利诺夫斯基元帅致函中国国防部长彭德怀说，为了便于指挥苏联在太平洋地区活动的潜艇，迫切希望在1958年至1962年间，由中国和苏联共同建设一座大功率的长波发报无线电中心和一座远程通讯的特种收报无线电中心（即长波电台）。信中还具体提出：建成长波电台所需要的费用约为1.1亿卢布，由苏联出7千万卢布，中国出4千万卢布。

苏联方面为什么要提这项要求，据赫鲁晓夫后来说，主要是为了便于苏联能同在太平洋活动的潜艇舰队保持通讯联络。在赫鲁晓夫看来，这个想法对苏联和中国都是有利的，他在回忆录中说：“我们和中国人毕竟有保卫社会主义国家、反对帝国主义的共同目标”。而且苏联领导人觉得，既然在此前苏方已答应帮助中国建造潜艇，且已把设计图纸给了中方，还派出了专家帮助中方选择制造潜艇的地址，因此，“当我们提出要在他们领土上建立无线电台的时候，我们满以为中国人是会给予合作的”。②在赫鲁晓夫看来，既然中国有求于苏联，所以也一定会满足苏联的要求。

然而，赫鲁晓夫却把情况估计错了。“自建国以来，中共中央始终认为，对外贸易，可以互通有无，也可以贷款或者援助，但不可以让外资介入，无论投资也好，合股也好，只要所有权有一点不在自己手里，都是有损国家主权的行为。为此，新中国成立伊始就很快将一切外资公司和企业统统搞掉了，并且对在苏方要求下组建的四个合营公司也想方设法废止了事，对斯大林提议的苏联出资建立菠萝罐头加工厂和橡胶种植园之类的建议，也是极端反感，一概拒绝。”③在毛泽东看来，苏联在中国建立长波电台，实际上侵犯了中国的主权，并有控制中国的企图，当然不能答应。

4月24日，毛泽东指示有关部门作如下答复：中国同意建设该项设施，但费用全部由中国负担，所有权归中国。根据毛泽东的意见，在5月10日召开的

①《毛泽东外交文选》，中央文献出版社、世界知识出版社1994年版，第315页。
②《最后的遗言——赫鲁晓夫回忆录续集》，东方出版社1988年版，第398页。
③ 杨奎松：《毛泽东与莫斯科的恩恩怨怨》，江西人民出版社1999年版，第425页。

第152次军委会议上，彭德怀提出，长波电台不要合办，应由中国自己出钱办，平时可向苏联提供情报，战时苏方也可派人来，总之不要让外国人在中国搞军事基地，这样影响不好。6月4日，彭德怀向苏联驻华军事总顾问杜鲁方诺夫陈述了中国的意见。①

第二天，彭德怀将与杜鲁方诺夫的谈话记录呈送给了毛泽东，并报告说，苏方仍坚持原来双方共同投资建台的意见，并建议6月上旬派专家来华进行选址、勘探设计、拟制协定等工作，看来苏方是不会很快接受我们的意见的，为了不影响勘探设计工作的进行，可先同意苏方专家来华着手进行一些技术性工作，有关投资和作用等问题可放在下一步解决。毛泽东很快对彭德怀的报告作出批示，表示同意彭德怀的意见，但同时又表示，钱一定要由中国出，不能由苏方出，电台建成后可由两国共同使用。如果苏方以高压压人，则不要回答，拖一拖再说。毛泽东还特地在彭德怀的报告中加了这样一句："这是中国的意见，不是我个人的意见。"②

彭德怀根据毛泽东的意见，正式答复了马利诺夫斯基，重申中国同意建立大功率电台，欢迎苏联在技术上给予援助，但一切经费由中方负担，建成后由双方共同使用。然而，苏方仍然坚持电台由两国共建，费用可以各负担一半。此后，双方又就此进行了多次交涉，直到这年7月赫鲁晓夫访华时，这个问题才按照中方的意见加以解决。不过，后来由于中苏关系的恶化，这个争论来争论去的电台，实际并没有建立起来。

建立长波电台今天看来算不得什么大事，但它对于双方都是不愉快的，事实上成为促使两方关系恶化的一系列事件的起点。本来，在国与国的关系中一些问题出现争执，是很正常的，但这件事在中国领导人心中却留下了挥之不去的阴影，它使毛泽东等人感到，苏联并不尊重中国的主权，有控制中国的企图。后来赫鲁晓夫一再辩白说，他并无侵犯中国主权的想法，也从未考虑到要伤害中国的民族尊严，但毛泽东对此并不相信。

如果仅仅一个长波电台的问题，中苏关系的发展也许不至于像后来那样复杂。长波电台风波刚过，又发生了所谓"共同舰队"事件，"使在国家主权问题上极敏感的毛泽东马上把两件事联系起来，怀疑赫鲁晓夫又在搞过去斯大林时

① 参见沈志华、李丹慧：《战后中苏关系若干问题研究》，人民出版社2006年版，第386—387页。

②《建国以来毛泽东文稿》第七册，中央文献出版社1992年版，第266页。

代的大国沙文主义那一套了”。[1]

“共同舰队”一事的起因是这样的：1958年6月28日，周恩来根据国防部的建议，致信赫鲁晓夫，希望苏联能够在生产核潜艇和快艇方面，向中国提供技术帮助。尽管核潜艇的制造，是当时苏联一项较为尖端的技术，但中方认为，既然中苏是同志加兄弟，原子弹、导弹的技术苏联都可以提供（根据1957年10月中苏两国政府签订的“新技术协定”，苏方将在1957年年底至1961年年底，供应中国原子弹的教学模型和图纸资料，供应中国导弹的样品和技术资料），要求苏联提供核潜艇方面的技术算不上是什么过分的要求。

可是，赫鲁晓夫当时之所以很痛快地答应提供原子弹和导弹的技术，是因为在搞掉马林科夫、莫洛托夫等党内元老后，又将下一个打击的目标对准了曾支持他搞掉马林科夫等人的元帅朱可夫，而这件事他希望得到中国方面的支持。朱可夫时任苏联国防部长，立有赫赫战功，在群众中有很高的威望。1957年6月，马林科夫和莫洛托夫等人企图通过召开苏共中央主席团会议，解除赫鲁晓夫的党中央第一书记职务（因为主席团11人中有7人反对赫鲁晓夫）时，朱可夫急派飞机到全国各地将中央委员、中央候补委员和中央检察委员接到莫斯科，迫使中央主席团召开中央全会，而中央委员会中拥护赫鲁晓夫的是多数，结果赫鲁晓夫非但未被打倒，反将马林科夫等人打成“反党集团”。

俗话说，功高震主。赫鲁晓夫一方面感谢朱可夫的支持，但另一方面，他也从这件事中感到朱可夫太厉害了，下决心将朱可夫也搞掉。恰巧此时已快到了十月革命胜利四十周年和各国共产党工人党代表会议召开前夕，赫鲁晓夫此举需要得到中国党的帮助。所以他才在搞掉朱可夫之前不顾党内和军内的反对，同意向中国提供原子弹和导弹技术。可是，到了1958年这个时候，赫鲁晓夫的地位已经稳固了，他已无求于中共，当然也就不可能再不顾国内的反对，向中国提供核潜艇方面的技术了。但是，对于中国方面的要求，他又不好直接拒绝，就想出一个自以为聪明的办法，提出由双方共同建一支以中国为基地的“共同舰队”。认为这样苏方既不需要向中方提供技术，又可将带有核弹头的潜艇有效地靠近美国。

赫鲁晓夫自以为想出了一着妙计，不料毛泽东对此根本不买账。7月21日，从莫斯科返回的苏联驻华大使尤金，向毛泽东、刘少奇、周恩来等通报了赫鲁

① 杨奎松：《毛泽东与莫斯科的恩恩怨怨》，江西人民出版社1999年版，第426页。

晓夫的提议。尤金说，大型军舰容易被击中，与其今后发展航空母舰，不如多发展原子潜艇（即核潜艇）舰队，但苏联的自然条件不可能充分发挥原子潜艇舰队的作用，黑海和波罗的海容易受到敌人的封锁，东部的海面又邻近南朝鲜和日本，不算安全，而中国的海岸线很长，条件很好，同时考虑到今后打仗的话，双方共同的敌人是美国，因此，希望两国建立一支"共同舰队"。

听完尤金的介绍，毛泽东当时就皱起了眉头，"啊"了一声，然后说：我们原想叫你们帮助我们建设海军，没有想过要跟你们一起搞"合作社"，搞什么"共同舰队"。是不是只有搞"合作社"你们才干，不搞合作社你们就不干呢？

尤金对毛泽东的话中话，一时还没有反应过来，乃回答说：赫鲁晓夫特别嘱咐他，要中国考虑建立中苏共同核潜艇舰队的问题。

毛泽东这时已经很不高兴了，他说：是我们办，你们帮助；还是只能合办，不合办，你们就不给帮助，就是你们强迫我们合办。斯大林在世时，有过四个合作社（指四个合营公司），后来经赫鲁晓夫同志提议取消了。现在要办，也可以，定个期限，过几年可以取消。反正各个兵种都要消灭的，那时我们再分废铁。

尤金这才发现情况不妙，连忙说，这只是一个建议，还要由两国商量后再作决定。

第二天，毛泽东又约见尤金谈话，参加谈话的还有刘少奇、周恩来、朱德、陈云、邓小平、彭真、彭德怀、陈毅、林彪、王稼祥等。毛泽东让这么多的中央领导人一起来参加谈话，显然是表明他所要表达的不是个人的意见，而是中共中央集体的态度。

毛泽东一开始就说：昨天你们走了以后，我一直睡不着，也没有吃饭。今天请你们来谈谈，当个医生，下午就可以吃饭、睡觉了。你们很幸运，能够吃饭、睡觉。

接着，毛泽东说：昨天的问题我又想了一下，可能我有误会，也可能我是正确的，经过辩论可以解决。看来，关于海军提出的核潜艇的请求可以撤销。这个问题我脑子里没有印象，问了他们才知道，海军司令部里有那么些热心人，就是苏联顾问，他们说苏联已经有了核潜艇，只要打个电报去，就可以给。

海军核潜艇是一门尖端科学，有秘密，中国人是毛手毛脚的，给了我们，可能发生问题。

苏联同志胜利了四十年，有经验。我们胜利才八年，没有经验，你们才提合营问题。所有制问题老早就提过，列宁就提过租让制，但那是对资本家的。

中国还有资本家，但国家是由共产党领导的。你们就是不相信中国人，只相信俄国人。俄国人是上等人，中国人是下等人，毛手毛脚的，所以才产生了合营的问题。要合营，一切都合营，陆海空军、工业、农业、文化、教育都合营，可不可以？或者把一万多公里长的海岸线都交给你们，我们只搞游击队。你们只搞了一点原子能，就要控制，就要租借权。此外，还有什么理由？

你们一直不相信中国人，斯大林很不相信。中国人被看做是第二个铁托，是个落后的民族。你们说欧洲人看不起俄国人，我看俄国人有的看不起中国人。

毛泽东说：这些话，都是由于搞核潜艇"合作社"引起的。现在我们决定不搞核潜艇了，撤回我们的请求。要不然就把全部海岸线交给你们，把过去的旅顺、大连加以扩大。但是不要混在一起搞，你们搞你们的，我们搞我们的。我们总要有自己的舰队。当二把手不好办。

毛泽东还说："要讲政治条件，连半个指头都不行。你可以告诉赫鲁晓夫同志，如果讲条件，我们双方都不必谈。如果他同意，他就来，不同意，就不要来，没有什么好谈的，有半个小指头的条件也不成。""在这个问题上，我们可以一万年不要援助。"①

除此之外，毛泽东其他的谈话内容大多是借题发挥，如讲到了1949年年初米高扬来时"摆老资格"，讲到中共与苏共的关系实际上是"父子党"、"猫鼠党"，讲到米高扬在八大的祝词时"摆出父亲的样子"，讲到他第一次访苏时斯大林等向他进攻，等等。他还说：为什么当时我请斯大林派一个学者来看我的文章？是不是我那样没有信心，连文章都要请你们来看？没有事情干吗？不是的，是请你们来中国看看，中国是真的马克思主义，还是半真半假的马克思主义。从这篇谈话中可以看出，毛泽东多年来一直对苏联、对斯大林的大党主义是很不满的。

在谈话过程中，尤金一再解释，赫鲁晓夫同他谈的时候，没有谈到舰队由谁指挥，也没有谈到要在中国建立基地，只是想把这个问题提出来，跟中国同志研究具体的措施，没有别的意思。

赫鲁晓夫也是一个急性子，没想到一个"共同舰队"问题惹得毛泽东发了如此大的脾气。一个星期后，他急忙飞到北京，对此事进行解释。

①《毛泽东外交文选》，中央文献出版社、世界知识出版社1994年版，第322—330页。

赫鲁晓夫一下飞机，就直奔中南海的怀仁堂。随后，参加欢迎的中国其他领导人都离开了，进行会谈的中方只有毛泽东和邓小平，苏方则是赫鲁晓夫和苏共中央委员波诺马廖夫。

1958年7月31日，毛泽东在北京首都机场欢迎赫鲁晓夫访华。

赫鲁晓夫一开始，就绕来绕去只讲过去斯大林如何跟中国搞合营公司，又讲苏联内部对建设海军有各种各样的意见，避而不谈"共同舰队"问题。

毛泽东听得很不耐烦，就打断赫鲁晓夫的话说，你讲了半天，还是没有讲到实质问题。

赫鲁晓夫还是不愿意直接谈及"共同舰队"一事，就大讲海军建设是主要搞潜水艇、鱼雷快艇，还是主要搞巡洋舰的问题。

毛泽东又打断他的话，并且说，你还是没有说清楚，究竟你们要搞什么？什么是"共同舰队"。

这样一来，赫鲁晓夫没办法了，只得辩解说，苏方并不是要搞"共同舰队"，而只是建议帮助中国在黄河这样的河流旁边，搞一个制造潜水艇的大工厂，大量生产潜水艇，又说是尤金把话传错了。他还说，中国同志说我们要搞"共同舰队"，要把俄罗斯的民族主义搞到中国来，我听了很伤心，觉得中国同志不相信我们，对我们的政策不了解，这触犯了我们的自尊心。

听赫鲁晓夫这么一说，毛泽东甚为生气，便说：是谁触犯了谁的自尊心？你们提出搞"共同舰队"，正是触犯了我们的自尊心！

赫鲁晓夫听了也颇不高兴，就说：我没有料想到你们会这样粗暴地理解我们。

毛泽东听后更来气了，说道：谁粗暴？是你派尤金在北京向我们五次提出搞“共同舰队”。当时我们理解，你们就是搞“共同舰队”，否则就不给援助。我们说，我们一万年不建设海军也没有关系，你们要搞“共同舰队”我们就不干。我们可以分工，你们去搞核潜艇舰队，我们去打游击战。

赫鲁晓夫说：现代战争条件下打游击战不行。

毛泽东回答说：不行没有办法。我们没有核潜艇舰队，将来索性把海岸都交给你们，你们去打好了。毛泽东还表示，对“共同舰队”一事本来还有些怀疑，但听尤金三次都这么说也就不能不相信。毛泽东说，我们中央商量以后，提出了几个方案：第一个方案，你们帮助我们建设海军。第二个方案，共同建设“共同舰队”，因为不共同建设你们就不援助。第三个方案，我们撤回要你们帮助建设海军的要求。因为我们不同意搞“合作社”你们不帮助，所以我们不建设海军了，不搞舰队了，不要核潜艇了。第四个方案，把中国所有的海岸线都交你们。第五个方案，把旅顺大连和其他港口都交给你们。斯大林过去在旅大搞过，你们想扩大就扩大吧。

赫鲁晓夫听毛泽东这么一说，感到事态确实很严重，连忙说，苏联没有要搞“共同舰队”的想法，永远也不会再提这个问题。①

8月1日至8月3日，双方又进行了三次会谈。这几次会谈都没有涉及“共同舰队”问题，而是就国际形势交换看法。“共同舰队”一事也就这样不了了之。

8月3日下午，双方进行简短的会谈后，赫鲁晓夫离开北京回国。同一天，双方发表了会谈公报。其中说：“会谈双方在极其诚恳、亲切的气氛中，就目前国际形势中迫切和重大的问题，进一步加强中苏之间友好、同盟、互助关系的问题和为争取和平解决国际问题、维护世界和平而进行共同奋斗的问题，进行了全面的讨论，并且取得了完全一致的意见。”②

可是，在这“完全一致”背后，却由于“共同舰队”一事使双方的心里都留下了阴影。在赫鲁晓夫看来，中国已是尾大不掉，搞自己的一套了。而在毛泽东看来，赫鲁晓夫还是想控制中国，使中国成为苏联的附庸，这对于毛泽东来说，无论如何也是不能接受的。经历过这段历史的原新华社社长吴冷西分析说：“这次赫鲁晓夫的北京之行，显示在中苏关系上空出现一片乌云、一阵雷声，虽然没有暴雨，但俄罗斯大国主义的幽灵在徘徊，赫鲁晓夫要控制中国的

① 参见吴冷西：《十年论战：1956—1966中苏关系回忆录》，中央文献出版社1999年版，第165—166页。

②《毛泽东和赫鲁晓夫会谈公报》，《人民日报》1958年8月4日。

阴谋在进行。从中国方面讲，毛主席在这次会谈中无比坚强地表明，中国绝不屈从于任何外国压力，对赫鲁晓夫的大国沙文主义一定要抵抗，也是可以抵挡得住的。这是第一次面对面的抗衡，留下的伤痕久久未能愈合。”①

真是一波未平，一波又起。“共同舰队”之事刚刚过去，又发生了中国炮击金门的事件。1958年8月23日，毛泽东下令炮击金门、马祖两岛，使得与台湾签订了“共同防御条约”的美国，急忙从地中海、旧金山、日本和菲律宾调集舰队和飞机，结集于台湾海峡，配合国民党防守金门、马祖。在中国方面看来，炮击金（门）马（祖）完全是中国内政，与苏联无关，故在事前并没有通知苏联。据吴冷西回忆，中苏两国首脑会谈中“完全没有谈到三个星期后中国炮打金门的问题，一句话也没有谈到，根本不像有些外国评论评说的那样，中苏事先商量好炮打金门。”②

炮击金门本身的确是中国的内政，但炮声一响，必然涉及美国人，所以也就不单纯是一个内政问题了，而在某种程度上成了一个国际问题，变成中美之间的对抗。作为中国的盟友，苏联自然不能置身事外。可是，中国方面这种事先不打招呼的做法，既使赫鲁晓夫老鼻子不高兴，也使他犯了难。第一，莫斯科方面并不知道中方的真实意图，也不知道美国在这个问题上到底会走多远；第二，赫鲁晓夫此时正在想方设法缓和同美国的关系，中国这一炮击，对他和美国拉关系十分不利；第三，美国方面已经公开声明站在蒋介石一边，作为中国的盟友，苏联不能不有所表态，不支持中国，有悖于中苏同盟，如支持中国，则有可能使自己卷入中美冲突并由此引发苏美战争。

对于苏联人来说，并不像毛泽东那样以乐观的态度对待战争。毛泽东认为，帝国主义要打仗，也没有什么大不了的，打完了照样搞建设。赫鲁晓夫可不这么看，苏联的卫国战争虽然最终获得胜利，但也是损失惨重。二战结束之后，苏美之间虽然搞对抗，但也只敢搞冷战，谁也不敢真正把战争发动起来，特别是核战争。在苏美直接的军事对抗上，两国叫喊都很凶，但谁也不愿也不敢走得太远。

金门炮战之后，赫鲁晓夫决定派外交部长葛罗米柯来华探底。

在葛罗米柯来华前一天，即9月5日，周恩来接见了苏联驻华使馆参赞苏

① 吴冷西：《十年论战：1956—1966中苏关系回忆录》，中央文献出版社1999年版，第173页。
② 吴冷西：《十年论战：1956—1966中苏关系回忆录》，中央文献出版社1999年版，第173—174页。

达利科夫，表示中国炮击金门、马祖并不是就要武力解放台湾，只是为了惩罚国民党部队，阻止美国搞“两个中国”。如果美国要发动战争，中国全部承担起来，绝不连累苏联，也不会拖苏联下水。

9月6日，葛罗米柯来到北京，在当天的会谈中，周恩来又向其表达了同样的意思。这天晚上，毛泽东接见了葛罗米柯，也说炮打金门，既不是打台湾，也不是马上要在金门、马祖登陆，而是要调动美国人。当然，中国对美国要打仗还得有所准备，但即使这样，中国也会自己承担这个战争的全部责任，不会要苏联参加这个战争。

通过葛罗米柯的北京之行，赫鲁晓夫摸清了中国的底牌，一颗悬着的心终于放下来了。不但如此，他觉得苏联在这个问题上还可以有所作为，不妨作点强硬表态。9月7日，赫鲁晓夫发表致美国总统艾森豪威尔的公开信，强调：“对我国伟大的朋友、盟邦和邻国中华人民共和国的侵犯也就是对苏联的侵犯。忠于自己义务的我国，将尽一切可能同人民中国一道来维护两国的安全、维护远东和平的利益和世界和平的利益。”“如果在美国有人得出结论，认为还可以像过去某些列强那样来对付中国的话，那就大大失算了。这种失算可能给世界和平事业带来严重的后果。所以还是让我们把问题完全说清楚，因为对这样的事情含含糊糊和发生误解，是最危险不过的。”①

赫鲁晓夫还特地召见中国驻苏大使刘晓，要他秘密转告毛泽东，苏联可以帮助中国加强在台湾海峡沿岸的空中力量。赫还两次给毛泽东写信，说可以派携带地空导弹的C—75轰炸机部队到福建来。对此，毛泽东专门致信表示欢迎，但同时又表示，最好是请苏联政府给我们一批地空导弹和岸舰导弹，并派技术专家帮助训练使用这些武器的部队。②毛泽东的意思很明确，导弹和技术都可以来，但部队就不要来了。部队一来，要送走就不那么容易了。

毛泽东决定炮击金门，只是想试探一下美国在台湾问题上的态度，同时也对一直叫喊要“反攻大陆”的蒋介石集团一个教训，并不是打算一举解决台湾问题。表面上看，赫鲁晓夫尽到了作为盟友的义务，但此事却给中苏关系再一次蒙上了阴影。因为此时的赫鲁晓夫在想方设法缓和同美国关系，而毛泽东却反其道而行之。此举也就给赫鲁晓夫以中共领导人“好斗”的印象。在他看来，

①《赫鲁晓夫写信警告艾森豪威尔，侵犯中国就是侵犯苏联》，《人民日报》1958年9月10日。

② 杨奎松：《毛泽东与莫斯科的恩恩怨怨》，江西人民出版社1999年版，第434页。

如果原子弹、导弹、核潜艇等技术全部给了中国，局面恐怕更难收拾。这在一定程度上成了他后来下令撤走苏联专家、撕毁新技术协定的一个原因。

4. 赫鲁晓夫发动突然袭击

当时，莫斯科普遍流行这样一种说法：国际共产主义运动中只有一个理论家、哲学家，这就是毛泽东，而赫鲁晓夫只是一个种玉米的实干家。据说赫鲁晓夫听了这些话后非常生气。

赫鲁晓夫恼羞成怒，对陈毅说，论军衔，你比我高，你是元帅，我只是中将，但在党内，我是总书记。陈毅也不示弱，回答说：什么总书记，你说得不对，就不能听你的。

1958年，毛泽东发动了“大跃进”运动和人民公社化运动。中国的“大跃进”和人民公社的情况，通过苏联驻华使馆陆续传到苏联国内。当然，《人民日报》和新华社的有关公开报道，也使苏联对此有所了解。可以想象，毛泽东在这年的成都会议和八大二次会议关于破除迷信（包括对外国的迷信，对马克思的迷信）的强调，关于正确的个人崇拜与错误的个人崇拜的划分，肯定也会传到苏联领导人的耳朵中。这对于一向以老大哥自居的苏联人来说，就不难想象会产生何种感想。

更让苏联人不舒服的是，中国人似乎不仅把资本主义国家的英美作为赶超的目标，而且还在暗暗使劲，产生了一跃而超过苏联，率先进入共产主义的想法。在苏联人看来，他们的国家要比中国发达得多，但赫鲁晓夫也只敢提十五年赶上美国，基本上实现共产主义，而比他们落后许多的中国，原来还只是说用十五年赶上资本主义世界第二位的英国，可不久就改变了口号。到了1958年5月中共八大二次会议的时候，就已经变成了七年赶上英国，再用八到十年赶上美国。也就是说，赶上美国的时间几乎与苏联老大哥同步了。而到了1958年9月初，毛泽东则干脆提出五年接近美国、七年超过美国了。

毛泽东甚至并不忌讳中国要先于苏联进入共产主义。他在八大二次会议上说，在延安的时候，林彪同志向我说，将来中国要赶上苏联，当时我还不相信，我想苏联也在进步呀？现在我相信了。我看我们的共产主义可能提前到来，因为我们的方法比苏联好，速度比苏联快，再加上有6亿人口和苏联的技术援助，理所当然要走到苏联的前面去。

在同年11月的武昌会议上，毛泽东再一次讲到了超过苏联的问题。他说，中苏对比，我们快，他们慢的关键是，他们的资产阶级等级制度根深蒂固，上下级悬殊，猫鼠关系，我们是干部下放劳动，将军当兵。他们缺乏群众路线这一着，即缺少政治，所以搞得比较慢。另外还有几种差别，工农、城乡、体脑劳动，没有破除。毛泽东还说，不管我们走得多快，还是要给苏联人留面子，我们一定要让苏联先过渡，我们无论如何要后过渡，我们可以以社会主义之名，行共产主义之实。他还说，我们10年后就可以搞到4亿吨钢，160万台机器，25亿吨煤，3亿吨石油，还有天下第一田。可是，他们搞了那么久，还没有过渡，落在我们后头，现在已经发慌了。他们还没有人民公社，他搞不上去，想抢上去。我们过渡到苏联人前面，他脸上无光。

且不说苏联人对中国的“大跃进”和人民公社这种方式是否赞成，就是中国人这种不但要超英赶美，而且还要先于老大哥进入共产主义的雄心壮志，就必然使一向以国际共产主义运动领头人自居的苏联人感到很别扭。

1958年赫鲁晓夫访华时，他就对中国的“大跃进”和人民公社很不以为然。在会谈的过程中，赫鲁晓夫明确表示：你们这个“大跃进”，我们还是不理解。我们认为有超阶段、忽视规律的情况。毛泽东说：人民公社一大二公，大，就是联合的生产合作社多，人多力量大；公，就是社会主义的因素比合作社多，把资本主义的残余逐步去掉。这是人民群众自发搞起来的，不是我们从上面布置的。赫鲁晓夫仍是心存疑虑地说：这些我们就搞不清楚了，只有你们自己清楚。总之你们这里搞的一切都是中国式，你们比我们更清楚。说到这里，赫鲁晓夫就将话题岔开了。[1]

其实，赫鲁晓夫并不赞成搞人民公社。1958年11月，赫鲁晓夫访问波兰。在同波兰领导人哥穆尔卡会谈时，他说："中国人现在组织公社。在我国这在30年前就曾有过，对这个我们腻了。可是中国人吗，就让他们去尝试吧。当他们碰得满头包时，他们将会有经验。"哥穆尔卡说："然而在中国的公社问题上，我们没有明确的立场。他们取得很大的成就，这是事实。"赫鲁晓夫不以为然地说："你们就试一试吧，我们决不会出来反对你们。"[2]

尤其使赫鲁晓夫没有想到的是，中国搞"大跃进"和人民公社，竟提高了毛泽东在苏联的威望。当时，莫斯科普遍流行这样的话：国际共产主义运动中只有一个理论家、哲学家，这就是毛泽东，而赫鲁晓夫只是一个种玉米的实干家。还有许多苏联人认为，中国搞人民公社真正找到了一条通向共产主义的道路，而赫鲁晓夫没有找到这样的道路。据说赫鲁晓夫听了这些话后非常生气。[3]

在1959年1月的苏共二十一大上，赫鲁晓夫不点名地批评了中国的"大跃进"，含沙射影地说："由社会主义发展阶段向高级阶段的过渡，这是个合乎规律的历史过程，这个过程不能任意破坏或越过。""在社会主义社会中，分配基本上按照各尽所能，按劳分配的原则进行。""平均主义并不是意味着向共产主义过渡，而是破坏共产主义的声誉。""所有制的形式不是可以任意改变的，而是在经济规律的基础上发展的，它们取决于生产力的性质和发展水平。"[4]赫鲁晓夫在回忆录中直言不讳地承认："那个文件相当中肯地(而且我认为是非常准确地）分析了当时中国正发生的事情，虽然我当时并没有点中国的名。我们的态度是明确的：我们不同意'大跃进'。"[5]

1959年7月18日，赫鲁晓夫在波兰的波兹南省一个农业生产合作社的群众大会上，谈到当年苏联成立的公社时说，那时许多人还不明白什么是共产主义和如何建设共产主义，以为既然为共产主义奋斗，那就直接组织公社，结果公社是组织起来了，但既不具备物质条件，也不具备政治条件（即农民群众的觉悟）。结果是大家都想过得很好，但又

① 李越然：《中苏外交亲历记》，世界知识出版社2001年版，第186页。
② 沈志华、杨存堂主编：《苏联历史档案选编》第27卷，中国社会科学出版社2002年版，第188页。
③ 丁明整理：《回顾与思考——中苏关系亲历者的对话》，《当代中国史研究》1998年第2期。
④《1959—1965年苏联发展国民经济的控制数字》，《人民日报》1959年2月1日。
⑤《最后的遗言——赫鲁晓夫回忆录续集》，东方出版社1988年版，第422页。

想对公共事业少出劳动，许多这样的公社都没有什么结果。于是党按照列宁指出的道路，把农民组织到劳动组合中，虽然集体劳动，但按付出的劳动取得报酬。这样，我们的集体农庄也就巩固了。

赫鲁晓夫讲这番话也很不是时候。此时，庐山会议正处于由纠“左”到反右的转向阶段，毛泽东本来就因彭德怀在其信中对“大跃进”和人民公社有所非议而不满，恰巧此前彭德怀访问过苏联，这样使他产生了彭德怀与赫鲁晓夫是预先串通好，共同向“大跃进”和人民公社发难的错觉。在他看来，“大跃进”和人民公社存在的问题与成绩相比，不过是一个指头与九个指头的关系。如今，彭在信中说“大跃进”是“有失有得”，赫鲁晓夫也以苏联历史上的公社垮台，来暗喻中国人民公社的命运。这样一来，不但促使毛泽东下决心在党内开展“反右倾”，而且也将赫鲁晓夫当做是国际上反对“大跃进”和人民公社化运动的总后台。

正如一位研究者所说的：“中苏两党两国在‘大跃进’和人民公社问题上的严重分歧当时虽然没有发展为公开的争执，但它引发的风波却对中苏关系产生了极大的影响。毛泽东始终认为‘大跃进’和人民公社是真理，是对马克思列宁主义的发展，而赫鲁晓夫们所持的反对态度则是违背马克思列宁主义的，他们的公开批评更是粗暴地干涉中国的内政。但在莫斯科看来，毛泽东发动‘大跃进’和人民公社化运动，是干了一件大蠢事，表明了他‘妄自尊大’，表明了‘他想使世界——尤其是社会主义世界——对他的天才和领导水平留有印象’等等。总之，此事对双方的领导人来说，留下的都是严重的‘恶感’，使得已经紧张的中苏关系变得更加紧张起来。”①

1959年8月，中印两国军队在有争议的边境地区发生了武装冲突。赫鲁晓夫此时正在做访问美国的准备。得到这一消息，本已为台海危机对中国有一肚子气的赫鲁晓夫，这一次终于按捺不住了。为了在世人面前树立自己是“和平大使”的形象，赫鲁晓夫置中苏同盟关系于不顾，也不考虑中方的异议，就让塔斯社发表了一个表面上看是采取中立态度的声明，对中印边界冲突表示“遗憾”，并说中印边界的冲突，是“那些企图阻碍国际紧张局势缓和的人搞的”。不难看出，赫鲁晓夫在中印边界冲突问题上没有站到中国一边。这对于中国方面而言，是很难接受的。在中国方面看来，中苏是同志加兄弟的关系，都是社

① 孙其明：《中苏关系始末》，上海人民出版社2002年版，第365页。

会主义国家，而印度是资本主义国家，社会主义国家不帮社会主义国家说话，反而为资本主义国家说话，实在太不应该。

赫鲁晓夫在苏共二十大后，一直高唱“和平过渡”的高调，高喊“和平竞赛”的口号。在其“和平过渡”理论的支配下，苏联开始走上其自以为是的由苏美合作主宰世界之路。于是，赫鲁晓夫不断地向美国献媚讨好。1959年6月，苏联竟以苏美正在讨论签署禁止核试验条约为由，下令停止向中国运送已装箱好的原子弹样品。

赫鲁晓夫在其回忆录中说：

“我们的专家建议我们给中国人一枚原子弹样品。他们把样品组装起来并装了箱，随时可以送往中国。这时，我们负责核武器的部长向我作了汇报。他知道我们同中国的关系已经恶化到了不可挽回的地步。”“我们专门开了一次会，决定该怎么办。我们知道，如果我们不给中国送去原子弹，中国人一定指责我们违背协议，撕毁条约，等等。另一方面，他们已经开始了诽谤我们的运动，并且还开始提出各种各样令人难以置信的领土要求。我们不希望他们获得这样的印象，好像我们是他们驯服的奴隶，他们要什么，我们就给什么，而不管他们如何侮辱我们。最后，我们决定推迟给他们送去样品的时间。”①

这对于赫鲁晓夫来说，也许是一直想做却未能做成的事情。可此举对中国原子弹的研制来说，却是一个严重的打击。如果说，在此之前，中国领导人对赫鲁晓夫还多少抱有一些好感的话，到此时，不但好感已荡然无存，而且是十分不满了。

9月下旬，赫鲁晓夫在美国戴维营举行苏美首脑会谈后，兴冲冲地飞到了北京，参加中华人民共和国成立十周年庆典。

9月30日晚上，中国政府举行国庆招待会。赫鲁晓夫在招待会上发表了长篇讲话。他在谈到社会主义力量空前强大之后，说了一段明显对中国不满的话：“我们应当对当前局势有现实的看法和正确的理解。这当然绝不是说，既然我们这么强大，就应该用武力去试试资本主义制度的稳固性。这是不正确的，因为人民将不会理解，也绝不会支持那些想这么干的人。”②赫鲁晓夫此言一出，立即引起毛泽东的不快，并以在宴会上不发表讲话表示不满。

① 《最后的遗言——赫鲁晓夫回忆录续集》，东方出版社1988年版，第412—413页。

② 《在我国国庆宴会上赫鲁晓夫同志的讲话》，《人民日报》1959年10月1日。

1959年9月赫鲁晓夫率团来北京参加我国国庆十周年庆祝活动。

10月1日，赫鲁晓夫在天安门城楼上对毛泽东说：关于生产原子弹的事，我们决定把专家撤回去。

毛泽东淡淡地说：需要是需要，也没什么大关系。技术上能帮助我们一下更好。不能帮助就由你们考虑决定。

10月2日，中苏两党举行正式会谈。

赫鲁晓夫首先介绍了他此次美国之行的感受，认为同美国只能在经济上搞竞赛，搞和平竞争，不能搞武力对抗。毛泽东对此不冷不热地说：我们赞成你访美，赞成同美国搞和平共处，但美国究竟怎么样，不能看表面，应该看其帝国主义的本质。

赫鲁晓夫接着说：中国和美国的关系还是要搞好，希望中国采取一些步骤来改善同美国的关系。又说：你们去年对金门打炮不是办法，台湾现在不能解放，索性像苏联内战时期对远东共和国那样处理。他还解释说，列宁当年同意成立远东共和国，是为了避免在东方同日本作战，中国也可以用这样的办法处理台湾问题。

毛泽东说：赫鲁晓夫同志，你把问题搞错了，你把两个性质不同的问题搞混了。一个问题是我们同美国的关系问题，这是国际问题；一个问题是我们跟台湾的关系问题，这是国内问题。我们跟美国的关系问题是美国侵略我国台湾，我们要求美国从台湾撤兵；我们同台湾的关系则是解放台湾的问题，这个问题只能由中国人自己来解决，别人无权过问。

赫鲁晓夫又说：为了缓和同美国的关系，中国是不是可以把监狱里的几个美国人释放？在此之前，中国曾击落了一架美国间谍飞机，并俘虏了两名飞行员。

毛泽东说：放是要放的，但不是现在，而是在他们服刑期满的时候，或者是在他们服刑期间有好的表现因而提前释放的时候。这都要按照中国的法律办。

赫鲁晓夫又把话题转移到中国和印度的关系上，并说谁开第一枪我不知道，反正印度人被打死了。

周恩来说：印度人先入境，打了12个小时，怎么能说我们错了呢？

赫鲁晓夫说：我打过仗，不管谁先开枪，反正印度死了人。又说：你们为之战斗的土地只是一块人烟稀少、荒凉的高地，边界也是几十年前确定的。

陈毅回答说：中印边界是英国在1914年用所谓的麦克马洪线确定的，这块土地是属于中国的，是英国人把它从我国手里夺走的。

赫鲁晓夫说：尼赫鲁是主张中立和反帝的，社会主义国家就应当积极同他搞好团结。苏联不同意采取任何疏远和削弱尼赫鲁在国内地位的政策。

陈毅回答说：我们对民族主义者的政策是既团结又斗争，而不是迁就主义的态度。

赫鲁晓夫又说：西藏问题你们不慎重，不该让达赖喇嘛跑掉。

毛泽东说：这么大的边境我们怎么能看得住他呢？

赫鲁晓夫又扯到炮击金门、马祖的问题。陈毅说：炮击金门是我们内部的事情，那是中国的领土。中印边境，明明是他们侵略，你却偏袒。炮击金门，难道你还要替蒋介石和美帝国主义指责我们吗？

赫鲁晓夫听了之后脸马上就红了，竟然对陈毅说，论军衔，你比我高，你是元帅，我只是中将，但在党内，我是总书记。陈毅也不示弱，回答说：什么总书记，你说得不对，就不能听你的。①

在这次会谈中，毛泽东并没有讲很多话。只是在陈毅这番话后，毛泽东才说：赫鲁晓夫同志，你这次来，给我戴了好几顶大帽子，我也送你一顶，就是右倾机会主义。这顶帽子已是够重的了。

这次会谈，是中苏关系史上两国领

① 《中苏外交亲历记》，第192—195页；《曲折发展的岁月》，第353页；《十年论战：1956—1966中苏关系回忆录》，第221—226页。

导人第一次公开的争吵。虽然会谈之后赫鲁晓夫曾建议两方均撤销这一次会谈的纪要，但两党两国关系的恶化已经难以避免了。赫鲁晓夫想得很天真，会议纪要固然可以撤销，但留在双方心中的阴影能一笔勾销吗？！他在离开北京到海参崴后，又指责中国领导人是“好斗的公鸡”。中国领导人听到这样的话，内心对赫鲁晓夫的反感也就可想而知了。

在1959年12月的杭州会议上，毛泽东在一份关于国际形势的讲话提纲中，明确表达了他对赫鲁晓夫的厌恶。毛泽东写道：“赫鲁晓夫们很幼稚。他不懂马克思主义，易受帝国主义的骗。”“他不懂中国达到极点，又不研究，相信一大堆不正确的情报。他如果不改正，几年后他将完全破产（八年之后）。”“他对中国极为恐慌，恐慌之至。”①

毛泽东还为赫鲁晓夫访美写了一首打油诗，以示对赫鲁晓夫的讽刺。诗是这样写的：“西海如今出圣人，涂脂抹粉上豪门。一辆汽车几间屋，三头黄犊半盘银。举世劳民同主子，万年宇宙绝纷争。列宁火焰成灰烬，人间从此入大同。”

自此之后，中国领导人产生一个基本的判断，赫鲁晓夫可能沿着修正主义的道路滑下去，而且这种可能性很大。

1960年2月，华沙条约国家召开政治协商委员会例会。中国照例派出观察员列席，这次派出的观察员是康生（中央政治局候补委员）、伍修权（中央委员）和刘晓（中央委员、中国驻苏联大使）。

在讨论世界和平与裁军问题时，双方发生了严重的分歧。苏联方面提出要通过裁军来实现“三无世界”，即没有武器、没有军队、没有战争的世界。中国方面则认为，帝国主义的本性没有变，战争的危险仍然存在，美帝国主义仍然是世界和平的主要敌人。全世界一切真诚为和平而努力的人们，有必要对美国的两面手法保持警惕。赫鲁晓夫认为，世界由此进入了通过谈判解决国际争端，以建立持久和平的新阶段。中国则认为，国际局势出现了某些和缓的趋势，这是社会主义力量、民族革命力量和和平民主力量同帝国主义战争势力反复进行斗争的结果，是东风压倒西风的结果。苏联在会上宣布，将单方面裁军一百二十万，即裁去军队总数的三分之一；中国则宣布：没有中华人民共和国的正式参加和它的代表的签字，有关裁军的国际协议和其他一切国际协议，当然都不能对中国具有任何约束力。

2月6日，《人民日报》同时发表《华

① 《建国以来毛泽东文稿》第八册，中央文献出版社1993年版，第601页。

沙条约缔约国宣言》和康生在这次会议上的讲话，将中苏两国在国际战略和外交政策方面的分歧公开地暴露出来。

1960年1月，中共中央在上海举行政治局扩大会议，决定利用列宁诞辰九十周年之际，发表文章阐述中共在时代、战争与和平、和平过渡、帝国主义的本质、列宁主义是不是过时等问题上的意见，开展反对现代修正主义的斗争。

经过几个月的准备，这年4月，也就在纪念列宁诞辰九十周年的时候，中国方面在《红旗》杂志和《人民日报》上发表了《列宁主义万岁》、《沿着伟大列宁的道路前进》和《在列宁的革命旗帜下团结起来》三篇文章。这些文章采取指桑骂槐的办法，表面上是批判南斯拉夫共产主义者联盟及其领导人铁托，实际上是批判苏共及赫鲁晓夫。

例如，《列宁主义万岁》这篇文章中，就有如下这样两段话：

"现代修正主义者，从他们对现代世界形势的荒谬论断出发，从他们的那种所谓马克思列宁主义的阶级分析和阶级斗争的理论已经过时的荒谬论断出发，企图在暴力、战争、和平共处等一系列问题上，根本推翻马克思列宁主义的基本原理。"

"此外，还有些人，他们并不是修正主义者，他们是好心善意的人，真诚愿意做一个马克思主义者，可是面对着某些历史的新现象，感到迷惑，有了一些不正确的想法，例如他们中有人说，美帝国主义的原子讹诈政策的失败，就是暴力的终结。在我们彻底驳斥现代修正主义者的谬论的同时，也应当帮助这些好心善意的人改正自己的不正确的想法。"

在文章的前面，已明确点名铁托是"现代修正主义者"，因此，文章中的"还有一些人"显然指的就是赫鲁晓夫等人。这就进一步暴露了中苏两党在重大理论问题上的分歧。

1960年6月20日至25日，罗马尼亚共产党召开第三次代表大会。

会前，苏共中央于6月2日致函中共中央，建议利用罗共三大的机会，在布加勒斯特举行社会主义各国共产党和工人党代表会议。

中共中央收到苏共中央的建议信后，复函建议扩大与会成员，召开世界各国共产党和工人党代表会议，且延期召开，以作充分的准备。后来经过协商，双方同意利用罗共三大各兄弟党派代表团到布加勒斯特的机会，就已经出现的分歧和召开兄弟党会议的问题，内部交换意见，但不作决定和不发表任何正式文件。

以彭真为团长的中共代表团在赴罗途中，于6月17日在莫斯科同苏共中央书记科兹洛夫进行了会谈。科兹洛夫对于各国党代表会议召开的时间采取回避的态度，只说到布加勒斯特后再商讨。中共代表团感觉到里头一定有名堂，致电中共中央说，赫鲁晓夫可能要在布加勒斯特整我们，代表团已根据中央的方针做了后发制人的准备。

6月19日，中共代表团抵达布加勒斯特。随后几天，赫鲁晓夫一直不提召开兄弟党会议之事。直至22日下午，赫鲁晓夫才同中共代表团举行会谈。

在会谈过程中，赫鲁晓夫讲了一大堆十分难听的话，说什么你们搞大跃进，可是人民没有裤子穿，穷得要命。你们搞百花齐放，现在怎么样，还放不放？你们那么爱斯大林，把斯大林的棺材搬到北京去好了，我们可以送给你们。你们老讲东风压倒西风，就是你们中国想压倒大家，要压倒全世界。如此等等，这自然是中共代表团和中共中央难以接受的。

6月23日下午，苏共代表团将一份注明日期为6月21日的《苏共中央致中共中央的通知书》，交给了中共代表团。这份文件的中文译本长达84页，主要内容是反驳中共发表的《列宁主义万岁》等三篇文章中的观点。很明显，这个文件是事先准备好的，并且在发给中共代表团之前，已经发给了其他兄弟党代表团。当天下午19时，苏共代表团又给各代表团送来了由其起草的会议公报草案。

在24日举行的社会主义国家共产党和工人党代表会议上，赫鲁晓夫煽动大多数党向中共代表团进行围攻。赫鲁晓夫给中共扣上了一系列的大帽子："教条主义"、"拒绝和平共处"、"希望战争"、"制造紧张局势"、"'左倾'冒险主义"等。

据代表团成员伍修权回忆：

"当时的气氛，真有一股'黑云压城城欲摧'之势。我们代表团一时处于十分孤立的地位。由于苏共历来的地位和威信，许多党还是跟着他们跑的；有的原来同我们关系较密切的党，由于事情发生得比较突然，一时也无法表示态度；就连阿尔巴尼亚劳动党的代表团团长卡博在听了我们的申述后，也只是模棱两可地说什么'如果情况确实如中共代表团所说的那样的话，那么中国同志的立场就是对的'。换句话说，如果情况不是这样，中国党也可能是错误的。所以在当时的会议上，我们只有阿尔巴尼亚半票的支持。"①

代表团同时将上述情况报告了中共中央。中共中央很快发回指示，要求代

① 伍修权：《回忆与怀念》，中共中央党校出版社1991年版，第337页。

表团做到坚持团结，坚持原则，留有余地，后发制人，对赫鲁晓夫仍采取团结

附件二：

中国共产党代表团在布加勒斯特兄弟党会談上的声明

（一九六〇年六月二十六日）

（一）中共中央认为，苏共中央代表团赫鲁晓夫同志在这次会談中完全破坏了历来国际共产主义运动中兄弟党协商解决共同的問題的原則，完全破坏了在会談以前关于这次会談只限于交换意見、不作任何决定的协議，突然袭击地提出了会談公报草案，对这个公报的内容沒有預先征求兄弟党的意見，而且在会談中不允許进行充分的正常的討論。这是滥用苏联共产党从列宁以来长期形成的在国际共产主义运动中的威信，极端粗暴地把自己的意志强加于人。这种态度同列宁的作風毫无共同之处，这种做法在国际共产主义运动中开了一个极端恶劣的先例。中共中央认为，赫鲁晓夫同志的这种态度和这种做法将会在国际共产主义运动中产生非常严重的后果。

（二）中国共产党历来忠实于馬克思列宁主义，坚持馬克思列宁主义的理論陣地，在两年多以来，完全忠实于一九五七年的莫斯科宣言，坚持宣言中的各个馬克思列宁主义的論点。我們在馬克思列宁主义的一系列的基本原則上是同赫鲁晓夫同志有分歧的。这种分歧关系到整个社会主义陣营的利益，关系到全世界无产阶級和劳动人民的利益，关系到世界各国人民能否保持世界和平，制止帝国主义战争，关系到社会主义能否在占全球三分之二人口四分之三土地的資本主义世界中继续取得胜利。对于这些分歧的問題，任何一个馬克思列宁主义者都应当采取严肃的态度，进行认真的思考和同志式的討論，以便取得一致的結論。但是赫鲁晓夫同志所采取的却是家长式的、武断的、专横的态度，他在实际上把伟大的苏联共产党同我們党的关系不看成是兄弟党的关系，而看成是父子党的关系。在这次会談中，他企图使用压力使我們党向他的非馬克思列宁主义的观点屈服。我們在此严正地声明，我們党只信服馬克思列宁主义真理，而决不会向违反馬克思列宁主义的錯誤观点屈服。我們认为，赫鲁晓夫同志在罗馬尼亚党的第三次代表大会上的发言中有若干观点是錯誤的，是违反莫斯科宣言的。他这个发言是会为帝国主义和鉄托集团所欢迎的，而且已經受到了欢迎。今后我們准备在有机会时继续同苏共和其他兄弟党，就我們同赫鲁晓夫同志的分歧观点，进行认真的討論。对于赫鲁晓夫同志这次在布加勒斯特散发的《苏共致中共通知論》。我們相信，无論如何，馬克思列宁主义的真理最后总是会得到胜利的。真理是不怕爭辯的，真理最終不能說成是錯誤，錯誤最終也不能說成是真理。国际共产主义运动的命运，取决于各国人民的要求和斗爭，取决于馬克思列宁主义的指导，而絕不是取决于任何个人的指揮棒。

（三）我們中国共产党从来都为維护各国共产党的团結，維护社会主义各国的团結而斗爭。我們主张，为了国际共产主义队伍的真正的团結，为了共同对付帝国主义和反动派，应当在分歧的問題上展开正常的討論，而不应当在匆促的时間內，用非正常的方法，通过簡单的表决来处理严肃的原則問題；不应当把自己武断的、沒有經过事实考驗的、或者經过事实考驗业已証明是錯誤的观点，强迫别人接受。赫鲁晓夫同志在这次会談中的做法，对于国际共产主义的团結是完全不利的。但是，不論赫鲁晓夫同志的做法如何，中苏两党的团結和各国共产党工人党的团結，終归是会要继续巩固和发展下去的。我們深信，随着国际共产主义运动的发展，随着馬克思列宁主义的发展，我們队伍的团結一定会不断地巩固和发展起来。

（四）我們上面所說的，我們和赫鲁晓夫同志之間的分歧意見，从我們两党的整个关系說来，仍属部分的性质。我們认为，我們两党为着共同事业的奋斗和团結，仍占主要的部分，因为我們两国都是社会主义国家，我們两党都是根据馬克思列宁主义原則建立起来的党，都是为发展整个社会主义陣营事业、反对帝国主义侵略和爭取世界和平而斗爭的党。我們相信，我們同赫鲁晓夫同志和苏共中央将能够找到机会，进行平心靜气的同志式的商談，解决我們之間的分歧意見，使中苏两党的关系更加团結和巩固起来。我們这样做，将是对社会主义陣营和世界人民反对帝国主义侵略和爭取世界和平的斗爭事业极其有利的。

（五）我們很高兴地看到在这次会談中提出的《会談公报草案》声明确认莫斯科宣言的正确性。但是，这个草案对于莫斯科宣言中的各个馬克思列宁主义論点的說明是不确切的、片面的。这个草案对于当前国际形势中的重大問題沒有表示态度，对于国际工人运动中的主要危险——现代修正主义，根本沒有提到，这是錯誤的，因此，我們不能接受这个草案。为了团結一致，共同对敌，我們提出修改草案，建議予以討論。如

1960年下旬，在罗马尼亚首都布加勒斯特举行社会主义国家共产党和工人党代表会议。会上，赫鲁晓夫对中共发起突然袭击，带头进行围攻。以彭真为首的中共代团根据中共中央的指示，针对苏共的做法，发表了严正声明。图为《人民日报》刊登的中共代表团的声明。

—批评—团结的方针。

6月25日，中共代表团通过会议执行主席罗共总书记乔治乌·德治向各代表团发表了一份声明。声明说：

“中共中央认为，苏共中央代表团赫鲁晓夫同志在这次会谈中完全破坏了历来国际共产主义运动中兄弟党协商解决共同的问题的原则，完全破坏了在会谈以前关于这次会谈只限于交换意见、不作任何决定的协议，突然袭击地提出了会谈公报草案，对这个公报的内容没有预先征求兄弟党的意见，而且在会谈中不允许进行充分的正常的讨论。这是滥用苏联共产党从列宁以来长期形成的在国际共产主义运动中的威信，极粗暴地把自己的意志强加于人。这种态度同列宁的作风毫无共同之处，这种做法在国际共产主义运动中开了一个极端恶劣

的先例。”①

声明认为，对国际共产主义运动内部的分歧，应当采取严肃的态度，进行认真的思考和同志式的讨论，但是赫鲁晓夫采取的却是家长式的、武断的、专横的态度，他在实际上把苏联共产党同各国党的关系不是看成兄弟党的关系，而是看成父子党的关系，“企图使用压力使我们党向他的非马克思列宁主义的错误观点屈服。我们在此严正地声明，我们党只信服马克思列宁主义真理，而决不会向违反马克思列宁主义的错误观点屈服。”②

声明明确表示：国际共产主义运动的命运，取决于各国人民的要求和斗争，取决于马克思列宁主义的指导，而绝不是取决于任何个人的指挥棒。中国党和赫鲁晓夫之间的分歧意见，从两党的整个关系说来，仍属部分性质。希望能找到机会，进行平心静气的同志式的交谈，解决双方之间的分歧意见，使中苏两党的关系更加团结和巩固起来。

赫鲁晓夫见中共中央代表团毫不屈服，就在会议结束时，肆无忌惮地对中共大加攻击，称中共是“疯子”，“要发动战争”，“纯粹的民族主义”，对苏共采取“托洛茨基方式”，等等。一些紧随苏共的党，也跟着起哄，指责中国党是“教条主义”、“‘左倾’冒险主义”、“假革命”、“宗派主义”、“比南斯拉夫还坏”等。

针对赫鲁晓夫的所作所为，中共代表团作了针锋相对的斗争。彭真在即席发言中强调：赫鲁晓夫的这种只准自己为所欲为，听不得别人意见，不准别人为自己辩护的做法，是“只许州官放火，不许百姓点灯”，完全违背了国际关系和党际关系准则。他还借用亚里士多德名言“吾爱吾师，吾更爱真理”，来表达中共对苏共的原则立场。

布加勒斯特会议上赫鲁晓夫没有得到任何便宜，但他并不甘心，于是来了个一不做二不休，采取一系列的严重破坏中苏党际关系和国家关系的举动。

1960年7月16日，苏联政府通过其驻华使馆突然照会中国政府：“包括军事方面在内的苏联专家和顾问，按照他们自己的意愿，将被召回去他们的祖国。”不等中国答复，苏联政府在7月25日又通知说，在华工作的全部苏联专家均将于7月28日至9月1日离境。同时，苏联还片面中止派遣按照两国协议应该派遣的900多名专家。

①《关于国际共产主义运动总路线的论战》，人民出版社1965年版，第115页。
②《关于国际共产主义运动总路线的论战》，人民出版社1965年版，第116页。

7月31日，中方复照苏方，希望苏联政府重新考虑并且改变召回专家的决定，表示愿意挽留在华工作尚未期满的全部苏联专家，继续按原定聘期在中国工作。但是，苏方以毫无商量余地的态度，在一个月的短期内，撤走了在中国帮助工作的1390名苏联专家，撕毁了中苏两国政府签订的12个协定和两国科学院签订的1个议定书以及300多个专家合同和合同补充书，废除了200多个科学技术项目。

苏联专家分布在中国经济、国防、文教、科研等部门的200多个企业和事业单位。他们的撤走，使中国一些重大的设计项目和科研项目中途停顿，一些正在施工的建设项目被迫停工，一些正在试验生产的厂矿不能按期投产。

1959年6月周恩来总理接见即将回国的苏联专家。

对于赫鲁晓夫这种背信弃义的做法，中共中央后来在给苏共中央的信中说："在中国遭到严重的自然灾害的时候，你们乘人之危，采取这样严重的步骤，完全违背了共产主义的道德。"①

苏联撤走专家，撕毁合同，固然给中国的经济建设带来了巨大的困难。但

①《中共中央1964年2月29日给苏共中央的信》，《人民日报》1964年5月9日。

是坏事也能变成好事，通过这件事进一步激发了中国人民独立自主、自力更生的精神。四年后，中国的第一颗原子弹爆炸成功。又过了两年，中国的氢弹试验也成功了。毛泽东在谈及这件事时，以幽默的口吻说：应该给赫鲁晓夫发一个一吨重的大勋章。

5. “一场痛快的争论”

毛泽东说，中苏关系问题不大也不小，天不会塌下来。无非是不给设备，把中国共产党逐出教门，《中苏友好同盟互助条约》一风吹，对中国实行军事威胁，甚至同美国人一起来打我们，极而言之，无非如此。中国这个地方历来是不好惹的，进得来就出不去。

1960年7、8月间，中共中央在北戴河召开工作会议，其中一项重要的内容是研究中苏关系。8月10日，在会议最后一天，毛泽东说，中苏关系问题不大也不小，天不会塌下来，也不必无穷忧虑。无非是不给设备，把中国共产党逐出教门，《中苏友好同盟互助条约》一风吹，对中国实行军事威胁，甚至同美国人一起来打我们，极而言之，无非如此。中国这个地方历来是不好惹的，进得来就出不去。

邓小平说，对赫鲁晓夫，我们有两个办法，一个办法是照他的办，跟他搞修正主义；一个办法是顶住，坚持原则，即使只剩下我们一家，也坚持到底。我们党坚持原则是正确的，如果不坚持就不得了。我们党在国内外实行的一系列路线、方针、政策，没有一件是赫鲁晓夫同意的。如果听他的，承认错误，那我们现在就要下台。①

① 吴冷西：《十年论战：1956—1966中苏关系回忆录》（上），中央文献出版社1999年版，第340—341页。

虽然赫鲁晓夫严重地损害中苏关系，中国共产党还是不愿看到两党关系继续恶化下去，造成社会主义阵营的分裂。这年8月，越南劳动党主席胡志明建议中苏两党举行会谈，然后召开全世界的共产党工人党会议，通过一个宣言，共同对付美国。中共中央接受了这个建设，并决定派出以邓小平为团长、彭真为副团长的代表团，赴莫斯科参加中苏会谈和26国党的起草委员会会议。

代表团出发之前，中央政治局常委在毛泽东住处开会，讨论中苏两党会谈的方针。会议估计，这次会谈争论一定很激烈，代表团去莫斯科是试探苏方态度，看其究竟是想搞好团结，还是像布加勒斯特会议那样采取高压手段想把中共压服。毛泽东和刘少奇都认为，这两种可能性均存在。赫鲁晓夫之所以同意在莫斯科会议之前举行两党会谈，为莫斯科会议做准备，是因为除了越南党以外，还有不少兄弟党都有这种愿望，希望不要再吵下去，还是要团结。他就是在这种压力下同意举行中苏两党会谈的。所以他不一定真的要搞团结，很可能是要压服我们。因此，代表团要做好充分的思想准备。①

9月10日，邓小平和彭真约见了苏联驻华大使契尔沃年科，将中共中央对苏共中央布加勒斯特会议上的《通知书》的《答复书》交给了他，并通知他：中国共产党代表团将于15日动身去莫斯科同苏共代表团谈判。

出发前，代表团全体人员集中在钓鱼台进行准备，邓小平指出："这次参加26国党的起草委员会，我们要从世界大局出发，要维护国际共运的团结，要维护中苏友谊。但原则问题不能让步，一定要把主要问题上的实质分歧阐明，表明我们的观点。要反对赫鲁晓夫将苏共一家的观点强加于人的错误做法。"②

9月15日，代表团飞往莫斯科。出于安全考虑，邓小平和彭真分乘两架飞机，以防万一。

代表团抵达莫斯科后，苏共中央为中共代表团的到来举行欢迎宴会，赫鲁晓夫等苏共中央主席团成员都参加了。

交锋是从宴会开始的。席间，赫鲁晓夫先从阿尔巴尼亚之事入手，影射攻击中国共产党。邓小平没有退让，对赫鲁晓夫说："阿尔巴尼亚劳动党是小党，能够坚持独立自主，你应该更好地尊重人家，不应该施加压力。"

赫鲁晓夫说："这不仅仅是苏共和中共之间的分歧问题。他们拿了我们的

① 吴冷西：《十年论战：1956—1966中苏关系回忆录》（上），中央文献出版社1999年版，第358页。
② 李越然：《中苏外交亲历记》，世界知识出版社2001年版，第200页。

金子和粮食，可是反过来又骂我们。”

邓小平回敬说：“援助是为了实行无产阶级国际主义义务，而不是为了控制和干涉。你援助了人家，人家也援助了你嘛！”

赫鲁晓夫见捡不到便宜，就干脆直接将矛头对向中国党，说道：“邓小平同志，你们中国在斯大林问题上态度前后不一致。”

邓小平回答得很干脆：“我们的态度是一贯的。”

赫鲁晓夫辩解说：“你们开始拥护我们，后来又反对我们。”

邓小平接着说：“拥护什么？反对什么？这个问题要说清哟。反对个人迷信我们过去拥护，现在仍然坚持。在我们党的‘八大’上，对这个问题已经明确表示了态度，少奇同志向尤金大使讲明了我们的态度。你问问米高扬，他到北京来时我们对他讲没讲？”“我们赞成反对个人迷信。斯大林的功绩和错误不仅关系苏联国内，也关系到整个国际共运。错误当然要批，功绩也一定要肯定。我们反对的是全盘否定，尤其不能采取秘密报告的方法，恶毒攻击。这种做法所带来的后果，你一直认识不足。”“因为我们比任何人对个人迷信的体会更深切，受害也最深。”“要批判，但不能全盘否定，尤其不允许以反个人迷信来影射攻击其他兄弟党。”①

9月17日，两党会谈正式开始。中方参加会谈的有邓小平、彭真、陆定一和康生，苏方以苏共中央主席团委员、中央书记苏斯洛夫为首，成员有主席团委员、中央书记科兹洛夫，苏共中央对社会主义国家党的国际联络部长安德罗波夫，主席团候补委员、中央书记波斯别洛夫。

会谈一开始，苏斯洛夫便抢先说，苏共中央初步研究了中共中央的《答复书》以后，认为两党的分歧不是缩小而是扩大了。接着又指责《答复书》里讲了许多反马列主义的观点，不考虑苏方的意见，是20年代托洛茨基事件以来对苏共最严重的攻击。最后，他讲了一些希望能够消除分歧、加强团结的套话。

针对苏斯洛夫的指责，邓小平回答说，你们那个《通知书》的性质是很严重的，我们的这个《答复书》是由你们那个《通知书》引起的，你们不仅有那个通知书，而且还把我们之间的分歧扩大到国家关系上，采取撤退专家、撕毁合同一系列严重行动，所以我们的《答复书》不能不提到这个问题，不能不就这些问题作出答复。现在你们看了我们的答复，并没有一点自我批评，我们代

① 李越然：《中苏外交亲历记》，世界知识出版社2001年版，第202页。

表团感到十分遗憾。在会谈快结束的时候，邓小平质问道：你们究竟要把中苏之间意识形态的分歧引到什么地方去？希望你们慎重考虑，作出认真的答复。

过了一天，双方进行第二次会谈。这次由科兹洛夫首先发言，再次对《答复书》横加指责，一口咬定分歧不是苏共引起的，而是中共引起的，还说要中共代表团改变过去的做法，要谈实质问题，如时代、裁军、战争与和平、和平共处等等。

科兹洛夫发言后，邓小平和彭真作了针锋相对的反驳，要求苏方不要狡辩，不要回避事实，苏共中央犯了错误，错了就错了，应该承认。他们还就科兹洛夫提出的一些具体问题逐一作了解答。

20日，双方进行第三次会谈。邓小平作了系统发言，主要是驳斥苏斯洛夫和科兹洛夫前两次会谈的发言。他指出，自朝鲜战争以来，苏共中央在许多问题上颠倒敌我关系，犯了以敌为友，以友为敌的错误。在兄弟党关系上，搞的是父子党，要兄弟党都听自己的，他还列举了长波电台、"共同舰队"等苏联破坏中苏关系的具体例证。邓小平声明：苏联撤退专家、撕毁协议，给中国造成了严重的损失。即使这样，我们也绝不屈服。我们要自力更生，用自己的双手来弥补这些损失。邓小平责问苏方：你们究竟要把中苏关系引到什么方向去？最后，邓小平表示，希望苏共能改变这种态度，能够坐下来好好谈我们之间的分歧。

据代表团成员杨尚昆在日记中记载："苏共方面今天十分被动，个别人曾表示愤怒，小胡子（按：即苏共中央委员、苏共中央对资本主义国家党的国际联络部长波诺马廖夫）几次惯铅笔，表示听不下去，但为我方镇静态度和要求说完，打下去了。最后，他们不能不把这些挖到他们痛处的话全部听完！是一场痛快的争论。"①

在当时的情况下，会谈实际上已很难继续下去。经中共中央同意后，代表团于9月22日启程回国。

代表团回国后，将有关情况向中央政治局常委作了汇报。毛泽东表示，中苏两党还是应该团结的，双方都需要团结，问题是如何达到团结，苏共习惯于以老子党自居，不习惯于兄弟党之间进行民主讨论。总的原则是坚持原则，坚持团结，坚持斗争，留有余地。

9月30日，邓小平和彭真再率代表

①《杨尚昆日记》(上)，中央文献出版社2001年版，第546页。

团飞赴莫斯科，出席起草委员会会议，主要讨论即将召开的各国共产党和工人党代表会议声明草案。

这个声明草案是苏共中央准备的，其中不少内容影射中国共产党。代表团立即将这一情况向中共中央作了报告。10月4日，中共中央指示代表团：对苏共中央草案中的一系列错误观点，必须加以有力的批驳，然后再提出具体的对策。

起草委员会从10月1日至22日，经过三个星期的激烈争论，声明草案最终基本上达成协议，但仍在战争是否可以避免问题、苏共二十大和二十一大问题、关于集团活动与派别活动问题、兄弟党之间的关系平等协商原则问题等，没有取得一致意见。中共代表团在22日起草委员会最后一次发言时，将这些问题暂时挂了起来，以加强团结，争取多数人的同情。

这天下午1点半，起草委员会会议结束。下午3时，由苏共中央主席团招待起草委员会全体人员，赫鲁晓夫也出席了招待会。招待会上，苏方又对中方进行了肆意攻击。据杨尚昆在日记中所载：

> 宴会开始时，由苏斯洛夫祝酒，小平同志也祝酒，似乎是很平静。但到了末尾上咖啡的时候，赫起立发言，说了很多难听的话，说谁反对他就是反对苏共中央，他不要为首，如果共产党主张用战争进行革命，他说要退出这样的党，等等。其中许多话是影射我们的。
>
> 他说完后，小平同志立即讲话，提出不同意他的意见，说找不到任何一个共产党是主张用战争来推行革命，强调苏联为首是历史形成的，我们不想利用宴会来讨论问题。顶了他。赫又发了言，对为首问题又说了不少话，说他们受了委屈等等，但最后还是说了要团结。
>
> 小平同志今天顶得很好，赫又是咆哮，十分粗野。到会者都知道，彼此是针锋相对的。赫受顶，这恐怕是第一次。①

10月24日，邓小平、彭真一行回到北京。

11月5日，中共中央派出以刘少奇为团长、邓小平为副团长的中共代表团，赴莫斯科出席各国共产党和工人党代表会议（因有81个党参加，又称“81党莫斯科会议”）。

中共代表团到达莫斯科的第三天，

①《杨尚昆日记》（上），中央文献出版社2001年版，第577页。

即11月7日，是十月革命胜利43周年纪念日，代表团参加了庆祝活动。可是，庆祝活动刚结束，苏方代表团成员苏斯洛夫对邓小平说，他们将对中共的《答复书》作出答复。还说苏共的答复是有些辣椒的，因为中共的《答复书》中间有许多辣椒。

果不其然，当天下午，苏共中央对社会主义国家党的国际联络部长安德罗波夫，就将苏方所署日期为11月5日的《答复书》送来了。苏共的《答复书》集中攻击毛泽东的一些论点，同时也列举了刘少奇、邓小平、陆定一文章和讲话中的论点。

11月9日，苏斯洛夫等会见中共代表团时，说明他们在这次会议上的立场是要消除分歧、加强团结；赫鲁晓夫的讲话是建设性的，没有争论的语言，不涉及《答复书》的问题。两党的分歧今后还可以讨论，不要拿到这次大会上去。还说，开完这次会后要专门谈中苏两国间的贸易问题、援助问题、专家问题，要好好把这些问题解决，苏联还是要继续援助中国建设的。

苏方的这一套把戏自然骗不住中共代表团。邓小平明确向苏斯诺夫表示，我们这次是抱着团结的目的来的，原定在会议上要讲一篇热情、团结的话。现在你们11月5日的“答复”，破坏了这种可能，原来的想法已经不能不改变了。你们一面说要团结，不争论；一面发出一百多页的“答复”，你们要团结的讲话，是不真实的。看来是非在会上回答你们不可。争论是你们引起来的。①

根据会议的安排，中共代表团在14日发言。按照预先确定的方针，代表团由刘少奇站在第二线，邓小平、彭真站在第一线，由邓小平代表中共代表团发言。邓小平一共讲了十几个问题。其中讲到，中共两党的分歧首先是由苏方引起的；把中苏分歧拿到国际会议上并组织对中国的突然袭击也是苏共搞的；把中苏意识形态的分歧扩大到国家关系，撕毁中苏签订的所有协议、合同，从中国撤走全部专家的，也是苏共；把中苏之间的分歧首先公开在全世界面前，还是苏共。邓小平接着说，赫鲁晓夫搞什么分工协作完全是假话，搞什么平等协商也是假话，他就是要大家听他的指挥棒，不听他的就打击你，压迫你。

邓小平还说，中国党在波兰和匈牙利事件中都帮助了苏联同志，但赫鲁晓夫却怀恨在心，在对待兄弟党的关系上采取大国沙文主义的态度。中国党不能跟赫鲁晓夫走，如果跟他走，就对不起世界各国人民，就违背了马列主义原

①《杨尚昆日记》(上)，中央文献出版社2001年版，第586页。

则，就违背了国际主义，也对不起苏联人民。邓小平还列举了赫鲁晓夫认敌为友、认友为敌的若干事实，并且说，赫鲁晓夫的错误多得很，他搞大国沙文主义的东西很多。①

会议开到第六天，中共代表团鉴于大会的情况出现新的变化，与起草委员会时不同，许多党的代表发言，点名指责中共搞宗派主义，以分裂相威胁。因此，代表团一致认为，如果不从声明草案上删去中方所坚持不同意的几点，代表团就不签字，并发表声明。代表团立即发电报向中共中央说明情况并请示方针。收到代表团电报的当晚，毛泽东在同周恩来、陈毅等研究后，同意代表团的意见。周恩来当即打电话给邓小平，将中共中央的意见转达给了代表团。

11月22日，会议一般性讨论结束。23日，赫鲁晓夫发言。他除了对支持苏共的其他党代表团的发言表示赞赏外，还就时代问题、战争与和平问题、和平共处问题等作了辩解，同时在发言中继续对中共进行指责。

1960年11月刘少奇主席率团访问苏联。

24日，邓小平作第二次发言。邓小平除了重申中国共产党对时代、战争与和平、和平共处、和平过渡等问题的原则立场外，着重讲了两个方面，一是揭露赫鲁晓夫实行的路线实质上是屈服于帝国主义和国际资产阶级的压力，违背了马克思列宁主义的基本原则，从自己不革命到反对人家革命的错误路线；二是回答了赫鲁晓夫在发言中对毛泽东“东风压倒西风”、“纸老虎”等论点的攻击。

① 吴冷西：《十年论战：1956—1966中苏关系回忆录》（上），中央文献出版社1999年版，第382—383页。

鉴于双方斗争的焦点是如何看待苏共二十大，28日，中共中央指示中共代表团：要做到仁至义尽，巩固“左派”，争取中间，暴露右派。在二十大问题上可以让步，但绝不能同意写集团宗派和内部决议。代表团现在的方针应该是力争达成协议，发表一个经过共同协商、达到一致的会议声明。

随后，中共代表团既进行了坚决的斗争，又根据中共中央的指示作了必要的妥协，最终就会议的声明与苏共达成了一致。11月30日，中共代表团刘少奇、邓小平、彭真，与苏共代表团赫鲁晓夫、科兹洛夫、苏斯洛夫会谈。会谈中，刘少奇着重谈团结问题。关于中苏两党争论，双方都表示希望就此结束，再不挑起，使两国、两党的关系恢复到1957年以前的状况。

12月1日，81国共产党工人党会议全体大会在克里姆林宫举行，各党代表团团长在《莫斯科声明》上签字，并通过了公报、呼吁书等。刘少奇、赫鲁晓夫先后讲话，都着重讲团结问题。就这样，为期22天的81国共产党工人党代表会议结束了。随后，刘少奇以国家元首的身份对苏联进行国事访问，他在访问中反复强调中苏友好团结的重要意义，指出任何损害中苏团结的言论和行动都是中苏人民通不过的，中国仍然真诚地希望中苏关系能日渐好转，以赫鲁晓夫为首的苏联领导人也作了一些要改善两党两国关系的姿态。

6. 九评苏共中央公开信

在中苏两党论战中，中共中央给赫鲁晓夫戴上了“修正主义”的帽子。

苏联大使契尔沃年科秉承莫斯科的旨意，提出希望两党停止公开论战。此举没有为中国领导人所同意，并回答说，天塌不下来，草木照样生长，女人照样生孩子，鱼儿照样在水里游。

1960年11月的81国共产党工人党莫斯科会议后，曾使中苏两党一年多的紧张关系有所缓和，但这种缓和的背后却潜伏着严重的危机，并最终导致了两党两国关系的进一步恶化。

1961年3月，苏联控制的华沙条约国首脑会议通过了一项指名谴责阿尔巴尼亚劳动党的决议，随后，苏军在阿尔巴尼亚的发罗拉基地撤退，并停止了对阿尔巴尼亚的一切援助。8月的华沙条约国家首脑会议又拒绝了阿尔巴尼亚派代表出席，实际上把阿开除出了华沙条约组织。苏联之所以一再拿阿开刀，主要原因是阿在布加勒斯特会议时支持了中国。

1961年10月17日至31日，苏共召开了二十二大。会议提出，苏联已进入全面展开共产主义建设的时期，苏联党和国家已进入“全民党”、“全民国家”时代。赫鲁晓夫在报告中还大讲同帝国主义和平共处、和平竞赛以及和平过渡的问题，并大反斯大林，甚至呼吁要把斯大林的遗体从列宁墓中搬出，焚尸扬灰。此外，苏联领导人还在大会上对阿尔巴尼亚劳动党大打出手，号召推翻阿党第一书记霍查和另一领导人谢胡，暗喻中国党也应该如此。

苏共这样做，自然是中共所不能接受的。10月19日，中共代表团团长周恩来在致贺词中指出：社会主义各国之间，各国共产党之间，必须很好地团结在一起，必须像爱护眼珠一样地爱护我们的团结，决不应该有任何损害这种团结的言论和行动。他接着说：

"我们认为，兄弟党、兄弟国家之间，如果不幸发生了争执和分歧，应该本着无产阶级国际主义的精神、平等和协商一致的原则，耐心地加以解决。对任何一个兄弟党进行公开的片面的指责，是无助于团结，无助于问题的解决的。把兄弟党、兄弟国家之间的争执公开暴露在敌人的面前，不能认为是马克思列宁主义的郑重的态度。这种态度，只能使亲者痛，仇者快。中国共产党真诚地希望，有争执和分歧的兄弟党，将会在马克思列宁主义的基础上，在互相尊重独立和平等的基础上，重新团结起来。我想，这是我们共产党人在这个问题上应该具有的立场。"①

周恩来的讲话赢得了全场大多数人的掌声。只有主席台上的赫鲁晓夫等人没有鼓掌。中共代表团在当天给中共中央的电报中说："赫鲁晓夫面红耳赤，表情沉重。"

大会期间，周恩来同赫鲁晓夫进行了9个小时的会谈。周恩来指出："每个国家，由于他们的具体情况不同，因此，他们在革命和建设中的做法也会有区别。"谈到苏阿关系时，周恩来认为赫鲁晓夫等人的做法是错误的，强调兄弟党之间在对敌斗争中应该互相支持，兄弟党的内部事务不能干涉，兄弟党要保持内部团结。②赫鲁晓夫拒绝接受这些意见，并说：我们过去需要你们的支持，当时中国共产党的声音对我们有很大的意义，而现在不同了，现在我们好了，我们要走自己的路。

会议期间，周恩来率中共代表团拜谒了列宁、斯大林墓，并献了花圈，以示对苏联再次批判斯大林的不满。

由于苏共二十二大出现的不正常状态，周恩来决定提前回国。中共代表团继续留在莫斯科参加会议。10月24日，周恩来回到北京时，毛泽东、刘少奇、朱

① 《周恩来同志在苏共第二十二次代表大会上致贺词》，《人民日报》1961年10月20日。

② 中共中央文献研究室：《周恩来传（1949—1976）》，中央文献出版社1998年版，第652—653页。

德、邓小平前往机场迎接。

苏共二十二大以后，苏联于12月断绝了同阿尔巴尼亚的外交关系，中共则发表了阿尔巴尼亚党反击苏联的材料，赫鲁晓夫恼羞成怒，对中国大加指责。

随后，又发生了一系列事件：

1962年2月22日，苏共中央在致中共中央的信中，给中共扣上“反列宁主义的行为”、“特殊立场”、“特殊路线”的帽子。

同年4、5月间，在苏联驻乌鲁木齐、伊犁领事馆的策动下，伊犁、塔城地区的6万中国公民越境前往苏联。这年5月，苏联还策动了伊宁暴乱事件。

苏联在中印边境冲突上又继续偏袒印度。

1962年4月，印度军队连续侵入我国新疆、西藏地区，并增设军事据点。10月8日，中国政府通知苏联驻华大使馆，中国获悉印度将发动大规模进攻，印度一旦发动进攻，中国准备坚决自卫。希望苏联政府发挥它对印度的影响，劝其悬崖勒马。

这时发生了古巴导弹危机。当年6月，苏联秘密将中程导弹和“伊尔—28”型轰炸机运往古巴，但很快被美国发觉，美国政府发出最后通牒，要求苏方把导弹和轰炸机即刻撤出古巴，形势十分紧张。这时的苏联十分需要中国的战略支持。于是，赫鲁晓夫于10月13日和14日，向中国驻苏大使刘晓表示：“关于印度准备向中国发动进攻的问题，苏联得到的情报与中国是一致的。如果苏联处在中国的地位，也将采取同样的措施。在中印边界问题上，是不能采取中立态度的。如果有人进攻中国，我们说我们中立，那就是叛徒行为。”①

1962年10月，中国进行第二次对印自卫还击战。中国军队在粉碎了印军的进攻，拔除了入侵印军所建的据点，收复失地后，中国政府发表声明，建议停止边界冲突，重开和平谈判，和平解决中印边界问题。此时，苏联对中国的声明表示公开支持，《真理报》发表社论说：“声名狼藉的麦克马洪线是强加给中国人民和印度人民的，这条线从未被中国承认过。”

中国军队于11月22日单方面在中印边境实行全线停火，12月1日起主动从1959年10月7日控制线中国一边后撤20公里。这时，古巴导弹危机已经缓和，赫鲁晓夫在中印边境冲突问题上便改变调子，于12月12日在最高苏维埃会议上发表演讲时，公开指责中国说，

中国军队现在后撤了，为什么当初要从

① 丛进：《曲折发展的岁月》，河南人民出版社1989年版，第583—584页。

原有阵地前进呢？意思这个仗是中国打起来的，而不是印度人侵中国领土。

1962年冬，东欧一些国家的共产党或工人党相继召开代表大会。苏共领导人又利用这个机会，组织一些党向出席会议的中共代表团发起围攻。在德国统一社会党第六次代表大会上，赫鲁晓夫甚至亲自出马攻击中国。

面对这种情况，毛泽东和中共中央决定发表一系列答辩文章进行反击。在邓小平的主持下，写作班子写出了第一篇答辩文章——《坚持真理，分清是非，反对共同的敌人》，毛泽东亲自作了审定，并将文章标题改为《全世界无产者联合起来，反对我们的共同敌人》。他在给邓小平的批语中说："此文已阅，认为写得很好，有必要发表这类文章。"①12月15日，这篇文章以《人民日报》社论的名义发表。至1963年3月8日，中共中央又先后发表了《在莫斯科宣言和莫斯科声明的基础上团结起来》等七篇文章，中苏开始公开论战。

1963年2月，中共中央召开工作会议，主要讨论城市"五反"（即反贪污盗窃、反投机倒把、反铺张浪费、反分散主义、反官僚主义）运动和1963年的经济计划，同时也讨论中苏关系和国际反修斗争的问题。

会议分析了赫鲁晓发动反华高潮的几个特点，认为从1956年苏共二十大到现在已六年多，看来修正主义领导集团的观点基本没有变，这个斗争将会是长期的，要做好思想准备。

这时，苏共中央致信中共中央，表示要停止论战，举行中苏两党会谈，为召开新的兄弟党国际会议作准备。中共中央和毛泽东对此很重视。3月9日，中共中央发出对苏共中央的复信，赞成停止公开论战，举行两党会谈，宣布从3月9日起，暂时停止发表论战文章。

3月30日，苏共中央又致信中共中央，详细地提出了苏共关于国际共产主义运动的总路线问题，并且建议以其来信中关于这个问题所阐述的一系列观点，作为中苏两党会谈的基础。苏共中央在信中还表示欢迎毛泽东访问苏联，并就各种问题双方交换意见。如果毛泽东不能前往莫斯科，苏共中央"愿意接受你们所表示的关于在莫斯科举行苏中两党高级代表会谈的意见"。②4月2日，这封信通过苏联驻华大使契尔沃年科当面交给了周恩来和邓小平。

第二天，中央政治局常委开会讨论这封信。周恩来说，从苏共中央的来信

① 《建国以来毛泽东文稿》第十册，中央文献出版社1996年版，第223页。
② 《关于国际共产主义运动总路线的建议和有关文件》，人民出版社1963年版，第59页。

看，赫鲁晓夫集团不但没有改变其路线，而且还在极力梳妆打扮推行他们的路线，决不能以他们的来信作为会谈的基础。邓小平提出，我们也应考虑国际共产主义运动的总路线是什么的问题，要提出一个对案，提出我们对总路线的看法，到时双方经过一番争论，最后还是比较顺利地解决分歧，得出一个共同草案。会议同意了邓小平的建议，决定先搞出一个全面阐述中国党的系统观点的文件，提出同苏共来信针锋相对的国际共运总路线，并确定此事由邓小平负责准备。

根据毛泽东意见，4月4日，《人民日报》全文发表了苏共中央3月30日的来信。

在邓小平的主持下，写作班子很快写出了初稿。5月中旬，邓小平和彭真又主持对稿子进行了反复的修改。随后又征求了一些兄弟党的意见。最后，经毛泽东修改，复信正式定名为《关于国际共产主义运动总路线的建议——中国共产党中央委员会对苏联共产党中央委员会1963年3月30日来信的复信》。

6月12日，刘少奇主持召开中央政治局会议，由邓小平报告复信稿起草和修改的经过，并对一些兄弟党提出的修改意见作了说明。邓小平在谈到最后阶段毛泽东的一些修改意见时说："这个文件，原来二十一条，后来一改，变成二十二条，二十三条。最后，主席把第一段变成三段，成了二十五条，我看很好。有一条关于总路线的表述，只有几行，这样眉目更清楚，逻辑性更强了。现在发给到会同志的，是6月10号的稿子。这个稿子，是经过伯达同志他们从杭州回来集体搞的。后来又在少奇同志那里谈了，照他的意见改了。又送到主席那里，他认为可以定稿了，只在几处加了几个字。"①

这次会议通过了中共中央的复信稿，并决定于6月15日交苏共中央，当晚在国内广播，所署日期为6月14日。

6月15日，中国驻苏联大使潘自力当面将复信交给苏共中央主席团委员、中央书记苏斯洛夫。17日，在国内各主要报刊上发表了复信的全文。

复信很长，共有26000字，分为25条，每条着重阐明一个意思。参与复信起草的吴冷西曾这样回忆：

关于总路线的25个问题，我们是根据马克思列宁主义的基本原理，结合国际共产主义运动所面临

① 中共中央文献研究室：《毛泽东传(1949—1976)》(下)，中央文献出版社2003年版，第1279页。

的实际情况，加以详细论述。不但提出了总路线，而且提出了一系列的理论、战略和策略，以及有关党的建设等问题，批判了苏共在这一系列问题上的错误观点。虽然大部分是没有点名的，但是大家一看就知道这些观点是苏共领导人，特别是赫鲁晓夫讲过的。①

复信阐明了中国共产党关于现阶段国际共产主义运动总路线的基本内容，即："全世界无产者联合起来，全世界无产者同被压迫人民、被压迫民族联合起来，反对帝国主义和各国反动派，争取世界和平、民族解放、人民民主和社会主义，巩固和壮大社会主义阵营，逐步实现无产阶级世界革命的完全胜利，建立一个没有帝国主义、没有资本主义、没有剥削制度的新世界。"②

复信还阐明中国共产党对待国际共产主义运动若干重大问题的基本立场。这些问题主要是：怎样分析当代世界的基本矛盾；怎样看待社会主义阵营各国共产党和工人党在国内和国际的主要任务；怎样对待帝国主义的侵略政策和战争政策；怎样对待亚洲、非洲、拉丁美洲民族民主革命运动；怎样对待无产阶级革命与和平过渡；怎样认识和对待社会主义国家同被压迫人民、被压迫民族的革命斗争是互相支持、互相援助；怎样对待战争与和平、和平共处以及全面禁止和完全销毁核武器；怎样对待关于无产阶级专政条件下的阶级斗争；怎样对待"反对个人迷信"；怎样处理社会主义国家之间的关系和兄弟党关系的准则等。

复信最后表示，既然赫鲁晓夫不能到中国来，苏方也没有表示愿意派代表团到中国来，因此，中共中央决定派代表团到莫斯科去进行两党会谈。

复信公开发表后，苏共中央于6月18日发表声明，认为复信"包含有对苏共和其他兄弟党的毫无根据的攻击"，拒绝接受复信。

6月30日晚，刘少奇主持召开中央政治局扩大会议，讨论通过中共中央的声明和中共代表团在两党会谈中所采取的方针。邓小平在会上发言说：最近在主席那个地方多次考虑了谈判的方针。

首先要估计一下，这次谈判究竟能不能取得什么结果。看来，取得什么积极成果，现在不可能，赫鲁晓夫也没有这个准备。他现在的一系列步骤，包括驱逐我们六个人（按：6月下旬，苏联政府

① 吴冷西：《十年论战：1956—1966中苏关系回忆录》（下），中央文献出版社1999年版，第580页。

② 《关于国际共产主义运动总路线的建议——中国共产党中央委员会对苏联共产党中央委员会1963年3月30日来信的复信》，《人民日报》1963年6月17日。

以中国驻苏使馆工作人员散发中共中央《关于国际共产主义运动总路线的建议》为由，驱逐使馆6名工作人员）在内，就是不想达成什么协议的。原来，常委、主席大家都在考虑，是不是有这么一个可能，他求得达成一个某种限度的协议。我们考虑的结果，根据他现在的态度，根据他现在的措施，不可能。我们这二十五条，挖了他的底，他现在不好讨论这些问题。他的决议，实际上就是拒绝讨论。因此，这次谈判的结果，实际上只能是两个前途：一个叫拖，一个叫破。今天在主席那里谈了这个问题。第一条要放在他破，我们不主动破。我们不给他一个借口，好像我们首先来破裂。今天政治局决定了这样的方针，我们代表团轻松愉快，就好办了，就比较自由了。至于讲话，当然也不给他抓我们，也要讲分寸，也要站得稳。①

7月1日，中共中央发表了声明。声明说：

> 根据已经达成的协议，中国共产党和苏联共产党将在7月5日开始在莫斯科举行两党会谈。
>
> 中国共产党中央委员会决定，参加会谈的中国共产党代表团组成如下：
>
> 团长：中共中央总书记邓小平。
>
> 副团长：中共中央政治局委员、书记处书记彭真。
>
> 团员：中共中央政治局候补委员、书记处书记康生，中共中央书记处候补书记杨尚昆，中共中央委员刘宁一，中共中央委员伍修权，中共中央候补委员潘自力。

声明还明确规定了代表团的任务："在同苏共代表团会谈中，遵循我党坚持原则、坚持团结的一贯立场，根据中共中央6月14日给苏共中央的复信，阐明我党对于国际共产主义运动总路线以及与此有关的一些原则性问题的观点，坚决捍卫马克思列宁主义的基本原理，坚决捍卫1957年宣言和1960年声明的革命原则，维护社会主义阵营的团结和国际共产主义运动的团结，维护被压迫人民和被压迫民族解放事业的利益，维护反对帝国主义和争取世界和平事业的利益，维护无产阶级世界革命事业的利益。"②

① 中共中央文献研究室：《毛泽东传（1949—1976）》（下），中央文献出版社2003年版，第1281—1282页。
②《中国共产党中央委员会声明》，《人民日报》1963年7月1日。

7月5日，邓小平率中共代表团离开北京，到达莫斯科。

斗争又是从宴会开始的。

代表团到达莫斯科的当天，苏共中央在克里姆林宫举行欢迎宴会。据代表团翻译李越然回忆：

赫鲁晓夫在祝酒时说："我们还是希望两党能够消除分歧。苏联共产党已经作出了自己的努力，我们对中国共产党是怀有友好的感情的。"

邓小平郑重地表示："我们也是带着团结的愿望、友好的愿望到这里来的。我们真诚希望消除分歧。"

赫鲁晓夫接着说："苏共'二十大'、'二十一大'、'二十二大'的路线是正确的，我们将继续坚持。"赫鲁晓夫的意思很明确：消除分歧、实现团结只能是中共接受苏共的观点。

邓小平说："即使分歧一时消除不了，也可以保留各自观点，不要把意识形态上的分歧继续扩大到两国关系上。"

赫鲁晓夫终于按捺不住，竟连起码的礼仪都不顾，用餐刀边敲菜盘边说："要团结必须停止相互论战！"

邓小平回敬道："停止论战是中国共产党早就提出的建议，你们一直没重视，不接受我们的正确意见，实际上一直在攻击我们，直到现在仍然没有停止这种攻击。我们该答复的总要作出答复。"①

7月6日至20日，中苏两党会谈在莫斯科举行。按照事前的约定，双方轮流发言，在一方发言时，另一方不得插话打断对方的发言。第一天的会谈，苏斯洛夫代表苏共代表团作了长达五个钟头的发言。讲的还是和平过渡、和平竞赛那一套，然后解释了苏共是全民党的问题，大意是苏联全国人民都拥护党，都拥护马列主义，党的成分来自全国人民的各阶层。

7月8日，轮到邓小平代表中共代表团发言。这次发言，连同翻译的时间，也有五个小时。邓小平着重讲了中苏两党的分歧从何而来以及分歧的实质。他回顾了中苏在一系列重大问题上分歧不断加深的经过，指出分歧的实质是革命还是不革命。

10日和12日，又是苏斯洛夫和邓小平分别作长篇发言。苏斯洛夫的发言主要是回答邓小平上次发言中提出的分歧从何而来的问题，实际上是对中方提

① 李越然：《中苏外交亲历记》，世界知识出版社2001年版，第238页。

出的问题进行辩解。邓小平在发言中则着重讲苏联搞分裂主义的问题，并列举了一系列的具体事实。

7月14日，苏共中央在《真理报》上发表了《给苏联各级党组织和全体共产党员的公开信》，对中共中央6月14日复信作了全面的批驳。

公开信说："许多年来，我们的党之间的关系是良好的。但是，若干时候以前，在以中共为一方、以苏共和其他兄弟党为另一方之间，出现了严重的分歧。现在，中国共产党领导方面的破坏我们的党之间的团结和我们的人民的友谊的言论和行动，引起苏共中央委员会日益加深的焦虑。"

公开信在简单回顾中苏两党分歧产生的经过后说："中国领导同苏共和其他兄弟党的分歧的简单经过就是这样。它表明，中共领导人把自己的特殊路线同共产主义运动的共同方针对立起来，力图把自己的号令、自己对当代根本问题的极其错误的观点强加给共产主义运动。"①公开信中对中共充满指责的词句，并把两党产生分歧的责任全都加在中共头上。

苏共中央公开信的发表是一个极其严重的步骤，表明赫鲁晓夫已决心公开与中共论战。

作为回应，中共中央决定于7月19日再发表一个声明，同时发表苏共中央的公开信，重播6月14日中共中央的给苏共中央的复信。声明中说：

> 至于我们广播苏共中央7月14日的公开信，则只有一个理由，即这是一篇奇文。中国人有过两句诗："奇文共欣赏，疑义相与析"。恐怕世界上广大的革命同志和革命人民当着苏联广播他们的这篇"奇文"时，不愿意和不耐心收听，我们奉劝这些革命同志和革命人民，不宜采取这种态度，而要耐心收听，好好研究，公开发表，以便将正、反两种材料对比起来，才能作出比较正确的分析和批判。不批判唯心论，不批判形而上学，就不能发展辩证法。而要批判，就要掌握对方的材料。苏共这次的公开信，正是一篇绝妙的反面材料。②

这段文字，是毛泽东在审定声明稿时加上去的。

这期间，中苏双方代表团又进行了几次会谈。其中，第六次会谈由彭真发

① 《苏联共产党中央委员会给苏联各级党组织和全体共产党员的公开信》，《人民日报》1963年7月20日。
② 《中国共产党中央委员会发言人声明》，《人民日报》1963年7月20日。

言，第八次会谈由康生发言。康生在发言中谈到赫鲁晓夫过去如何吹捧斯大林，苏共二十次大会又如何咒骂斯大林，前后矛盾。苏斯洛夫听后满脸通红，波诺马廖夫几次想打断康生的发言，但邓小平没有理会，让康生继续把稿子念完。随后，苏斯洛夫断然拒绝了这个发言。

中共代表团当天下午就把此次会谈的情况向中共中央作了汇报，并提出准备在下一次会谈时提出两党会谈暂停的建议，请苏共中央派代表团到北京会谈，而且特别提出请赫鲁晓夫去。当天晚上，周恩来打电话通知代表团：中共中央同意代表团的意见。

7月20日，双方举行第九次会谈，邓小平指出，从过去八次会谈的情况看来，中苏两党存在严重的分歧。特别是从苏共7月14日发表《公开信》以后，苏联的报刊纷纷攻击中国共产党。在这种情况下，两党就某一些问题达成协议已难以做到。因此，中共代表团建议，中苏两党会谈暂告一段落，休会到另一个商定的时间再举行。下一次会谈在北京举行，请苏联共产党第一书记赫鲁晓夫亲自率代表团到中国来同我们会谈。会议恢复时间可以根据双方协商来确定。①

苏方代表团同意会谈暂停，但不肯答应下次会谈在北京举行，更不敢答应赫鲁晓夫到北京去。于是，邓小平说，我们还是希望下次会谈在北京举行，还是希望赫鲁晓夫能率团到北京。赫鲁晓夫不是对我们意见很多吗？他不是昨天在苏联匈牙利友好大会上对我们大加指责吗？这些话可以到北京去讲。

会谈的最后是讨论怎样发表会谈公报。苏方事先准备了一个稿子，里面除了讲了两党一些什么人参加会议外，还有“会谈是在友好的、同志式的气氛中间进行的”，“两党一致同意停止公开争论”等语。邓小平看后，提出中方对稿子有些修改，建议双方各派两人共同商量如何修改。在修改中，中方将上面这样的表述去掉了。

当天晚上，赫鲁晓夫为中共代表团举行宴会。赫鲁晓夫对邓小平说：我们两党中间没有严重的分歧，分歧是臆造的。

邓小平回答说：你不是在苏匈友好大会上讲我们是独特的路线、搞分裂，而你们是马列主义路线，这不是分歧吗？你们代表团几次发言不是都讲严重分歧吗？事实上也是存在严重的分歧。我们6月14日的复信和你们7月14日的公开信，就是两条路线明摆在那里，怎么不是严重分歧？

① 吴冷西：《十年论战：1956—1966中苏关系回忆录》（下），中央文献出版社1999年版，第616—617页。

赫鲁晓夫说：用这些词干什么，让作家去写吧，反正我认为没有什么严重分歧。

邓小平仍然强调说：我们虽然存在严重分歧，但中国党希望通过讨论来消除分歧，增强团结。邓小平还讲到中国党准备发表苏方的历次声明、信件和讲话，也希望苏方发表中方的东西，既然是公开争论，就应当堂堂正正地进行，把双方的观点都摆出来，让大家来判断究竟谁对谁错。

赫鲁晓夫辩解说：我们不希望加剧公开争论，不能把人们的思想搞乱，不能发表那些毫无根据的攻击。

邓小平指出：不是什么“毫无根据”，很多都是直接引用你的讲话。1960年我们来莫斯科参加兄弟党代表会议时，少奇同志曾劝过你，希望你不要站在第一线，不要讲那么多话。在那以后，你还是讲了那么多话，我们答辩只好根据你的话，许多话都是直接引用你的，许多观点都是你自己讲的。很对不起，没有别的办法，因为就是你讲的多。

赫鲁晓夫听后无言以对，只好耸耸肩，摊摊双手，以掩饰自己的窘态。①

当地时间晚上11点，邓小平率代表团乘两架飞机离开莫斯科回国。由于时差的关系，代表团第二天下午才到达北京。当飞机抵达北京西郊机场时，毛泽东亲自到机场迎接，一同前往的还有刘少奇、周恩来、朱德、董必武等党和国家领导人，首都各界五千多人也到机场欢迎。毛泽东一向很少亲自到机场迎接出国代表团回来，这表明他对代表团在莫斯科的表现十分满意。

代表团下了飞机，同毛泽东一道到了中南海颐年堂。毛泽东在谈话中对代表团的工作做了总的评价。他说，代表团没有同苏方达成任何有失原则的协议，取得了完全的胜利。他还说，中苏关系现在还不是完全破裂，但离破裂也差不多了，已经到边缘了。赫鲁晓夫曾经说，邓小平人那么矮，但是一个重量级拳师。事实上也是这样，赫鲁晓夫都搬不动你、斗不过你，苏斯洛夫更不在话下。这次你们取得了完全胜利，完成了任务，做了一件好事情。

1963年7月23日，毛泽东召开会议，决定组织文章回应和批判苏共中央发表的各级党组织和全体党员的公开信，具体工作由康生负责。从这年9月到1964年7月，在十个月的时间里，中共中央以《红旗》杂志和《人民日报》的名义，连续发表了九篇评苏共中央公开信的文章，即“九评”。这九篇文章是：

① 参见吴冷西：《十年论战：1956—1966中苏关系回忆录》（下），中央文献出版社1999年版，第621—622页。

《苏共领导同我们分歧的由来和发展》（一评，1963年9月6日）；

《关于斯大林问题》（二评，1963年9月13日）；

《南斯拉夫是社会主义国家吗？》（三评，1963年9月26日）；

《新殖民主义的辩护士》（四评，1963年10月22日）；

《战争与和平问题上的两条路线》（五评，1963年11月19日）；

《两种根本对立的和平共处政策》（六评，1963年12月12日）；

《苏共领导是当代最大的分裂主义者》（七评，1964年2月4日）；

《无产阶级革命和赫鲁晓夫修正主义》（八评，1964年3月21日）；

《关于赫鲁晓夫的假共产主义在世界上的教训》（九评，1964年7月14日）。

在这个过程中，双方都在运用各种宣传工具批判对方的观点，并且调子越来越高。

1963年9、10月间，苏联大使契尔沃年科秉承莫斯科的旨意，提出希望两党停止公开论战。此举没有为中国领导人所同意，并回答说，天塌不下来，草木照样生长，女人照样生孩子，鱼儿照样在水里游。①

"五评"发表之后，即1963年12月3日，苏联驻华大使契尔沃年科向中共中央办公厅主任杨尚昆和中共中央对外联络部副部长伍修权递交了由赫鲁晓夫致毛泽东的信，此信所署日期为11月29日。

信中提出："在目前的情况下，马克思列宁主义者的最重要的和迫切的任务是，防止事态不适宜地发展下去，使它从危险的界限转向正常化，加强所有兄弟党、所有社会主义国家的合作和团结"，要求停止公开论战。赫鲁晓夫表示，中苏应加强在经济、科学技术和文化方面的合作，苏联可以向中国提供成套设备，愿意向中国派出专家，两国边界的某些地段可以通过谈判解决分歧等。赫鲁晓夫还通知中国领导人："苏联报刊已经停止发表论战性的材料。"

对于赫鲁晓夫递来的橄榄枝，中共中央经过研究后决定对此暂时不予答复。

面对这一情况，不见中共中央复信的赫鲁晓夫沉不住气了。1964年2月12日，苏共中央给各国共产党、工人党写一封信，用中共中央的话说，信中"歪曲目前国际共产主义运动中的公开论战的真相，制造谣言诬蔑中国共产党，并且进行煽动，要开展一个所谓'反对中国领导人的大国主义、托洛茨基主义的

① 《苏共中央1963年11月29日给中共中央的信》，《人民日报》1964年5月9日。

观点和派别、破坏活动的斗争'"。而且这封信没有送给中共，对中共"保密"。

中共中央抓住一点，于2月20日给苏共中央去了复信。信中说："苏共领导一方面装着要团结的样子，叫嚷停止公开争论，一方面又背着中国共产党，策动新的反对中国共产党和其他马克思列宁主义政党的运动，明目张胆地进行宗派活动、派别活动和分裂活动。""这次苏共领导进行的制造分裂的严重行为，又一次暴露了你们一直搞的假团结、真分裂的阴谋。"复信表示"只服从真理，决不会拿原则做交易"。

2月22日，苏共中央对中共中央的来信作了答复，信中一方面对给其他党的信为何没有给中共作了辩解；另一方面又改变了1963年11月29日信中的缓和语气，态度变得强硬起来，并再次对中共大加指责，说中共"展开了一个反对苏共和其他马克思列宁主义政党的大规模运动"，"企图把完全由于中共领导的过错而在共产主义运动中产生的困难的责任转嫁给苏共"，"使用众所周知的'贼喊捉贼'的手法"，"中共领导不仅不倾听兄弟党的意见，而且抱着越来越大的野心把自己装成马克思列宁主义奠基人的唯一继承者，装成共产主义理论和实践中的最高法官"等。①

在收到苏共中央22日的信后，中共中央于2月27日和29日两次复信苏共中央。在27日的信中，主要是指责苏共中央背着中共向各国党发出专门反对中共的信件。29日的信则主要是答复苏共中央1963年11月29日的来信。复信共分五个部分：第一，关于中苏边界问题；第二，关于援助问题；第三，关于苏联专家问题；第四，关于中苏贸易问题；第五，关于停止公开论战问题。这些问题实际上已超出了两党关系范围，涉及两国关系了。

复信的最后，提出了停止公开论战的四点建议：

（一）停止公开论战，必须经过中苏两党和其他有关兄弟党进行各种双边的和多边的会谈，通过协商找出一个能为各方所接受的公平合理的办法，达成共同的协议。

（二）中国共产党一贯主张并且积极支持召开世界各国共产党和工人党代表会议。在举行这次会议之前，应当做好准备工作，克服困难和障碍。我们愿意同其他兄弟党一起，尽一切努力，使这个会议成为在马克思列宁主义革命原则的基础上团结的大会。

（三）中苏两党继续举行会谈，是开

①《中共中央1964年2月20日给苏共中央的信》，《人民日报》1964年5月9日。

好兄弟党会议的必要准备步骤。提议1964年10月10日到25日在北京继续举行中苏两党会谈。

（四）提议在中苏会谈之后，举行阿尔巴尼亚等十七个国家的兄弟党代表会议，以便为各国兄弟党代表会议作进一步的准备。

3月7日，苏共中央又复信中共中央，对中共中央2月29日来信中提出的各点逐一加以驳斥，认为中共把“责任推给别人，想为自己的行为辩解，并加剧分歧”，“来信的中心点，实际上是建议加强公开论战”，“采取这些做法，只是为了让自己占有‘老子党’的地位”。复信同意在北京举行两党会谈，但时间必须提前到1964年5月，并建议6、7月间召开兄弟党代表的筹备会议，参加会议的党不是中共提出的17个而是26个。

接到苏共中央的复信后，中共中央并没有马上予以答复，而是发表了“八评”。文章第一次指名道姓地给赫鲁晓夫戴上了“修正主义”的帽子，文章的标题就叫《无产阶级革命和赫鲁晓夫修正主义》，其中的第二段这样写道：

“国际共产主义运动历史上的一切修正主义者，他们背叛马克思主义，背叛无产阶级，都集中表现在反对暴力革命，反对无产阶级专政，主张从资本主义和平过渡到社会主义。赫鲁晓夫修正主义也正是这样。在这个问题上，赫鲁晓夫是伯恩施坦和考茨基的门徒，也是白劳德和铁托的门徒。”①

自此之后，赫鲁晓夫就成了“修正主义”的代名词。到这时，中苏两党关系的破裂已是无可挽回了。

此时，中共中央还是希望尽量推迟中苏破裂的时间，这年4月是赫鲁晓夫70岁寿辰，毛泽东决定在组织“九评”的同时，给赫鲁晓夫发一生日贺电，以表达中共改善两党关系的愿望。

4月17日，中共中央以毛泽东、刘少奇、朱德、周恩来的名义，在《人民日报》上公开发表了给赫鲁晓夫的贺电。电文中表示：“尽管目前我们同你们之间存在着关系到马克思列宁主义一系列原则问题的分歧，存在着不团结的状态，但是，我们坚决相信，这只是暂时的。一旦世界发生重大事变，中苏两党、两国和我们的人民就会站在一起，共同对敌。”毛泽东还特地嘱咐，贺电发出后一段时间不要发表反修文章，以示和解。

4月27日，经毛泽东批准，《人民日报》摘要发表了苏共中央二月全会

① 人民日报编辑部、红旗杂志编辑部：《无产阶级革命和赫鲁晓夫修正主义——八评苏共中央的公开信》，《人民日报》1964年3月31日。

《关于苏共为国际共产主义运动的团结而斗争》的反华报告和苏共中央二月全会的反华决议，以及《真理报》为此配发的反华社论，并加了编者按。《人民日报》的编者按说："苏共中央二月全会文件的妙处是，除了说谎还是说谎，除了诡辩还是诡辩，除了谩骂还是谩骂。通篇用谎言、诡辩和谩骂，拼凑成一个六万多字的文件，也算是有一点本领。"中共中央同时声明："苏共领导公布的这批反华文件、讲话和文章，以及在此以前和以后公布的一切反华文件、讲话和文章，我们都要在对苏共中央公开信答复完毕以后，依次给予回答。"①

十天之后，即5月7日，中共中央对苏共中央3月7日的复信进行答复。信中表示，对苏共中央1963年7月14日的公开信没有答复完，中共不可能放弃公开答辩的权利。复信抓住苏共中央给其他党的信不放，坚持要求苏共将此也给中共，"如果不给，一万年我们也要坚持这一请求"。中共中央认为，照目前的情况看来，不仅这年5月举行中苏两党会谈是不可能的，就是在1964年10月举行也太早了。两党会谈以推迟到1965年上半年（如5月）较为适宜。到那时候，如果中苏两党任何一方认为时机不成熟，还可以继续推迟举行。至于各国共产党和工人党的代表会议的筹备会议什么时候举行，这要看中苏两党会谈的结果而定。中共中央在信中表示，反对单方面召开国际会议，如果苏共中央单方面召开这样的会议就必须承担分裂的责任。

6月15日，苏共中央又给中共中央来了一封信，算是对中共中央5月7日的信的答复，信中表示，苏共将尽快召开由二十六国组成的筹备会议。7月31日，《人民日报》发表了经毛泽东修改的给苏共中央的复信，劝告苏共不要召开分裂性质的兄弟党国际会议。之后，围绕兄弟党筹备会议和国际会议问题，中共中央和苏共中央不断互相复信。可是，这些往来信件不但未能弥合双方的分歧，而是各唱各的调，越走越远。最后，中共中央正式通知苏共中央，中共不参加苏共召集的二十六国筹备会议。

①《人民日报》为《苏共中央二月全会的反华报告》所加的编者按，《人民日报》1964年4月27日。

7.“要停止公开论战是不行的”

毛泽东表示，在“现代修正主义者”不承认错误的情况下，“要停止公开论战是不行的”。

苏方自然不甘示弱，也发表大量的文章对中共进行抨击。在这种你来我往的对骂中，两国意识形态的分歧越走越远，国家关系也日益恶化。

当赫鲁晓夫与中共论战得不可开交之际，国内对他的不满情绪也达到了顶点。中苏论战之后，赫鲁晓夫不但使中苏两党两国关系不断恶化，而且在党内也日益独断专行，听不进他人意见，引起了苏共中央其他领导人的反感。10月12日，勃列日涅夫等其他苏共领导人，趁赫鲁晓夫离开莫斯科前往黑海度假的机会，召开苏共中央主席团会议，讨论撤销赫鲁晓夫职务事宜。10月14日，又召集了中央全会，一致通过了撤销赫鲁晓夫苏共中央第一书记和部长会议主席职务的提案。由勃列日涅夫任苏共中央第一书记，柯西金任部长会议主席。

1964年10月16日凌晨，为赶在这项消息公布前通知中共中央，苏联驻华大使契尔沃年科紧急电告中共中央办公厅，说有要事向中共中央通报。当时中共中央并不知道赫鲁晓夫已经下台，中办主任杨尚昆乃交代中共中央对外联络部同其接洽。当时，中联部机关已经下班，中联部副部长伍修权就在家中的会客室接待了契尔沃年科。契尔沃年科说，1964年10月14日，苏共中央全会鉴于赫鲁晓夫年迈和健康状况恶化，根据他本人的请求，决定解除他苏共中央第一书记的职务，选举勃列日涅夫为苏共中央第一书记。

就在苏联塔斯社宣布赫鲁晓夫下台的同一天，新华社也宣布中国成功地爆炸了第一颗原子弹。尽管这两件事完全是巧合，但对于中国来说，都是振奋人心的好消息。

毛泽东得悉赫鲁晓夫下台后，立即召开政治局常委会议，讨论苏联政局动向和中共中央应采取的对策。尽管对情况还不甚了解，毛泽东和中共中央还是迅速果断地作出决策，决定抓住赫鲁晓夫下台的时机，采取有力步骤，争取扭转中苏关系恶化的趋势。

10月16日，周恩来打电话给外交部，传达毛泽东的指示：由毛、刘、朱、周联名给苏联新领导人发贺电，表示对其寄予希望。毛泽东还指示说，贺电要发给勃列日涅夫、柯西金、米高扬三个人。这不是一般礼节性的祝贺，而是在重要时刻发出的重要政治文件。这份贺电当天即由外交部苏联东欧司副司长徐明交给苏联驻华大使契尔沃年科，并于当晚广播，次日见报。①

贺电表示："得悉勃列日涅夫同志当选为苏共中央第一书记，柯西金同志被任命为部长会议主席，我们代表中国人民、中国共产党和中国政府，向你们表示热烈的祝贺。""我们衷心地希望，兄弟的苏联人民，在苏联共产党和苏联政府的领导下，在今后各方面的建设工作中和维护世界和平的斗争中，取得新的成就。"同时，贺电也表达了"中苏两党、两国在马克思列宁主义和无产阶级国际主义的基础上团结起来"的愿望。②

苏联十月革命第47周年前夕，中国领导人又决定致电祝贺。11月5日，中国党和国家领导人毛泽东、刘少奇、朱德、周恩来致电苏共中央委员会第一书记勃列日涅夫、苏联最高苏维埃主席团主席米高扬和苏联部长会议主席柯西金，热烈祝贺十月社会主义革命胜利47周年。中国领导人在电文中再次表示："中国人民真诚地希望，中苏两党、两国和两国伟大的人民，在马克思列宁主义和无产阶级国际主义的基础上，在1957年宣言和1960年声明的革命原则的基础上，紧密地团结起来，反对我们的共同敌人，促进我们的共同事业。"③

① 余湛：《一次不寻常的使命——忆周总理最后一次访问苏联》，外交部外交史研究室编：《新中国外交风云》第三辑，世界知识出版社1994年版，第19页。

②《我国领导人致电苏联领导人，祝贺勃列日涅夫柯西金就任新职》，《人民日报》1964年10月17日。

③《我国党和国家领导人致电苏联党和国家领导人，热烈祝贺十月革命四十七周年》，《人民日报》1964年11月7日。

11月6日，北京隆重集会庆祝十月革命胜利47周年。宋庆龄、彭真、陆定一等领导人和各界代表1500多人参加了这次大会。中共中央委员、中苏友好协会总会副会长刘宁一和苏联驻华大使契尔沃年科在大会上发言，他们的发言都强调了社会主义阵营各国加强团结的重要性。

11月7日，《人民日报》发表社论《在伟大的十月革命旗帜下团结起来》。11月8日，《人民日报》又全文刊登了勃列日涅夫在莫斯科庆祝十月革命47周年大会上的报告。在不是逢五逢十的时候，中国这样隆重庆祝十月革命也是破格的，实际上向苏联新领导人发出了改善两党两国关系的信号。

与此同时，毛泽东提议并经中共中央讨论决定，由周恩来率中国党政代表团赴莫斯科，参加十月革命胜利47周年庆祝活动。代表团由贺龙任副团长，成员为有关各方面的负责人康生、刘晓、伍修权、潘自力、乔冠华等。

1964年11月5日，中国党政代表团在周恩来率领下，乘专机飞抵莫斯科，受到苏共中央主席团委员、苏联部长会议主席柯西金为首的苏联有关各方负责人的欢迎。

1964年11月14日，周恩来率领中国党政代表团从莫斯科返回北京，在北京机场受到毛泽东、刘少奇、朱德等党和国家领导人盛大而热烈的欢迎。

可是，中国代表团到莫斯科后仅两天，便发生了一件导致中苏关系进一步恶化的严重事件。当年参与代表团工作的外交部苏联东欧司司长余湛回忆：

> 我们到莫斯科后碰到的第一起极其严重的政治事件，是发生在克里姆林宫庄严的苏联国庆招待会上。当周总理同苏联领导交谈后，便向苏联元帅们聚集的地方走去，准备找他们交谈。此时，迎面走来了马利诺夫斯基。他见到周总理后便胡说“不要让赫鲁晓夫和毛泽东妨碍我们”。周总理立即正颜厉色地顶了他一句：“你胡说什么？”随即转身拂袖而去。然而他却像发了疯似的，在周总理走后仍胡言乱语：“我们已把赫鲁晓夫搞下台，现在该你们把毛泽东搞下台了。”这时周总理和他的译员已经走远，未能听见。另一位翻译虽听见但已来不及找到周总理报告此事。马利诺夫斯基见周总理已走开，又跑到贺龙副总理那里继续挑衅，用不堪入耳的粗鲁语言辱骂斯大林和毛泽东，被贺副总理顶回。代表团的同志听说后，都极为气愤，迅即离开了宴会大厅。
>
> 周恩来回到驻苏使馆后，认真地听取了几位翻译的汇报，仔细核实和分析了马利诺夫斯基挑衅的全部情况。代表团考虑到苏联颠覆兄弟党的历史记录，认为马利诺夫斯基此举决非偶然事件，这是对我们党、国家、人民及其领袖毛主席不能容忍的侮辱，是公然煽动要推翻我们党和国家的领袖，必须严肃对待。①

18日上午，苏联领导人勃列日涅夫、柯西金等到代表团驻地回拜。稍事寒暄后，周恩来便就马利诺夫斯基挑衅这一严重政治事件向苏方提出强烈的抗议，周恩来说：苏共欢迎我们来的目的之一是不是你们要当众向我们挑衅，是不是期待中国党也撤换毛泽东的领导。勃列日涅夫辩解说，他们是事后得知的，感到不安和愤怒，马利诺夫斯基不是主席团成员，是酒后胡言，翻译也有错，准备向中国同志表示道歉。周恩来说，不是酒后胡言，而是酒后吐真言。马利诺夫斯基不是简单的个人行为，而是反应苏联领导中仍有人继续赫鲁晓夫那一套，即对中国进行颠覆活动，以老子党

① 余湛：《一次不寻常的使命——忆周总理最后一次访问苏联》，外交部外交史研究室编：《新中国外交风云》第三辑，世界知识出版社1994年版，第23页。

自居的倾向依然存在。[1]

马利诺夫斯基公然在苏联国庆招待会上号召推翻毛泽东的领导，这不仅对尚未正式开始的中苏会谈设置了极其严重的障碍，也给中苏关系造成了长期难以治愈的创伤。

当时，中方对赫鲁晓夫被解除职务的政治原因很关心，但直至11月9日双方第一次正式会谈前，不论周恩来如何试探，勃列日涅夫始终讳莫如深，表明苏方对中国代表团的来访并无多大诚意。

第一次会谈时，周恩来正式提出请苏方解释赫鲁晓夫解职的原因，勃列日涅夫环顾左右而言他，说什么这个问题可以下次再谈，这并不妨碍中苏间研究改善两国关系的建设性办法。勃列日涅夫接着说，我们间积累的问题很多，今天只提出某些问题，建议讨论停止公开论战，并围绕这个问题讨论其他步骤。

但是，周恩来没有接过勃列日涅夫的话题，同其讨论如何停止中苏论战，而是向苏方提出关于召开国际共运会议的问题，希望了解中方同赫鲁晓夫存在严重分歧的关键问题上，同苏联新领导人之间有无商量的余地。

周恩来说：勃列日涅夫同志在十月革命庆祝会上的讲话中说，召开兄弟党会议的条件成熟，依我们看，条件并未成熟，还要创造。

勃列日涅夫答道：只有开会才能消除分歧，别无他途。

周恩来问：你们是否不再提你们过去决定在今年12月15日召开的那个起草委员会？

对于这个问题，勃列日涅夫回答得很干脆：不！我们讲的就是这个委员会。

在会谈中，苏方坚持要求双方先停止公开争论，召开各国党的会议，在新的气氛中，寻求途径来一步一步地实现共同愿望。在场的米高扬明确表示：我们党过去和现在都是有集体领导的。在同中共的思想分歧上，我们中央是一致的，完全没有分歧，甚至没有细致的差别。

周恩来说，既然你们和赫鲁晓夫在中苏分歧上没有不同，那我们还有什么可谈的？[2]

通过这次会谈，结合来莫斯科几天

① 参见赵永穆等译：《苏联共产党最后一个“反党”集团》，中国社会出版社1997年版，第11—12页。

② 余湛：《一次不寻常的使命——忆周总理最后一次访问苏联》，外交部外交史研究室编：《新中国外交风云》第三辑，世界知识出版社1994年版，第25—27页。

的情况，周恩来和代表团得出结论：“苏共领导还要继续执行赫鲁晓夫路线不变。”①

既然如此，中国党政代表团认为，继续留在莫斯科已是无益，只需对苏方的意见作个正式答复就行了。

在11月11日的会谈中，周恩来对苏方的意见作了答复，并简明扼要阐述了中方对这些问题的立场。周恩来指出：

“在赫鲁晓夫被解职，各兄弟党兄弟国家派代表团来苏联祝贺节日的新气氛下，进行接触，了解情况，交换意见，看看可否找到团结反帝的新途径，这就是我们的全盘计划。”

“现在情况清楚了，既然你们同赫鲁晓夫毫无差别，共同愿望就很难找出来了。马利诺夫斯基的挑衅使新气氛也没有了。”②

最后，周恩来讲了四点意见：

（一）我们党和国家领导人在十月革命节的贺电和祝词中所表达的团结愿望，我们现在仍然坚持不变。

（二）你们提出召开兄弟党国际会议和它的筹备会，事先没有经过所有兄弟党协商一致，是非法的、分裂的会议，我们绝不参加。我们的态度已经在今年8月给苏共中央的复信里面作了答复，现在没有新的话要说，只是奉劝你们悬崖勒马，不要走绝路。

（三）在你们继续执行赫鲁晓夫路线，中苏之间的原则分歧没有解决，又没有达成公开协议的情况下，我们有权利回答你们对我们的攻击，公开论战不能停止。

（四）关于我们在这儿逗留期间同你们的几次谈话，不发表任何联合声明，也不发表新闻。③

11月12日，双方进行了最后一次会谈。勃列日涅夫说：如果中国方面准备好了，可以举行中苏两国或两党的最高会议，地点在莫斯科或北京都可以。周恩来根据中共中央的指示，回答说：我们代表团将向中共中央报告你们的建议，在我们方面，已经多次表示门是开

① 中共中央文献研究室：《周恩来传（1949—1976）》，中央文献出版社1998年版，第829页。
② 余湛：《一次不寻常的使命——忆周总理最后一次访问苏联》，外交部外交史研究室编：《新中国外交风云》第三辑，世界知识出版社1994年版，第28页。
③ 吴冷西：《十年论战：1956—1966中苏关系回忆录》（下），中央文献出版社1999年版，第876—877页。

着的。

第二天，周恩来率中国党政代表团回国。在代表团赴机场的途中，周恩来对送行的柯西金说："这次会见是有益的，但我们并不满意，因为原希望的情况会更好些。"①

周恩来率代表团于11月14日抵达北京机场时，同样受到毛泽东、刘少奇、朱德等一大批党和国家领导人盛大而热烈的欢迎。这一举动，实际上是中国党向全世界表明：如果苏联领导人不改弦更张，放弃其修正主义路线，中国共产党就决不会同其妥协。

11月21日，新华社播发了《红旗》杂志编辑部社论：《赫鲁晓夫是怎样下台的》一文。社论说，赫鲁晓夫下台，"这是一件大好事，一件对世界人民革命事业有利的大好事"。赫鲁晓夫的垮台，"是全世界马克思列宁主义者坚持反对修正主义斗争的伟大胜利，表明了现代修正主义的大破产，大失败"。社论列举了赫鲁晓夫在位十一年间干的十二件"坏事"，并得出结论：赫鲁晓夫之所以下台，"绝不是由于什么年迈和健康恶化，也不只是由于他的工作方法和领导作风的错误，而正是由于他推行修正主义总路线和对内对外的一系列错误政策的结果"。

1965年3月初，苏联新领导人不顾中共的一再反对，在莫斯科召开各国共产党和工人党国际会议，这次原定二十六个国家的党参加的会议，只有十八个国家的党参加。中共事先就发出过警告，如果苏方单方面召开这样的会议，就必须承担分裂国际共运的后果。通过这次会议，中国方面结束了对苏共新领导人的期待和观望，也结束了自赫鲁晓夫下台以来五个月时间的"休战"，重新开始批判苏共现代修正主义。

3月23日，《人民日报》发表了以该报编辑部和《红旗》杂志编辑部名义撰写的文章《评莫斯科三月会议》，对苏共领导人进行全面的批判。文章以辛辣的笔调写道：

"现在，人们可以更清楚地看到，苏共新领导这些人，所以非要把赫鲁晓夫赶下台不可，并不是因为他们同赫鲁晓夫有任何原则性的区别，而是因为赫鲁晓夫搞得实在太臭了，有些做法太蠢了，赫鲁晓夫本人已经成为推行赫鲁晓夫修正主义的严重障碍。他们换掉了赫鲁晓夫，只不过是换一块招牌，想用更巧妙的手法，更带欺骗性的花样，来更好地贯彻和发展赫鲁晓夫主义，更好地

① 中共中央文献研究室：《周恩来传(1949—1976)》，中央文献出版社1998年版，第829页。

执行赫鲁晓夫在苏共第二十次代表大会上提出的，在苏共第二十二次代表大会上系统化了的，用苏共纲领形式固定化起来的修正主义、大国沙文主义和分裂主义的总路线。”

文章表示，在“现代修正主义者”不承认错误的情况下，“要停止公开论战是不行的，一天也不行，一个月也不行，一年也不行，一百年也不行，一千年也不行，一万年也不行。九千年批评不完，就批评它一万年。”

此后，中共又继续以《红旗》杂志或《人民日报》编辑部的名义，多次发表文章批判苏联“现代修正主义”。苏方自然不甘示弱，也发表大量的文章对中共进行抨击。在这种你来我往的对骂中，两国意识形态的分歧越走越远，国家关系也日益恶化。

1966年3月，苏共将召开第二十三次全国代表大会。按照惯例，苏共中央于2月24日致信中共中央，邀请中共派代表团参加。这是一封例行公事的邀请信，全信仅300字，除了通知大会召开的时间和日程外，最核心的就是这样一句话：“邀请中国共产党代表团作为客人参加苏共第二十三次代表大会。”

中共中央并没有马上对来信予以答复，直到3月22日，也就是苏共二十三大召开前一星期，中共中央才复信苏共中央。信中说：

“一个党开代表大会，邀请别的兄弟党派代表团参加，在通常的情况下，应当说是一种友好的表示。但是，就在你们发出这次邀请的前后，你们在苏联向党内外散发反华文件，并且从上到下，直到基层单位，组织一系列的反华报告，煽动反华的歇斯底里。你们还向其他国家的党发出反华信件，策动他们同你们一起反华……你们这一系列的反华活动只能说明，你们的这一次邀请是故意作态的，是别有企图的。在这种情况下，怎么能够设想，被你们看做是敌人一样的中国共产党去参加你们的大会呢？”

中共中央认为，“苏共新领导上台以后，沿着修正主义、分裂主义和大国沙文主义的道路越走越远。”因此，中共中央以毫不留情的语气通知苏共中央：“我们愿意明确地通知你们：既然你们已经走到这样的地步，中国共产党作为一个郑重的马克思列宁主义政党，不能派代表团去参加你们这一次的大会。”[①]

毛泽东曾解释过为何中共不参加苏共二十三大的原因。他说，去不去参加苏共二十三大，是一个重大的原则问

① 《中国共产党中央委员会复信苏联共产党中央委员会，中共中央不能派代表团参加苏共二十三次代表大会》，《人民日报》1966年3月24日。

题。去参加是一个重大的步骤，不去参加也是一个重大的步骤，都关系到我们对中苏关系采取的方针。依我看，我们不能去。如果去参加，那就跟中间状态的党混同了，也同右派分不清了。我们不去参加，无非他们在会上大反华，这正合我们的需要。①

事已至此，中苏两党两国关系的彻底破裂已无可挽回了。

事隔多年，邓小平在回顾这段往事的时候，曾这样说："多年来，存在一个对马克思主义、社会主义的理解问题。从1957年第一次莫斯科会谈，到60年代前半期，中苏两党展开了激烈的争论。我算是那场争论的当事人之一，扮演了不是无足轻重的角色。经过二十多年的实践，回过头来看，双方都讲了许多空话。马克思去世以后一百多年，究竟发生了什么变化，在变化的条件下，如何认识和发展马克思主义，没有搞清楚。"②

邓小平又说："六十年代，在整个中苏、中蒙边界上苏联加强军事设施，导弹不断增加，相当于苏联全部导弹的三分之一，军队不断增加，包括派军队到蒙古，总数达到了一百万人。对中国的威胁从何而来？很自然地，中国得出了结论。1963年我率代表团去莫斯科，会谈破裂。应该说，从60年代中期起，我们的关系恶化了，基本上隔断了。这不是指意识形态争论的那些问题，这方面现在我们也不认为自己当时说的都是对的。真正的实质问题是不平等，中国人感到受屈辱。虽然如此，我们从来没有忘记在中国第一个五年计划时期苏联帮我们搞了一个工业基础。"③

这两段话，实际上对这一段历史作了很好的总结。

① 吴冷西：《十年论战：1956—1966中苏关系回忆录》（下），中央文献出版社1999年版，第938页。

② 《邓小平文选》第三卷，人民出版社1993年版，第291页。

③ 《邓小平文选》第二卷，人民出版社1994年版，第294—295页。

三、社教运动

随着中苏两党论战的启动和中苏关系的日益恶化，中国方面逐渐得出了苏联共产党已演变为修正主义的党、资本主义已经在苏联复辟的结论。为了避免中国重蹈苏联的覆辙，中共中央在开展国际反修的同时，不断强化国内的防修活动，并从1962年起在全国城乡开展了一场旷日持久的社会主义教育运动。

1. “社会主义教育一抓就灵”

刘少奇在讲话中说：八届十中全会讲阶级、阶级斗争，现在就要正式部署一个行动，搞一个阶级斗争。毛泽东插话说：现在有的人三斤猪肉，几包纸烟，就被收买。只有开展社会主义教育，才可以防止修正主义。

在1962年前后的经济调整中，安徽等地一些农村，为了渡过严重的经济困难，搞起了各种形式的“包产到户”。但是，毛泽东认为，有了1961年上半年制定的《农村人民公社工作条例》（即“农业六十条”），又有了随后决定的将基本核算单位下放到生产队一级，农村人民公社的问题就已经基本解决，如果还要搞“包产到户”，那就是要分田单干，就是要在农村走资本主义道路。

1962年9月的八届十中全会上，毛泽东重提阶级斗争问题，并提出在整个社会主义历史阶段中，资产阶级都将存在和企图复辟，并成为党内产生修正主义的根源，阶级斗争要年年讲，月月讲，提出要在全国城乡进行一次社会主义教育运动，以解决社会主义和资本主义道路谁战胜谁的问题。

讨论阶级斗争成为这次中央全会的主题。全会通过的公报中，就有这样一段经历了那个年代的人们十分熟悉的话：

“无产阶级革命和无产阶级专政的整个历史时期，在由资本主义过渡到共产主义的整个历史时期（这个时期需要几十年，甚至更多的时间）存在着无产阶级和资产阶级之间的阶级斗争，存在着社会主义和资本主义这两条道路的斗

1962年9月24日至27日，中共八届十中全会在北京举行。毛泽东在会上作了关于阶级、形势、矛盾和党内团结问题的讲话，强调阶级斗争必须年年讲、月月讲，还错误批判了所谓“单干风”、“翻案风”和“黑暗风”。全会确定继续坚持调整国民经济的方针。图为全会会场。

争。被推翻的反动统治阶级不甘心于灭亡，他们总是企图复辟。同时，社会上还存在着资产阶级的影响和旧社会的习惯势力，存在着一部分小生产者的自发的资本主义倾向，因此，在人民中，还有一些没有受到社会主义改造的人，他们人数不多，只占人口的百分之几，但一有机会，就企图离开社会主义道路，走资本主义道路。在这些情况下，阶级斗争是不可避免的。这是马克思列宁主义早就阐明了的一条历史规律，我们千万不要忘记。”①

八届十中全会后，一些地方结合批判“单干风”，开始了社会主义教育运动，并认为包产到户（即“单干风”）就是阶级斗争日益尖锐的重大表现。

中共湖南省委在1962年10月23日给中共中央的报告中说：“从根本性质上看，‘单干风’与反对‘单干风’是阶级斗争，是社会主义和资本主义两条道路的斗争”。“产生单干风的根本原因是地、富、反、坏分子捣乱，一部分富裕中农的资本主义自发倾向作怪。利用了少数贫农、下中农对集体经济的暂时的动摇，利用了我们工作上的缺点和错误煽动起来的，这是问题的本质。”②

中共陕西省委关于清涧县单干问题给西北局的报告中也说：清涧县的单干活动，早在1960年就有发现，地委、县委也都曾经派人进行过调查和纠正，但是，真正纠正了的很少，有的纠了又闹，闹开了又纠。这说明，农村的两条道路的斗争是很激烈的。富裕农民的自发思想和地、富、反、坏分子的破坏活动很嚣张，他们利用天灾和我们工作中的缺点、错误所造成的暂时困难，兴风作浪，企图引导农民离开社会主义道路。③

在批判“单干风”的过程中，一些地方对当时的形势作了相当严重的估计。如湖南省委认为：“当前阶级斗争是激烈的，不论是农村或者是城镇，阶级敌人的破坏活动气焰很嚣张，一股反社会主义的‘黑风’刮得很大”，“资本主义和封建势力企图复辟，牛鬼蛇神纷纷出现”，从各方面威胁着集体经济和社会主义建设事业。“阶级斗争在党内的反映也是严重的，一部分党员和干部，已经变质或正在演变”，“有些干部包括有些领导干部，已经脱化变为资产阶级分子，个别的基层单位已经烂掉”。湖南省委分析，问题比较严重的干部，在县委书记、县长中占6%—7%，县委部长、区委书记、公社党委书记中占10%左右。④

1962年12月下旬，湖南对全省的社会主义教育运动作了进一步的部署，决定把重点放在阶级教育上，强调要彻底揭开阶级斗争的盖子，针锋相对地展开斗争，教育干部，发动群众，大张旗鼓地刮“东风”，打击敌人，遏止“黑风”。

在运动中，湖南采取先教育干部、后教育群众，先解决内部问题、后解决外部问题的办法。在教育干部上，自上

① 《中国共产党第八届中央委员会第十次全体会议的公报》，《人民日报》1962年9月29日。

② 黄道霞等主编：《建国以来农业合作化史料汇编》，中共党史出版社1992年版，第749页。

③ 《陕西省委关于清涧县单干问题的报告》，1962年10月14日。

④ 《中共湖南省委关于社会主义教育运动情况的报告》，1963年2月8日。

而下，层层训练，第一批集中训练县、区、社三级骨干，第二批集中训练大队骨干，第三批分片训练生产队骨干。湖南社会主义教育的具体做法是：第一，召开贫农座谈会，一面大讲阶级斗争，“揭发敌情”、“黑风”，一面由干部向贫农交代自己的问题，听取贫农批评；第二，树立贫农优势，造成激烈的舆论，把“黑风”搞臭；第三，处理问题时划清敌我、严重与一般两个界限。

次年2月8日，湖南省委向中共中央、中南局报告说，社会主义教育运动所到之处，牛鬼蛇神很快销声匿迹，反攻倒算的地主被迫把土地交回来，搞械斗的交出了武器，赌博的交出了赌具，投机倒把的洗手不干了，有些盗窃的也主动退赃。尤其显著的是，单干的也不干了，凡是运动开展得好的地方，大部分重新组织起来了。①

在八届十中全会后，河北省保定地委决定利用冬春之际的农闲时间，在全地区开展整风整社运动，在运动中对广大农民进行社会主义教育。保定地委将运动分为三步：第一步，学习八届十中全会公报和毛泽东关于阶级、形势、矛盾的讲话精神，以解决社会主义方向和“单干风”问题。第二步，宣传、讲解、学习《农村人民公社工作条例（修正草案）》，发动群众集中解决民主办社和勤俭办社的问题，以整顿干部作风，加强人民公社的经营管理。第三步，在前两步的基础上，建立健全社队各种规章制度，并通过民主选举，健全生产队、大队领导班子，进一步巩固和发展集体经济，掀起生产高潮。

为了加强对这一运动的组织领导，保定地委成立了整风整社办公室，选定了试点单位，并向其派出了工作组。随后，保定地区各县都开展了整风整社的试点工作，如定县县委选择了阜头庄大队作为试点。当试点工作进行到第二步时，群众对大队和生产队干部们提了许多意见，反映出的主要问题是干部们不勤俭办社、铺张浪费、账目不清、多记工分。群众说，现在是账目不清，工分不公，钱的来踪去向不明，仓库的粮食没有个数。如果不抓住这四个问题并将之弄清楚，整风整社就成了一句空话。

根据群众的意见，工作组和大队党支部决定发动群众对生产队的账目、工分、财物和仓库进行一个彻底的大清查。于是，以清账目、清工分、清财物、清仓库为内容的“四清”，就成为阜头庄大队整风整社的中心环节，“四清”的提法也逐步形成。在“四清”过程中，阜头庄大队共清出干部多占的粮食13879

① 《中共湖南省委关于社会主义教育运动情况的报告》，1963年2月8日。

斤，现款9070元。

1963年1月，定县县委总结了阜头庄大队在整风整社中开展“四清”的经验，并将之报告了保定地委，保定地委又将之上报了河北省委。省、地两级党委都对这一做法给予了充分肯定。于是，定县县委召开三级干部会议，在全县部署“四清”工作，并将运动的内容正式确定为清账（收入、支出和分配账）、清工（主要是干部的记工和补助工）、清财（集体财物）和清库（库存的粮、棉、油、肥等）。会后，全县训练了5万9千名“四清”积极分子，会同全县所有的县、区、社干部，组成浩浩荡荡的“四清”工作队，进入各大队，在全县范围内搞起大规模的“四清”。

不久，在征到河北省委同意后，保定地委决定全面推广定县的经验，在全地区农村开展“四清”运动。保定的这一做法，立即引起了河北省委的高度重视。1963年2月13日，河北省委召开电话会议，向全省推广保定“四清”的经验。到3月底，河北全省已有30%的生产队结束“四清”，大部分生产队进入“四清”阶段。4月15日至5月6日，河北省委在保定召开整风整社工作会议，对半年来的社会主义教育运动作了总结，认为通过农村社会主义教育运动，纠正了部分生产队分田到户、包产到户和过多发展个体经济的问题，整顿了基层干部的作风，加强了农村基层组织的领导核心。

但是，除湖南和河北两省外，八届十中全会后的社会主义教育运动并没有在农村广泛地开展起来。对于这种局面，毛泽东是不满意的。他后来说，我跑了11个省，只有子厚（按：指河北省长刘子厚）、延春（按：指湖南省委书记处书记王延春）滔滔不绝地讲社会主义教育，其他人都不讲。毛泽东认为，这个问题尚未引起全党的注意，乃决定召开一次中央工作会议，重点研究这个问题。

这次中央工作会议于1963年2月11日至28日在北京召开。会议原计划讨论一些具体的问题，实际上却开成了一次部署开展阶级斗争的会议。刘少奇在2月6日至9日的准备会上说：在城市开展反对贪污盗窃、反对投机倒把、反对贪污浪费、反对分散主义、反对官僚主义的“五反”运动，将是一个很尖锐的阶级斗争，并且将是关系到党生死存亡的大问题。他要求将之作为一次社会主义革命的运动，并表示这一次不是抓原来的资产阶级，而是搞新生的资产阶级，搞共产党和国家干部中的资产阶级，搞劳动人民中间出来的一部分人。①

在12日的全体会议上，彭真作了关于“五反”运动的报告后，刘少奇在讲话中说：八届十中全会讲阶级、阶级斗争，现在就要正式部署一个行动，搞一个阶级斗争。这个阶级斗争的对象是投机倒把、贪污盗窃，还有一些严重的铺张浪费、严重的蜕化变质、违法乱纪，严重的分散主义。毛泽东在刘少奇讲话时插话说：我国出不出修正主义，两种可能：一种可能，一种不可能。现在有的人三斤猪肉，几包纸烟，就被收买。只有开展社会主义教育，才可以防止修正主义。

为了提醒与会者注意农村社会主义教育问题，毛泽东特地在会议期间批发了湖南省委关于社会主义教育运动的报告和河北省委关于整风整社运动情况的报告，并在批语中说：“两个报告各有特点，都是好文件，值得引起全国各地、中央各部门的同志们认真研究一下。”②

2月26日，毛泽东召集各中央局第一书记谈农村问题。毛泽东强调：在农村要加强无产阶级的民主集中制，要有一套制度防止修正主义。现在的事情，实际上是一个朝代传下来的，是上一个朝代孕育的。他又说：要把社会主义教育好好抓一下。社会主义教育，干部教育，群众教育，一抓就灵。干部教育中，要保护大多数，使百分之九十以上的同志把包袱放下来，也不是洗冷水澡，也不是洗滚水澡，而是洗温水澡。然后，他们去和贫下中农积极分子结合，团结富裕中农以及或者已经改造或者愿意改造的那些地主残余、富农分子，打击那个猖狂进攻的湖南人叫“刮黑风”的歪风邪气，牛鬼蛇神。

这次会议通过了《中共中央关于厉行增产节约和反对贪污盗窃、反对投机倒把、反对贪污浪费、反对分散主义、反对官僚主义运动的指示》。文件说：“为了健全制度，改进思想作风，克服和防止资本主义、修正主义的腐蚀，保证我国社会主义建设事业的顺利发展，中央认为，有必要在全国范围内，有领导、有步骤地开展一次增产节约和反对贪污盗窃、反对投机倒把、反对铺张浪费、反对分散主义、反对官僚主义（简称‘五反’）”。文件同时规定，这次运动，目前只在县（团）级以上的党政军民机关、国营和合作社营企业、事业单位、物资管理部门、文教部门（不包括县以下中小学校）中进行。至于在农村人民公社和县级以下的工商企业中如何开展这

① 中共中央文献研究室：《刘少奇传》，中央文献出版社1998年版，第948页。
②《建国以来毛泽东文稿》第十册，中央文献出版社1996年版，第257页。

个运动，将由各省、市、自治区党委根据中央新的指示和当地具体情况，另行安排。①

但是，毛泽东对这次会议也不满意。原因在于，在会议的最后一天，他想延长会期，专门讲社会主义教育问题，为此特地安排刘子厚、王延春在第一排就座，想引起中央第一线的领导同志关注社教问题。但中央第一线的领导同志没有领会到他的意图，会议如期结束。事隔三个月后，毛泽东在杭州说，二月会议的时候，我准备叫他们两人讲一讲，你们不赞成。当时为什么叫他们讲呢？无非是因为他们是从下边来的，是从群众中来的。②

1962年的北戴河会议和八届十中全会后，毛泽东的注意力逐渐地从对“农业六十条”的关注，转移到国际反修和国内防修的问题上来。

一方面，通过“六十条”的起草、修正，及随之进行的贯彻落实“六十条”带来的农村形势的逐渐好转，毛泽东认为，农村政策的调整已经结束。在这个过程中，出现了安徽“责任田”等各式各样的“包产到户”，党内又有相当多的人对“包产到户”持支持和同情态度，而毛泽东是把“包产到户”与分田单干等同起来看待的。他认为分田单干实际上是代表富裕中农的利益，是要在农村走资本主义道路。加之由于严重的经济困难，个别地方一度出现了地主反攻倒算的情况，农村的社会治安也由于经济困难而有某些恶化，一些农村干部的贪污腐化现象也有所增长，城乡投机倒把呈现上升趋势。如何面对这种形势，在当时确实是一个全新的问题。

另一方面，从1958年起，中苏两党在国际共产主义运动的许多重大原则问题上出现了严重分歧，两国关系也逐渐恶化。毛泽东和中共中央认为，赫鲁晓夫已演变成为现代修正主义头子，苏联共产党正在演变为修正主义的政党。这样，毛泽东认为国内的阶级斗争已到了非抓不可的地步了。苏联党向修正主义党的演化，也使毛泽东加深了中国党会不会出现修正主义的警觉。

1962年12月，毛泽东在召集华东各省市党委第一书记谈话时，就提出要讨论国内修正主义，保卫马列主义路线的问题，并说例子各省都有。1963年6月4日，他在接见越南劳动党代表团时又说，我们在农村经过几次整顿，总整不好。现在找出原因了，一是过去土改不彻底，领导权并不在真正的共产党人

① 中共中央文献研究室：《建国以来重要文献选编》第十六册，中央文献出版社1997年版，第171、174页。

② 参见张素华：《60年代的社会主义教育运动》，《当代中国史研究》2000年第1期。

手里或者共产党起了变化，名为共产党，实际上不是了；二是土改后合作化有十年了，没有搞阶级斗争了，产生了这种现象（按：指贪污、盗窃等）也是很自然的，社会上总是有这些事的，那么干干净净是不可设想的。出修正主义不是偶然的，一定有其社会经济基础。6月4日，毛泽东在邯郸同中共河北省委负责人林铁谈话时又说，不搞阶级斗争，不搞四清，不搞干部参加劳动，整党是整不好的。

2."前十条"与"后十条"

毛泽东说，现在用几盒香烟就可以把一个党支部书记给贿赂了。如果把女儿嫁给一个干部，那就要什么有什么。他还将社会上的阶级斗争现象比做"蚂蚁"，说大踏步走路看不到蚂蚁，一蹲下去就看见了。

1963年2月中央工作会议后，部分地区开始了"四清"试点工作。

中共保定地委4月4日在给中共河北省委的报告中说，经过一个半月的时间，"四清"第二阶段基本结束，在全地区的6128个生产大队中，有70%多的生产大队"四清"工作搞得彻底，"揭发了大量的铺张浪费、干部多吃多占、贪污盗窃等问题"。保定地委认为，"损害集体经济的现象都是资产阶级思想在我们基层干部队伍中的反映；贪污盗窃、投机倒把实质上都是资本主义势力的复辟罪行。事实再一次证明阶级和阶级斗争确实是存在的。两条道路的斗争是激烈的。"①保定地区"四清"工作的具体作法是：第一步，认真学习"六十条"，统一政策思想，揭发"四不清"问题；第二步，对查出的问题先由个人作检讨，并进行查证，然后进行退赔处理；第三步，根据"四清"找到的漏洞，建立必要的制度；最后是按照"四清"工作的标准进行检查验收。

随后不久，即4月10日，中共中央东北局第一书记宋任穷就社会主义教育

① 中共中央文献研究室：《建国以来重要文献选编》第十六册，中央文献出版社1997年版，第254页。

问题，给中共中央和毛泽东写了一份报告。报告中说，东北地区的农村社会主义教育，一般都坚持了以正面教育为主的方针，比较普遍地采用了群众自我教育的方法。首先由县、社两级训练社、队骨干，然后分批铺开，由领导干部向基层干部和社员群众讲解八届十中全会公报、中央关于进一步巩固农村人民公社集体经济发展农业生产的决定及农村人民公社工作条例修正草案，随后在群众中展开讨论，主要是以阶级和阶级斗争的教育为中心，串联、启发贫下中农进行回忆对比。较普遍的做法，是请一些老贫雇农现身说法，对比今昔，启发群众的阶级觉悟、社会主义觉悟。也有一些地方比较系统地回忆了村史、合作化史，将全村、全队解放前后、合作化前后的情况作了对比。还有的地方，在这个基础上自然地把回忆对比发展到贫下中农的家庭中去，通过回忆家史，对家庭成员、对后一代进行了阶级教育。凡是坚持了这种做法，回忆对比搞得比较好的地方，社会主义思想教育就比较深入，群众发动得就比较充分，贫下中农的积极性就进一步发扬起来。

4月15日，中共河南省委向中共中央和毛泽东报告了全省开展社会主义教育运动的情况。报告中说，中央工作会议后，河南省委召开了常委扩大会议，部署了全省的社会主义教育运动。整个运动分为三步：第一步，开好县的三级干部会议；第二步，开好公社（区）的三级干部会议；这两步都是为了训练干部，组成干部队伍；第三步，在群众中开展社会主义教育，经过扎根串联，组成阶级队伍，打击敌人。现在，运动已经进行了二十多天，第一步基本结束，训练了大队以上的干部15万多人；第二步正在进行，受训练的生产队以上的干部和贫农积极分子150多万人；第三步的试点已经开始，并取得了初步经验。从全省情况看，运动的发展是健康的、正常的，效果是极为显著的。

报告说，仅90个县三级干部会议揭发出来的材料，大小投机倒把活动就有10万多起，其中“千字号”的上万，“万字号”的近千；反革命集团活动1300多起；地富反攻倒算26000多起，反动会道门活动8000多起；巫婆、神汉、“阴阳先生”5万多人；续家谱1万多宗；买卖婚姻5万多起。“特别严重的是，不少党员、干部参与了这些活动，有些甚至是他们带头干的。”总之，“这次运动中揭发出来的大量事实，确凿地说明了当前我省农村中的阶级斗争是十分激烈的。”①

① 中共中央文献研究室：《建国以来重要文献选编》第十六册，中央文献出版社 1997 年版，第 301 — 302 页。

这些报告使毛泽东坚信，农村的阶级斗争和两条道路斗争形势已十分严峻，发动一场社会主义教育运动对于巩固农村社会主义阵地十分必要。他对东北局、河南省委的报告很重视，提议转发这些文件，并让有关负责人起草了文件的批语。经他亲自修改的中共中央关于东北局和河南省委报告的批语中说："社会主义教育是一件大事，请你们（按：指各中央局和各省、市、自治区党委）检查一下自己在这方面的认识和工作，检查一下是不是抓住了要点和采取的方法是否适当，查一查是否还有很多的地、县、社没有抓住这方面的工作。如果有的话（看来一定是有的），应当在农忙间隙，在不误生产的条件下，抓住进行。上半年做不完，可以在下半年做，今年做不完，可以在明年做。特别要注意分步骤的方法、试点的方法和团结大多数、孤立极少数的政策。"①

1963 年 5 月 2 日至 12 日，毛泽东在杭州召集有部分中央政治局委员和各中央局书记参加的小型会议，讨论制定《中共中央关于目前农村工作中若干问题的决定（草案）》，以此作为指导正在开展的农村社会主义教育运动的纲领性文件。

5 月 7 日，毛泽东就如何开展农村社会主义教育运动作了讲话。他说，社会主义教育运动的要点就是阶级、阶级斗争、社会主义教育、依靠贫下中农、"四清"、干部参加劳动这样一套。各地都要试点，试点很要紧。凡是一般化的，不触及洗手洗澡，不触及贪污盗窃，就不能抓住问题。我们在农村十年来没有搞阶级斗争了，只是土改搞了一次，"三反"、"五反"是在城市，1957 年搞了一次，也不是现在这个方法。现在的方法，是要使百分之九十以上的人洗温水澡。说精神愉快，那是结果，要有点紧张，但不是所有的人都那么紧张。有些人实行了退赔，就不戴贪污分子的帽子了。吐出来就算洗了手，一不叫贪污，二不叫盗窃，伤人不要过多。十年来，"四清"就没有搞清楚过。"四清"是人民内部矛盾，敌我矛盾就是敌人的破坏，投机倒把，贪污盗窃。要用现在这个方法，使多数人洗手洗澡，轻装上阵。要把百分之九十以上的人团结教育过来，发动群众，打击极少数贪污盗窃分子。要使多数人有敌我观念，把阶级队伍组织起来。

毛泽东还提出，搞社会主义教育运动不要性急。今年搞不完，明年再搞。明年搞不完，就后年。社会上总是一分为二，没有贪污盗窃，不成世界。不然

① 中共中央文献研究室：《建国以来重要文献选编》第十六册，中央文献出版社 1997 年版，第 295 页。

辩证法就不灵了。针对有些人对搞社会主义教育运动可能会耽误生产，也可能会伤人过多的担忧，毛泽东说，要使阶级斗争和社会主义教育有利于生产。“四清”、“五反”的结果，一定会有利于增加生产。①

在此期间，《中南通讯》编辑的《农村社会主义教育运动主要做法特辑》上，有几篇介绍河南、湖北、湖南一些地方开展这一运动的具体做法，其中共同的特点是先开好县的三级干部会，开到大队一级，每个大队最少应有两个人参加。接着开好公社的三级干部会，开到生产队一级，可吸收贫下中农参加。这两个会，都是为了训练干部。然后以大队为单位，再一次武装干部，经过扎根串联，组织强固的贫下中农阶级队伍，深入到群众中开展运动。毛泽东认为这种做法很好，值得向全党推荐。5月8日，他为这一组文章特地写下了如下一段批语：

“这几个文件很好，看到了问题，抓起了工作，正确地解决了大量的人民内部的矛盾和敌我之间的矛盾，政策和方法都是正确的，因而大大地推动了农业生产。可以作为各省、地、县、社进行社会主义教育工作的光辉的榜样，应当组织干部学习这些文件。中央，各中央局，各省、市、区党委，都要收集这种又有原则，又有名有姓、有事件、有阶段、有过程、有结论的文件，请你们注意这件大事，认真调查研究，是为至要。”②

毛泽东曾将干部参加劳动看做是一件意义重大的事情。他在为浙江省委办公厅印发的《一批干部参加劳动的材料》所写的批语中说：

“阶级斗争、生产斗争和科学实验，是建设社会主义强大国家的三项伟大革命运动，是使共产党人免除官僚主义、避免修正主义和教条主义，永远立于不败之地的确实保证，是使无产阶级能够和广大劳动群众联合起来，实行民主专政的可靠保证。不然的话，让地、富、反、坏、牛鬼蛇神一齐跑了出来，而我们的干部则不闻不问，有许多人甚至敌我不分，互相勾结，被敌人腐蚀侵袭，分化瓦解，拉出去，打进来，许多工人、农民和知识分子也被敌人软硬兼施，照此办理，那就不要很多时间，少则几年、十几年，多则几十年，就不可避免地要出现全国性的反革命复辟，马列主义的党就一定会变成修正主义的党，变成法西斯党，整个中国就要改变颜色了。请同志们想一想，这是一种多么危险的情景啊！”③

① 中共中央文献研究室：《毛泽东传（1949—1976）》（下），中央文献出版社2003年版，第1317页。
②《建国以来毛泽东文稿》第十册，中央文献出版社1996年版，第285页。
③ 中共中央文献研究室：《建国以来重要文献选编》第十六册，中央文献出版社1997年版，第292页。

在这个批语中，毛泽东还论述了社会主义教育运动的性质及其意义。他写道：

"这一场斗争是重新教育人的斗争，是重新组织革命的阶级队伍，向着正在对我们猖狂进攻的资本主义势力和封建势力作尖锐的针锋相对的斗争，把他们的反革命气焰压下去，把这些势力中间的绝大多数人改造成为新人的伟大的运动，又是干部和群众一道参加生产劳动和科学试验，使我们的党进一步成为更加光荣、更加伟大、更加正确的党，使我们的干部成为既懂政治、又懂业务、又红又专，不是浮在上面、做官当老爷、脱离群众，而是同群众打成一片、受群众拥护的真正好干部。这一次教育运动完成以后，全国将会出现一种欣欣向荣的气象。"①

从这两段话中可以看出，一方面毛泽东对当时的阶级斗争形势、干部队伍的现状估计得过于严重；另一方面他又希望广大干部能经受住考验，不要当官做老爷，而应真正与群众打成一片，做到又红又专。

经过几天的努力，《中共中央关于目前农村工作中若干问题的决定（草案）》基本上起草好了。5月11日晚，毛泽东召集参会人员集中对草案进行讨论。他在讲话中再次表示，搞社会主义教育运动不要性急，准备搞他一年两年，两年搞不完就三年。有的地方一时还搞不了，就不要勉强搞。可以允许两个办法，一个搞，一个暂时不搞。他认为，运动不必要搞得很急，要搞得稳一点，分期分批，即使一个县也要分期分批，先搞试点，可以有先有后，允许参差不齐。这样就做得好。接着，与会人员对草案进行了讨论，并提出了一些修改意见。

毛泽东还将社会上的阶级斗争现象比做"蚂蚁"，说大踏步走路看不到蚂蚁，一蹲下去就看见了，以此提醒人们要注意阶级斗争。同时，他又强调，没有"蚂蚁"的地方就不去找"蚂蚁"，比如那些一类队，就不一定要搞阶级斗争。关于社会主义教育运动的搞法，毛泽东说：从基本上讲，不是派人去的问题，而是依靠群众，依靠省、地、县、社的广大干部。把广大干部群众发动起来，这是最主要的。用这种方法，自我教育的方法，来办好人民公社。②

第二天一早，毛泽东又将各中央局的书记找来，对草案再次作了讨论。毛泽东在讨论中强调：对于百分之九十五以上的人，要实行不抓辫子、不打棍子、

① 中共中央文献研究室：《建国以来重要文献选编》第十六册，中央文献出版社1997年版，第293页。

② 中共中央文献研究室：《毛泽东传（1949—1976）》（下），中央文献出版社2003年版，第1327页。

不戴帽子这一条。手脚不干净的要检讨。要防止一哄而起，不要伤人，搞过了头。

5月18日，周恩来主持召开中央政治局会议，通过了《中共中央关于目前农村工作中若干问题的决定（草案）》。两天后，正式下发全国，成为农村社会主义教育运动的指导文件。

这个文件共分十条，简称为“前十条”（因为同年9月通过的《中共中央关于农村社会主义教育运动中一些具体政策的规定（草案）》也正好是十条，所以用“前十条”与“后十条”来区分这两个文件）。

“前十条”所讲的十个问题是：（一）形势问题；（二）在社会主义社会是否还有阶级、阶级矛盾和阶级斗争存在的问题；（三）当前中国社会中出现了严重的尖锐的阶级斗争情况；（四）我们的同志对于敌情的严重性是否认识清楚了的问题；（五）依靠谁的问题；（六）目前农村中正确地进行社会主义教育运动的政策和方法问题；（七）怎样组织革命的阶级队伍的问题；（八）“四清”问题；（九）干部参加集体生产劳动的问题；（十）用马克思主义的科学方法进行调查研究的问题。

关于中国社会中出现的“严重的尖锐的阶级斗争情况”，“前十条”列举了九种情况。如：地主富农“企图复辟，反攻倒算，进行阶级报复”；被推翻的地主富农分子，千方百计地腐蚀干部，篡夺领导权，有些社队的领导权，实际上落在地富手里，其他机关的有些环节，也有他们的代理人；“反动分子的破坏活动”，“多处发现”；“商业上的投机倒把活动很严重”；“雇工剥削、放高利贷、土地买卖的现象，也发生了”；等等。为此，“前十条”得出结论：“任何时候都不可忘记阶级斗争”。“前十条”中所讲到的这些问题，在当时部分农村的确不同程度地存在。但是，其中相当多的并不属于阶级斗争性质，而且也远没有达到如此严重的程度。

“前十条”认为，在干部和党员中进行社会主义教育，进行阶级斗争，进行两条道路的斗争，“这是决定我们社会主义事业成败的根本问题”。因此，在整个社会主义历史阶段，一直到进入共产主义前，在农村中都要依靠贫下中农。那么，如何做到这一点呢？文件提出，要在集体经济中建立贫下中农组织。贫下中农组织的成员，要以土地改革和合作化时期的贫下中农为基础，要结合社会主义教育开展清理账目、清理仓库、清理财物、清理工分的群众运动。

“前十条”提出，社会主义教育运动的方针是说服教育、洗手洗澡、轻装上阵、团结对敌。要团结95%以上的干部和群众。对运动中揭发出来的坏人坏事，要有分析，区别对待，以教育为主、惩办为辅。对于贪污盗窃分子，一般不采用群众大会斗争的方式。要求各级党委对社会主义教育运动有关工作要定出规划，全面部署，抓紧时机，在不误生产、密切结合生产的条件下，分期分批有步骤地进行。应该说，这些规定，对于不因运动而冲击农业生产，并使运动不至于发展到乱批乱斗，都是有意义的。但是，由于运动是在对阶级斗争的形势作了脱离实际的前提下，在“阶级斗争，一抓就灵”的指导思想下进行的，这就势必将本不属于敌我矛盾和阶级斗争范畴的问题，当做阶级斗争来处理，也就难以避免混淆两种不同性质的矛盾，更难以达到“把我国的社会主义建设事业大大地推进一步”的目的。

“前十条”出台后，许多地方相继进行“四清”与社会主义教育运动的试点。中共湖南省委于5月底6月初召开了全省三级干部会议，认为“红皮白心的生产队”“不下百分之二、三十”。省委决定由各级领导机关派出工作队，协助当地进行社会主义教育运动的试点，然后由点到面，分期分批地进行社教运动。会议还制订了搞好社教运动的六条标准和面上社教宣传要点十二条。会后，全省组织干部8000多人，到302个大队、3298个生产队进行第一批社会主义教育试点。试点从这年6月底开始，8月底结束。

湖南的社教试点分为三个阶段：

第一阶段，“扎根串联，重新组织革命阶级队伍”。要“扎根”，就必须先选择“根子”，湖南的社教工作队选择“根子”的条件是：（一）出身贫苦，历史清楚；（二）立场坚定，分清敌我；（三）劳动积极，拥护集体；（四）敢说直话，办事公道。“根子”先由大队党支部介绍名单，工作队深入访贫问苦，审查根子，然后由工作队与支部确定根子对象。

根子选定后，“通过教育提高阶级觉悟，依靠他们进行串联”，建立贫下中农组织。在这个过程中，“广泛采取了谈家史、谈村史，实物展览，对比参观等办法提高群众的阶级觉悟”。接着教育干部洗手洗澡，开展“四清”运动。在这个过程中，发现“干部队伍中的问题是普遍而严重的”，据试点的274个大队的统计，公社、大队、生产队干部18278人中，贪污多占的有14816人，占干部总数的81%。平均每个干部贪污多占粮食124斤，现金60元，工分54分。同时还存在“政治上敌我不分，组织上稀里糊涂”，“政治上打击贫农，经济上剥削贫农”等问题，并有相当数量的生产大队、生产队的领导权“把持在资本主义和封建主义者手里”。

通过“四清”退赔，即“四不清”干部洗手洗澡后，运动进入第二个阶段：“清理阶级，深挖敌情，再一次开展敌对斗争”。据五个试点公社的统计，地（主）、富（农）、反（革命）、坏（分子）这四类分子搞一般破坏活动的占42.7%，搞严重破坏的占23.2%。社教进入这一阶段后，“通过广大干部群众的揭露，根据破坏的大小，采取不同的方法进行斗争，大破坏大斗争，小破坏小斗争，谁破坏斗争谁，斗准斗狠斗透”。所谓“大斗争”就是以大队或几个生产队联合起来批斗，“小斗争”就是以生产队为单位进行批斗。在斗垮“四类分子”后，清理阶级队伍，即分清贫下中农、中农、地富所占的比例，清出和补划漏网地主、富农。

社教第三个阶段是规划集体生产，解决公私关系，改进生产管理。这一步主要是清退社员多占的山林、田土、集体财物等。①

各地的社教试点基本上都是按照这样的程序进行的。

虽然“前十条”规定，社教运动和“四清”应采取“以教育为主，以惩办为辅”的方针，但在运动的过程中，在一些地方还是发生了乱打乱斗现象。其实，对于这个问题，早在1963年1月中共中央发出的《关于在社会主义教育运动中严禁打人的通知》中就明确提出：“不仅在人民内部的教育运动中，绝对不允许采取打人、罚跪、捆、吊这类粗暴办法，对于有违法行为的地主、富农和贪污盗窃分子、投机倒把分子等，也应该依法惩处，而不要用打人等办法对待。”②但这些政策规定在实际中并没有很好地贯彻，乱打乱斗现象在一些地方仍然存在，甚至发生了自杀、逃跑事件。另外，在退赔中，有些地方采取了“鸡生蛋、蛋生鸡”的办法，存在着打击面过宽，混淆政策界限等“左”的倾向。

1963年5月15日到6月15日，中央书记处书记彭真到河北、江西、湖南、广西、云南、贵州、四川、陕西等8省视察工作。7月4日，彭真向毛泽东和中共中央递交了《有关当前农村阶级斗争、社会主义教育和四清、五反等若干问题的报告》。报告提出：要防止急躁情绪；对于上中农、工作人员中的地富和资本家子女、犯错误的干部要正确对待，防止出偏差；对于贪污盗窃、投机倒把分子，要在不损害严肃性的原则下尽可能从宽处理。报告特别强调绝大多数干部是好的或者是可以教育好的，除领导权被地富篡夺的、蜕化变质的或情况

① 《湖南省三百零二个社会主义教育运动试点大队的一些情况》，1963年11月28日。

② 中共中央文献研究室：《建国以来重要文献选编》第十六册，中央文献出版社1997年版，第84页。

很混乱、无力领导运动的社队应该派工作组外，“在正常的情况下，一般应该领导、教育并且基本依靠原来基层的组织和干部进行此次运动”，“不要重复老区土改整风时‘搬石头’、‘跳圈子’的错误”。①

针对前一阶段社会主义教育运动中存在的问题，中共中央决定由邓小平、谭震林主持起草《关于农村社会主义教育运动中的一些具体政策问题》的文件，具体起草工作由毛泽东的秘书田家英组织一个班子负责。

1963年9月，中共中央召开工作会议上，讨论《中共中央关于农村社会主义教育运动中一些具体政策的规定（草案）》，是这次会议一项重要内容。会议的最后一天，邓小平宣布：这个文件大体上比较好。

《中共中央关于农村社会主义教育运动中一些具体政策的规定（草案）》正好也是十条，故称“后十条”。这十条是：（一）社会主义教育运动的基本方针和主要内容；（二）领导社会主义教育运动必须注意的几个问题；（三）团结百分之九十五以上的农民群众；（四）关于贫、下中农组织；（五）中农问题；（六）团结百分之九十五以上的农村干部；（七）关于干部参加集体生产劳动；（八）结合社会主义教育运动，整顿农村党的基层组织；（九）对地主分子、富农分子、反革命分子和坏分子的处理；（十）正确地对待地主、富农子女问题。“后十条”对上述问题都作了具体的政策规定。

“后十条”对前一阶段开展的社会主义教育运动给予了高度评价，认为它“对于打退曾经嚣张一时的资本主义势力和封建势力的猖狂进攻，对于巩固农村社会主义阵地和无产阶级专政，对于铲除发生修正主义的社会基础，对于巩固集体经济、发展农业生产，都有着极其重大的意义”。“后十条”规定了社会主义教育运动要抓住的五个要点：阶级斗争、社会主义教育、组织贫下中农阶级队伍、“四清”、干部参加集体劳动，并强调：“这五个问题中间，阶级斗争是最基本的。”

“后十条”提出，在社教运动中要依靠基层组织和基层干部，不能把基层干部看得漆黑一团，甚至把他们当做主要的打击对象。不能把基层组织和原有的干部抛在一边，工作队的任务主要是给基层干部当参谋，出主意，进行指导和帮助，启发基层干部善于分析问题，确定方针和办法，而不能包办代替。要团结95%以上的农村干部，至于对那些

① 薄一波：《若干重大决策与事件的回顾》（下卷），中共中央党校出版社1993年版，第1112页。

95%以外的、犯有严重错误的干部，也要将其同阶级敌人相区别，对他们采取教育、改造、团结的方针。

“后十条”与“前十条”相比，着重对团结95%以上的农民群众作了明确具体的规定，认为这是“进行农村社会主义教育运动所必须执行的一项根本政策”，并提出了“四个区别”的问题。“四个区别”即：（一）必须把进行复辟活动的阶级敌人同那些一时糊涂而被敌人利用的落后群众，加以区别；（二）必须把投机倒把分子同资本主义倾向比较严重的农民，加以区别；（三）在反对投机倒把的斗争中，还必须把投机倒把活动同正当的集市贸易活动、临时性的肩挑运销以及小量的贩运活动，加以区别；（四）必须把资本主义自发性势力同正当的社员家庭副业，加以区别。“后十条”指出，在社会主义教育运动中，对有资本主义倾向的少数上中农，只能采取批评教育的方法，不能采取对敌斗争的方法；团结95%以上的群众，应当包括地主、富农子女中的大部分人。

9月中央工作会议后，“后十条”没有立即下发，而是报给了毛泽东审阅。随后，毛泽东带着“后十条”南下视察，分别向河北、河南、湖北、湖南、广东五省的省委以及一些地委和县委负责人征求意见。接着，又到华东地区同有关省市负责人商量文件的内容。毛泽东本人也对“后十条”草案作了多处修改。11月25日，毛泽东代中共中央起草了《关于印发和宣传农村社会主义教育运动问题的两个文件的通知》。11月14日，刘少奇主持召开政治局扩大会议，正式通过了“后十条”。

同一天，中共中央将毛泽东起草的关于印发“后十条”的通知，连同“前十条”和“后十条”一并发给全国农村的每个党支部（“前十条”只发到社教运动的试点县、公社和大队），并要求“由县委、区委、公社党委领导干部负责向全体党员和全体农民宣读，要讲得明明白白，清清楚楚”。这样，农村的社会主义教育运动进一步在部分县、社开展起来。

“后十条”关于社教运动的具体规定，“对于在运动中严格执行党的政策，防止扩大打击面，保证运动的正常进行，都是很重要的”。[①]但是，由于《后十条》仍然是在“以阶级斗争为纲”的指导思想下制定的，因此，这个文件下发后，并没有抑制阶级斗争扩大化的惯性，而且一些地方的社教运动，实际上是采取对敌斗争的方式进行的。

① 薄一波：《若干重大决策与事件的回顾》（下卷），中共中央党校出版社1993年版，第1114页。

作为山东省社教运动试点单位的曲阜县颜家村大队的社教运动，经历了“四清”和干部洗手洗澡、对敌斗争、组织建设、生产建设四个阶段。在对敌斗争中，社教工作组采取的方法是：先定目标，对专政对象进行清理、分类、排队，成立大队干部、贫下中农积极分子组成的指挥部，然后全大队的18个生产队分为4个战区和20个战斗小组，每个战斗小组由干部、知情者、苦主和贫下中农积极分子组成，一般5至7人，每个战斗小组斗争一个斗争对象。接着，将全大队的地、富、反、坏四类分子分为需要在大会上斗争的“尖子”、需要在小会上批斗的对象及一般评审对象，斗争与评审相结合，再在此基础上召开对“尖子”的批斗、控诉大会。最后进行定案处理、落实监督管理工作。经过核实罪行材料，群众提出处理意见，指挥部研究定案，经县委批准，对全大队的四类分子分别作出管制、准备逮捕、群众监督改造和摘掉帽子的处理。中共山东省委批转了曲阜县委关于《曲阜颜家村大队根据中央两个十条开展社会主义教育运动的情况报告》，认为报告“总结的经验很好”，特别是“对敌斗争的工作做得很细致”，要求各地、县“学习仿行”。①

这样一来，农村社会主义教育运动，已远远超出了正面教育的范围，而变成对敌斗争，将那些多数已经改造好或基本改造好的所谓“四类分子”，再次作为斗争打击对象，这明显是将阶级斗争扩大化。

①《山东省委批转曲阜颜家村大队根据中央两个十条开展社会主义教育运动的情况报告》，1964年2月18日。

3.“三分之一的政权不在我们手里”

毛泽东对于中国可能出修正主义的问题越来越忧虑。他说，人是会变化的，革命者也会发生变化。没有群众监督和揭露，他们可能进行贪污、盗窃，投机倒把，脱离群众。他认为，“三分之一的政权不在我们手里”，刘少奇则提出了要“追根子”的问题。

“前十条”出台后，伴随着农村社会主义教育运动的开展，人们对农村的阶级斗争形势的估计也越来越严重，以至于得出了“三分之一的政权不在我们手里”的结论，并提出了要“追根子”的问题。

1963年6月14日，毛泽东在邯郸同河北省委第一书记林铁谈话时说：你们跟湖北差不多，湖北的同志讲他们是占三分之一多，有的土改就不彻底，有的后来变了，有的富裕中农当权。湖北的同志说地主有心，我们无意，现在清醒了。

同年8月4日，他在会见日本共产党领导人藏厚雄人时，就说得更明确了：现在在农村还有三分之一的生产队掌握在敌人及其同盟者手里。

过了一个多月，即9月9日，毛泽东在会见新西兰共产党主席威廉斯时，又说：对于新的资产阶级分子，单靠中央和少数党委本身解决不了问题，必须发动群众上下夹攻。我们一定要有一个基本的依靠队伍，在农村依靠比较穷的农民，在机关依靠多数工作人员、下层干部。[1]

与此同时，毛泽东对于中国可能出修正主义的问题也越来越忧虑。1964年1月，他在审阅中央统战部副部长徐冰《关于中央统战部几年来若干政策理论性问题的检查总结》所写批语中说："如果我们和我们的后代不能时刻提高警惕，不能逐步提高人民群众的觉悟，社会主义教育工作做得不深不透，各级领导权不是掌握在真正的马克思主义者手里，而是被修正主义者所篡夺，则我国还可能要走一段资本主义复辟的道路。"[2]

1964年1月5日，他在会见日本共产党政治局委员听涛克已时，说了这样几段话：

"如果我们中国也像苏联那样搞，那末，有一天也要出修正主义。我们现在隔几年要进行一次整风运动。最近我们有两个有关社会主义教育的文件，可以看一看。人是会变化的，革命者也会发生变化。没有群众监督和揭露，他们可能进行贪污、盗窃，做投机倒把，脱离群众。"

"现在我们还不能说目前中国所采取的办法一定能够防止出修正主义。但修正主义要在中国占统治地位是很困难的。是否能够防止，要过几十年后再看。"

"修正主义不是一朝一夕形成的，是旧社会母胎中的产物。就算没有赫鲁晓夫，难道苏联就不会出修正主义？我看很有可能。这不是个别人的问题，而是一定的社会阶层的反映。"[3]

毛泽东将开展农村的社会主义教育运动，作为国内反修防修的一个重大举措。为了进一步推动这一运动的发展，1964年3月22日，他为中共中央起草了《关于在全党组织干部宣讲队伍，把全党全民的社会主义教育运动进行到底的指示》。

指示提出：全党全民的社会主义教育运动，必须进行到底，需要几年才能完成（至少要三年到四年）。要将"前十条"和"后十条"在几年内分几次在城乡全党全民中宣读，讲解，发问，答问，由粗到细，由浅入深，结合当地实际情况，深入调查研究，直到确实解决问题。指示强调，为开展好这一运动，必须组

① 参见肖冬连：《求索中国——文革前10年史》（下册），红旗出版社1999年版，第1012页。

②《建国以来毛泽东文稿》第十一册，中央文献出版社1996年版，第17页。

③ 中共中央文献研究室：《毛泽东传（1949—1976）》（下），中央文献出版社2003年版，第1338页。

织宣讲队伍。“从中央委员到县委市委委员，与县一级相同的党委委员以及其他有相当文化和政治水平的同志，除年老体弱及有病者外，一律要使他们充当宣读员，至少一次到两次。避免不去的，叫做消极怠工分子。这样做，于己于人，好处极多，能使全党全民获得社会主义教育，首先是各级干部获得这种教育，免除官僚主义、修正主义和教条主义的危害。”[①]

毛泽东不但号召各级干部走出机关，深入农村宣传“双十条”，他本人也随即离开北京，到外地视察，了解社会主义教育运动的动态，就如何进一步推动这一运动开展调查研究。

3月28日，毛泽东在邯郸召集河北、山西两个省委及河北省五个地委的负责人开会，听取两省委关于社教运动情况的汇报。

毛泽东对“四清”与生产的关系甚为关心。山西省委第一书记陶鲁笳汇报说，自去年11月以来，面上普遍宣讲了“双十条”，点上正在搞“四清”试点。这时，毛泽东问道：“你们这样做，究竟妨碍了生产没有？生产情况如何？”他明确表示：“每一步骤都要紧密结合生产。”

当时，社会上有一种议论，说阶级斗争是共产党挑起来的。当汇报到这个问题时，毛泽东说，什么叫挑起来的呀，共产党是反映人民的要求。人民要求“四清”，反贪污、反浪费、反多吃多占、反对反革命破坏。因此才写了“五反”指示，才出了“双十条”，然后发下去，到工厂、农村去念，看他们赞成不赞成，有无修改。你说这些东西是天上掉下来的？是主观挑起来的吗？说是共产党想出来的，为什么群众欢迎？蒋介石叫嚣反攻大陆时，四类分子跃跃欲试。地主用归宗图教育他们的后代，还要搞阶级斗争，他们用送礼、美人计拉拢我们的干部，是谁挑起来的？阶级斗争确实存在。不能把没有说成有，也不能把有说成没有。[②]

离开河北后，毛泽东又先后在郑州、武昌、长沙、南昌、杭州、南京、蚌埠、济南、天津等地视察，历时一个多月。在视察途中，除了听取当地党委负责人关于社教运动情况的汇报外，他还就如何开展好这一运动作了许多指示。毛泽东强调，这次社会主义教育不能着急，一定要搞彻底，不要滑过去。两年不行搞三年，三年不行搞四年。过去民主革命没有搞彻底，现在要补课。社会

① 中共中央文献研究室：《建国以来重要文献选编》第十八册，中央文献出版社1998年版，第331—332页。

② 中共中央文献研究室：《毛泽东传（1949—1976）》（下），中央文献出版社2003年版，第1339—1340页。

主义革命如果滑过去，将来又要补课。毛泽东还多次表示，要以生产的好坏来衡量社教运动的成败。他说，如果生产搞坏了，下降了，农村社会主义教育运动就是失败了。他还一再表示，运动要依靠大多数人，要团结百分之九十五以上的人。此外，毛泽东还谈到了在农村和城市划阶级的问题，认为要通过划阶级把坏分子清出来。

1964年5月15日至6月17日，中共中央召开工作会议。会议的主要内容是讨论社会主义教育运动、第三个五年计划的初步设想、三线建设等问题。

6月8日，毛泽东主持召开有部分中央政治局委员和各中央局第一书记参加的小型会议。会上，在周恩来、彭真等谈到运动中暴露出来的一些基层干部严重蜕化变质的材料后，毛泽东提出：“总之，我看我们这个国家有三分之一的权力不掌握在我们手里，掌握在敌人手里。”在这天的会议上，毛泽东再次提出了如果中国出了赫鲁晓夫怎么办的问题，并从防止中国出赫鲁晓夫的角度出发，提出要培养革命事业接班人。

在此之前，东北局第一书记宋任穷曾给毛泽东和中共中央写了一份题为《关于农村支部培养接班人问题——汇报一个有政治远见的党支部》，介绍了辽宁省盖平县太阳升公社何屯大队党支部书记李铭新注意培养接班人的经验。毛泽东对这份报告很赞赏。他在这天的讲话中说：宋任穷的一个材料很值得注意。那个支部书记说要注意后事，注意培养提拔青年人。这个材料要发到各县、各社、各队去。你不注意培养后代怎么行？现在，就是不让青年人上来，有些人占着位子，都是老年人。总之，天有不测风云，人有旦夕祸福。干部配备也有一、二、三线。不能一个人死了，没人管事了，要准备几线。

在这次会议上，刘少奇还提出了“追根子”的问题。他说：“现在下边发生的问题就是不追上边，恰恰问题就出在上边。抚宁县的农民说，不仅下边有根子，上边也有根子。朝里有人好做官。这句话引起了我的注意。”①

“追根子”的话，最早是刘少奇在1964年2月上旬提出来的。在此之前，王光美化名董朴，以工作队队员的身份，参加河北省抚宁县卢王庄公社桃园大队的社会主义教育运动试点。春节期间，王光美从桃园回京，同刘少奇谈起群众反映一些“四不清”基层干部，同公社、县和地区某些干部有牵连，上面有“根子”。刘少奇说：“犯严重‘四不清’的错误，根子在哪里？封建势力和资本

① 中共中央文献研究室：《刘少奇传》，中央文献出版社1998年版，第954页。

主义势力的腐蚀和影响是下面的根子，群众还提出有上面的根子，应该切实查一下上边的根子。上面的根子，包括上级机关的蜕化变质分子和一般干部的不好作风的影响。犯有严重'四不清'错误的干部，在上面大体都有根子。下面的干部给上面干部送礼物，请吃喝，甚至发展到相互勾结，上面就有人保护他了。"①

"三分之一政权不在我们手里"的估计和"追上面的根子"的提出，是党的领导人对农村形势和农村干部队伍的状况又一严重脱离实际的估计，它使社教运动的矛盾直接指向广大农村干部，这就不能不使这场运动向着更"左"的方向发展。

6月11日，刘少奇受中共中央的委托，在中央工作会议上作了关于反对现代修正主义斗争问题的报告。报告介绍了1963年9月中央工作会议以来国际形势的发展，阐述了当前反对现代修正主义的斗争方针和国内如何进行反修防修、防止资本主义复辟等问题，提出要在全国范围发动群众，经常开展"四清"和"五反"运动，以防止出现修正主义。②

在刘少奇作完报告后，毛泽东作了简短的讲话。他说，有许多事情我们预先料不到。比如苏联出修正主义，也是料不到的一件事呀。它就出了嘛。它不以人的意志为转移嘛，它要出嘛。比如中国的牛鬼蛇神，"有鬼无害论"，它要出嘛。总的我看我们是乐观的。但要准备另一方面，天要黑。天天是晴天，没有下雨？没有打雷？没有阴天呀？这个社会就那么干净呀？我看永远不干净。不干净才合理嘛，不然就没有矛盾了嘛。对立统一，是两个侧面的统一。你只有一个侧面，还有什么对立统一？

毛泽东又说，还是要有信心。中国一定要出赫鲁晓夫？不一定。有两种可能。出了也不要紧，你苏联还不是出了赫鲁晓夫？将来那个列宁主义势必要翻起来的。还是那两句老话：前途是光明的，道路是曲折的。③

6月16日，毛泽东在十三陵水库主持召开中央政治局常委和中央局第一书记会议。会上，毛泽东发表了关于接班人问题的著名讲话。

毛泽东说：苏联出了修正主义，我们也可能出修正主义。那么，如何防止出修正主义，怎样培养无产阶级的革命接班人？毛泽东认为，主要依靠如下五

① 中共中央文献研究室：《刘少奇年谱(1898—1969)》(下册)，中央文献出版社1998年版，第588页。
② 中共中央文献研究室：《刘少奇年谱(1898—1969)》(下册)，中央文献出版社1998年版，第593页。
③ 中共中央文献研究室：《毛泽东传(1949—1976)》(下)，中央文献出版社2003年版，第1346页。

个方面：

第一，要教育干部懂得一些马列主义，懂得多一些更好。就是说，要搞马列主义，不搞修正主义。

第二，要为大多数人民谋利益，为中国人民大多数谋利益，为世界人民大多数谋利益。没有这一条，不能当支部书记，更不能当中央委员。

第三，要能够团结大多数人，包括从前反对自己反对错了人。要团结广大群众，团结广大干部，团结两个百分之九十五。

第四，要有事跟同志们商量，要充分酝酿，听各种意见，包括反对的意见。要讲民主，不要"一言堂"，要搞民主作风，不能搞家长作风。

第五，自己有了错误，要作自我批评。打主意，对的多，错的少一点，就行了。

接着，毛泽东又说：关于培养接班人问题，我想的不完全，今晚你们开会研究一下，也部署一下，中央局、省、地、县到支部，都要搞几层接班人。不要总是认为只有自己才行，别人什么都不行，好像世界上没有自己，地球就不转了，党也就没有了，自己死了无办法了。死了张屠户，就吃活毛猪？！什么人死了也不怕。死了一个人就是很大损失，我就不相信。你看嘛，马克思、恩格斯、列宁、斯大林不是死了吗？死有各种死法的。敌人打死，飞机摔死，游水淹死，枪打死，包括原子弹炸死，细菌钻死，不钻也老死。要准备随时离开自己的岗位，随时准备接班人，要有三线接班人，一二三把手。

如何培养接班人，是毛泽东在这一段时间思考很多的问题。在此前后，他也曾就此多次发表过意见。

1964年2月8日，他在接见柬埔寨驻华大使西里克·马塔克时说：西哈努克亲王正在解决他的继承人问题，这个办法好，我们党早已决定培养接班人，你们知道吗？为了解决接班人问题，就要大量培养和选拔优秀的年轻干部。

过了几天，他在一次谈话中又说：现在必须提拔年轻干部。赤壁之战，群英会，诸葛亮那时是27岁，孙权也是27岁。孙策干事时只有十七八岁。周瑜死时才不过36岁，那时也不过30岁左右。鲁肃40岁，曹操53岁。事实上，年轻人打败了老年人。"长江后浪推前浪，世上新人斩（换）旧人。"

7月5日，他在同侄子毛远新谈话时，又对接班人的五个条件作了具体解释，并说这五条是互相联系不可分割的。第一条是理论也是方向；第二条是目的，到底是为谁服务，这是主要的，这一条学好了什么都能办；三、四、五条是方法问题。要团结多数人，要搞民主集中制，不能一个人说了算，要有自我批评，要谦虚谨慎，这不都是方法吗？

“四清”也好，培养接班人也好，其实都是为了一个共同的目标，这就是如何防止中国出现赫鲁晓夫式的人物，防止马克思主义的党演变为修正主义的党，防止资本主义复辟。

1964年6月25日，中共中央作出《关于印发〈中华人民共和国贫下中农协会组织条例（草案）〉的指示》，提出“组织贫农下中农协会，是我党在农村工作中的一项组织方面的基本建设”，并认为“要使这个阶级队伍发挥它应该发挥的作用，一个先决的条件是保证它的纯洁性。参加协会组织的贫、下中农，必须是真正的贫、下中农。在有些地方，过去划分阶级的时候，把某些上中农、小商人，甚至地主、富农，划成了贫农或者下中农；也有的把真正的雇农、贫农、下中农，划成了中农。在组织农村阶级队伍的时候，都应该经过认真的审查，改正过来”。[①]《条例（草案）》规定了贫下中农协会的性质、基本任务、会员、组织机构、领导成员、同社队组织的关系等内容。中共中央在《通知》中指出：组织贫下中农协会是党在农村中的一项组织建设，县以下的党组织要在社教运动结束后，采取有效措施，使它充分发挥作用。

这次中央工作会议后，经毛泽东同意，中共中央决定成立“四清”、“五反”指挥部，由刘少奇挂帅。此后，刘少奇实际上处于社会主义教育运动领导工作的第一线。

① 中共中央文献研究室：《建国以来重要文献选编》第十八册，中央文献出版社1998年版，第581页。

4. 集中兵力打歼灭战

刘少奇说，领导农村的社会主义教育运动，要集中优势兵力打歼灭战，这样能够确实解决问题，锻炼干部。于是，集中兵力打歼灭战、扎根串联、追根子，就成为社会主义教育运动的主要方式。

对刘少奇提出的集中兵力打歼灭战的做法，毛泽东虽然一开始时是“完全赞成”的，但不久他就改变了看法。

中央工作会议一结束，刘少奇就离开北京，到外地了解运动的进展情况。

1964年7月2日，刘少奇邀请参加河北省委工作会议的地委书记进行座谈，话题有两个，一是农业生产问题，二是农村社会主义教育问题。在谈到后一个问题时，刘少奇说，领导农村的社会主义教育运动，一条是集中优势兵力打歼灭战，这样能够确实解决问题，锻炼干部，又出经验，一批一批地搞，看起来似乎很慢，实际快。再一条是省、地、县委书记真正去蹲点。所以蹲点不是到点上听听汇报又回来了，而是从扎根串联开始一直到“四清”搞完为止，一直搞下去，取得完整的经验。这样，我们各级党委才能真正领导好这次革命。

在这天的讲话中，刘少奇再次讲到了“追根子”的问题。他说，注意上边的根子是贫下中农提出来的。贫下中农说：“不仅下面有根子，上面也有根子。”贫下中农这个意见引起了我的注意。群众有他的经验，为什么搞不动，因为上面有根子。下面的根子，地富反坏是基本的根子，要追清楚；上面的根子也要追，上面的根子更危险，一律要追，追到什么地方算什么地方，是公社的追到公社，是县委的追到县委，是省委的追到省委，是中央的追到中央。不要有任何顾虑，上面的根子更危险不追不行。

7月13日，刘少奇在合肥召开安徽省、地、县委书记座谈会，主题仍然是农村社会主义教育如何开展。刘少奇说：这个革命是个大革命，实际上比土地改革、合作化，比过去任何一次革命都广泛、深刻、复杂得多，它和过去历次革命不同，非要自己亲自去做不行。社会主义教育运动，既要解决人民内部矛盾，解决“四不清”，又要开展对敌斗争，还要解决干部参加劳动，这些事情过去都没有解决。解决这些问题比土地改革困难得多。自己不去取得直接经验，就不能领导这个革命。

刘少奇此行的下一站是南京。在他到南京之前，华东局候补书记魏文伯在电话中告诉江苏省委，这次刘少奇的脾气大得很，在山东已经发了脾气，到合肥也发了脾气，提醒江苏省委第一书记江渭清作好思想准备，待刘来南京后多加注意。

7月14日，刘少奇到了南京，没有住省委招待所，而是在江苏省委办公大楼的办公室临时搭了一个铺。当天下午，江苏省委就向他汇报了农村“四清”和城市“五反”的情况，并向了他报送了有关材料。在听汇报的过程中，刘少奇作了许多的插话。接着，他又在江苏省委召开的扩大会议上，作了两个下午的讲话，中心内容是阐述为什么要搞社会主义教育运动，理由是不仅国际上出了赫鲁晓夫修正主义，而且国内也出了不少修正主义。农村“四清”和城市“五反”，就是要把国际上反对修正主义的斗争同国内“反修防修”的斗争联系起来。

刘少奇在讲话中认为，有地方已不止“三分之一的领导权不在我们手里”，有些地、县领导干部对“和平演变”、“资产阶级复辟”的警惕性不高；基层干部“四不清”的是多数，对基层干部只能是“又依靠又不依靠”；社会主义教育运动虽然搞了一年多，但城市、农村都没有搞好。他还在讲话中透露，“后十条”要修改，“四清”不光清经济方面，还要清政治、清思想、清组织。刘少奇再次谈到了“追根子”的问题，认为生产队有严重问题的，一定是大队有人保护；大队有严重问题的，一定是公社有人保护；公社有严重问题的，一定是县委、地委有人保护；地委有严重问题的，一定是省里、中央有人保护。工厂、机关也是一样。处长有严重问题的，一定有部长保护。“四不清”的根子在上面，不可不追。[①]

对于刘少奇的上述看法，江渭清曾向刘少奇当面表示过不同意见，认为江苏的社会主义教育运动60%的地方打了胜仗，基层干部多数是好的和比较好的，江苏没有发现烂掉的社、队领导班子，对于其他地方“四清”的经验江苏不盲目地执行。为此，江渭清遭到了刘的严肃批评。这年9月30日，刘少奇在给江渭清的复信中说：“你对于江苏社会上当前的许多重要情况，特别是当前阶级斗争的情况，比十年以前是了解得更少了，而不是更多。严重的问题就在这里。你了解本省的情况，很多是老的情况，大部分已经过去了。你对于已经发生了很大变化的新的社会、政治、经济、思想和党本身的当前的情况，并不是了解很多，而是很少，或是了解得错了。”[②]刘少奇认为，在这场运动中，已有相当多的省、地、县委负责人严重地脱离了实际，脱离了群众。

8月1日，中共中央召开在京党政军机关和群众团体干部大会。会上，刘少奇就社会主义教育运动作了长篇讲话。

讲话中，刘少奇再次重申，各级负责干部都要下去蹲点，自始至终参加“四清”的全过程，以取得直接经验。否则，就不能领导今后的工作，就不能做领导工作了。他建议除有病和年老体弱的以外，凡是能够下去的领导干部，都应该下去蹲点。刘少奇认为，一年多的“四清”、“五反”虽然有成绩，有好的作用，但不论城市还是农村，运动都没有搞深搞透，甚至没有搞开，没有入门，原因是派下去的工作队太弱，或者对工作队限制过多，使其不能放手发动群众。

刘少奇同样对阶级斗争的形势估计得很严重。他说：“现在，我们是在无产阶级专政的条件下来进行阶级斗争，而阶级斗争现在可以说到处都有。在过去十五年以来多次的运动中间，阶级敌人已经改变了同我们作斗争的方式。敌人现在是向我们采取合法斗争的方式。在很多地方，利用我们的政策，利用共产党员的招牌，利用我们干部的面貌来篡夺领导权，或者把持领导权。坏人坏事，在上下左右都有根子，一律应该追清楚。追到哪里是哪里，追到谁是谁，一直追到中央。而上面的根子危害性更大。”

刘少奇又说：“现在，调查农村情况、工厂情况，在许多情况下，用那个开调查会的方法（毛主席在《农村调查》中间讲了开调查会），找人谈话，已经不

① 《江渭清回忆录》，江苏人民出版社1996年版，第484—485页。

② 国防大学党史党建政工教研室编：《中共党史教学参考资料》第二十四册，国防大学出版社1986年版，第506页。

行了。现在要做调查研究，对于许多单位，应该去搞社会主义教育，搞‘四清’，搞对敌斗争，搞干部参加劳动，发动群众，扎根串联，这样做，你才可以把情况搞清楚。”①

刘少奇在讲话中还对“后十条”提出批评，认为这个文件“是有些缺点的”，“对于强调放手发动群众写得不够”，并认为对于“后十条”“念一遍有好处，以后不要强调了”。

“后十条”要求在社教运动中既依靠贫下中农，又依靠基层组织，刘少奇在讲话中认为，这两个依靠是难以并行的，如果基层组织是依靠贫下中农的，贫下中农又信任基层组织，那依靠这样的基层组织是对的，如果基层组织它自己不依靠贫下中农，又脱离群众，犯了严重的“四不清”错误，这样的基层组织就不能依靠，而只能是工作队自己去扎根串联，直接发动群众，不要去经过基层组织，这样才能真正了解实际情况，搞好“四清”和“五反”。

“后十条”中曾强调，团结百分之九十五以上的基层干部是团结百分之九十五以上的群众的前提，刘少奇认为这句话不对，应当反过去，即团结百分之九十五以上的群众是百分之九十五以上的基层干部的前提。

8月16日，刘少奇致信毛泽东，建议把各县社教工作队集中到地委，省委工作队分到地委，在省委、地委的领导下集中搞一个县，一个县可以集中工作队员上万人。中央各机关也抽出人来组成工作队，在北京进行初步训练和准备后，分到各大区的若干省，再分到几个县，由省委领导。这样，工作队力量集中，领导加强，便于打歼灭战和掌握运动的火候，使运动能搞深搞透有更多的保证，也可少出乱子。

毛泽东复信说：“8月16日来信收到，我于昨天（17日）看了一遍，觉得很好，完全赞成。今天（18日）即与中央各同志商量，照此办理，迅速实行。十月工作会议还应该讨论此事一次，取得一致意见，统一党内思想。在此以前，各中央局、各省、市、区党委、各地委、各县委先行讨论一次，收集各种意见，以利10月中央工作会议讨论。8月中旬至10月中旬，中央、省、地、县委、各中等城市市委，以两个月时间，即照你的办法，立即训练工作队，以利秋冬实施。”②于是，集中兵力打歼灭战、扎根串联、追根子，就成为社会主义教育运

① 中共中央文献研究室：《毛泽东传（1949—1976）》（下），中央文献出版社2003年版，第1350页。
② 《建国以来毛泽东文稿》第十一册，中央文献出版社1996年版，第132页。

动的主要方式。

于是，全国各级机关和部分高等院校抽调了大批的干部、师生组成工作队，赴农村开展社教运动，总人数在100万以上。仅河北一个省1964年11月就集中了10万多干部（包括15000名大专院校师生），经过训练后，在11个重点县和天津市的一个郊区进行“四清”，其中集中在新城一个县的工作队员即达1万5千人。湖南的社教运动也在这年年底大搞“人海战术”，湖南省委决定将原集中在4000个大队的8万多名工作队员中，抽调3万2千人集中到640个大队，使每个大队的工作队员由20人增加到50人。

1964年8月起，在刘少奇的主持下，中共中央进行了“后十条”的修改工作。“后十条”修改前，毛泽东提出两点意见，第一是不要把基层干部看做漆黑一团，第二是不要把工作队员集中在一个点上。很明显，对刘少奇提出的集中兵力打歼灭战的做法，毛泽东虽然一开始时是“完全赞成”的，但不久他就改变了看法。因为这期间毛泽东在同华北局第一书记李雪峰和华北各省、市委的书记谈话时，发现他们并不赞成大兵团作战的方法，说一万多人集中在一个县，搞倾盆大雨，而且拖的时间会太长。比如河北省141个县，如按这个进度，5年才能搞一半，时间拖得很久；应该主要搞落后区，一般地区可先在面上搞。

从刘少奇8月1日的讲话和毛泽东对修改“后十条”的意见中，“可以隐约地感到毛泽东与刘少奇在‘四清’问题上，乃至两人关系问题上出现一些不协调、不和谐的情况。”①

9月18日，中共中央印发了刘少奇主持修改的《关于农村社会主义教育运动中一些具体政策的规定（修正草案）》（即第二个“后十条”）。

与第一个“后十条”相比，第二个“后十条”突出之点主要在于：

（一）增加了毛泽东提出的搞好社会主义教育运动的六条标准（这六条标准，一是看贫下中农是否真正发动起来；二是干部的“四清”是否真正解决；三是干部是否参加劳动；四是一个好的领导核心是否建立起来；五是发现有破坏活动的地、富、反、坏分子是将矛盾上交，还是发动群众认真监督、批评，以至于展开恰当的斗争，并留在那里就地改造；六是要看是增产还是减产）。

（二）提出要把发动群众放在第一位，是不是发动群众，是不是放手发动贫下中农，是彻底或者不彻底进行社会主义教育运动的根本分界线。

① 中共中央文献研究室：《毛泽东传（1949—1976）》（下），中央文献出版社2003年版，第1352页。

（三）改变了第一个“后十条”提出的依靠基层组织和基层干部，工作队主要是给基层干部当参谋出主意的提法，强调每一个点开展社会主义教育运动，都必须有上面派的工作队。整个运动都由工作队领导。

（四）提出民主革命不彻底的地区，都必须认真地进行民主革命的补课工作。土改时漏划的地主、富农，必须查出来，没收他们过多的房屋和家具，分配给生活困难的贫下中农或收归集体。

（五）规定整个社教运动分为两个阶段。第一阶段主要是解决“四清”问题和对敌斗争问题；第二阶段主要是组织建设。

那么，具体到一个村庄，“四清”运动是如何开展的呢？时任中央组织部部长的安子文，曾在给中共中央的一个报告中，详细地谈到了他所在的工作队进村四十天的情况。

该工作队于1964年10月23日进村，到12月2日，工作了四十天。“这四十天工作的过程大体是：10月23日至26日，讲来意，亮旗帜，表决心，安排当前生产；10月27日至11月8日，访贫问苦，调查摸底，挑选审查贫下中农积极分子，建立贫协筹备组织；11月9日至17日教育训练积极分子，继续进行串联发动，扩大贫协队伍，进行封账追账斗争；18日以后，清理当年工分，组织群众斗争，训练阶级队伍，鼓舞群众斗志，为系统地宣讲‘双十条’进行准备。每一步工作互相穿插，各有重点。”[①]这几个阶段中，工作队“花的时间最多，下的力量最大”的是“访贫问苦，串联发动，组织和训练阶级队伍”。

该工作组所在的大队，在1963年春天曾搞过“三清”，1964年1月宣讲过“双十条”。但是，这两次都是“打了锣鼓未开戏”，没有解决任何问题，群众极为不满。他们说：“官官相卫，清也清不了。”这次工作队进村，群众既欢迎，又怀疑。贫下中农社员主动让房子，请吃派饭，但又不敢接近，不敢揭发问题。在个别访问时，有的笑而不语，有的只是说：“问题海(多)啦！徐徐你们就知道了！”还有的表示不满说：“什么三清四清，一年一次，年年不清。”面对这种情况，工作队的主要做法是：

首先亮出旗帜，大讲来意。工作队进村后，连续召开三个会：党支委和大队管委会，大小队干部和党团员会，各生产队社员大会。“在会上，根据‘双十条’的基本精神，结合本地的具体事例，大讲阶级、阶级斗争；大讲四清；讲解

① 中共中央文献研究室：《建国以来重要文献选编》第十九册，中央文献出版社1998年版，第433页。

一纲五点，六条标准；表明工作队坚决依靠贫下中农，放手发动群众，彻底搞好运动的决心；宣布工作队是由省委派来的，领导全大队的一切工作。同时，根据进村前已经掌握的材料，在会上揭发了县、社、队干部中的坏人坏事，号召群众积极参加运动，揭发问题。并且向干部交代了政策，约法三章。以上内容，会上讲，个别讲，反复讲，一有机会就讲，使群众了解工作队的'来头大'、决心大。"

其次是工作队坚持与贫下中农同吃、同住、同劳动（即"三同"），有些"四不清"干部，见工作队来，笑脸相迎，邀请到他家去吃饭、住宿，工作队严加拒绝。同时想方设法解决贫下中农的生活困难，取得群众的信任。

再就是"坚决支持群众的要求，打击干部的歪风"。这个大队的干部在农田基本建设中，搞形式主义、命令主义、瞎指挥生产，未同群众商量，擅自决定改建三条道，新修八条渠，要毁掉耕地38亩，麦田25亩，并宣布"不准乱提意见，谁要反对，就按刑事犯处理"，强迫群众动工。工作队进村后，听到群众对此事很不满，就坚决进行制止和纠正，并在各种会议上批评大队干部的错误。"由于采取了以上措施，群众就很快了解了工作队，信任工作队。"

接下来，工作队开展了"物色根子对象，组织阶级队伍"的工作，具体办法是扎根串联。这项工作中，最关键的就是确定根子。工作队定根子是分两步进行的：第一步，挑选积极分子，物色根子对象；第二步，经过宣讲"双十条"和"四清"斗争的考验初步定根子，再经过对敌斗争的考验最后确定根子。工作队进村后，通过"三同"，访贫问苦，调查了解，摸阶级底子，发现和挑选积极分子。经过十多天的工作，每个生产队都挑选到三、五个积极分子，全大队第一批挑选了35个积极分子。这批积极分子经过初步审查和教育后，就在各生产队建立了贫下中农协会筹备小组，在大队建立了贫协筹备委员会。接着，工作队和积极分子一起进行串联发动，第二批又挑选了25个积极分子。同时，在各生产队又建立了贫下中农青年积极分子小组。

为了保证根子是真正的贫下中农，工作队在挑选积极分子和根子对象时进行严格的审查。采取的办法是：一是在社员中个别了解，秘密审查；二是积极分子互相审查，队与队之间交叉审查；三是工作队集体审查；四是在实际斗争中审查。"这样经过几道工序，多方审查，对积极分子就有了比较全面的了解，挑选出来的积极分子才比较可靠。"

在贫下中农阶级队伍组织起来之后，"四清"运动进入"组织斗争，鼓舞斗志，练兵练将”阶段。工作队在发动时，“开始是组织一些小型的斗争，练兵练将，积小胜为大胜”，如开展反对坏干部霸占公房的斗争，封账、追账的斗争。然后发动群众清理工分，每个生产队都召开了三四次社员大会，逐个讨论清理大小队干部的工分。

对于那些“骑在群众头上作威作福的坏干部，如果群众已经有了斗争的要求，就要不失时机地领导群众，积极起来斗争”。工作队首先发动群众斗争了“是地主狗腿的儿子，冒充贫农，混进来当了干部，经常谩骂社会主义、谩骂毛主席，破坏生产，一贯欺压群众”的第二生产队队长；接着又斗争了“过去当过伪村长，从1961年担任生产队长以来，一贯欺压群众，打人骂人，敲诈勒索，奸污妇女，破坏生产”的前第三队生产队队长。

就这样，“经过多次的斗争，群众精神振奋，看到了自己的力量，大大鼓舞了革命斗志，进一步树立了贫下中农的阶级优势，中农开始向贫下中农靠拢；贫下中农积极分子受到了锻炼和考验，在斗争中逐步成长起来；‘四不清’干部的气焰受到打击，正在分化瓦解，有的主动交代问题，坏干部受到孤立；群众更加信任工作队。这就给今后四清阶段的斗争和对敌斗争，创造了有利的条件。”因而也使该工作队“较快地揭开‘四不清’的盖子，掀起社会主义教育运动的第一个高潮”。①

① 中共中央文献研究室：《建国以来重要文献选编》第十九册，中央文献出版社1998年版，第434—447页。

5."桃园经验"与小站夺权

工作组对基层干部采取了完全不信任和撇在一边的态度，只有发现一点"四不清"线索，就穷追不舍，这就难免产生逼、供、信，甚至发生打人、捆人等现象，致使一些干部自杀、逃跑。有的村干部动不动就躺倒不干，他们的家属也劝阻甚至哭闹着不让他们当村干部，理由就是一条，干下去没有好下场。

第二个"后十条"下发前后，中共中央还出台了一系列的加剧社教运动"左"倾的措施。

这年6月23日，中共中央批转了中共甘肃省委、冶金工业部党组《关于夺回白银有色金属公司的领导权的报告》。白银有色金属公司兴建于20世纪50年代，1962年部分建成投入生产，是一个有1万多名职工的大型企业。1963年3月，冶金部和甘肃省委工交政治部联合派出50多人的工作组，进驻该公司开展"五反"运动，结果发现这个公司"被地主、资产阶级分子篡夺了领导权，使无产阶级的国营企业演变为地主、资产阶级集团统治的企业，使国家财产受到了很大的损失"。不但如此，这个企业"营私舞弊、贪污盗窃、投机倒把成风"，"领导集团成员生活极端腐化"，"社会风尚败坏"，"反革命活动猖獗"，已经"成了一个地主资产阶级分子统治的世界，即挂着共产党的招牌的国民党的世界"。工作组进驻后，通过扎根串联的办法，"组织阶级队伍"，进行夺权斗争，撤了公司几名主要领导人的职，有的还被判了刑。

中共中央在批语中说："一个刚建设起来的社会主义全民所有制的大型联合企业——白银有色金属公司，没有多久，很快就被地主、资产阶级集团篡夺了企业的领导大权，变成为地主、资产阶级集团统治的独立王国。这样一个严重的事件，很值得大家深思。像白银有色金属公司这样变了质的企业，在全国来说，虽然还是极少数，但是它给我们的教训是极其深刻的。"

批语认为，白银有色金属公司事件，绝不是一种偶然的现象，它是社会阶级斗争的反映。被推翻了的地主、资产阶级是死不甘休的，他们总是千方百计地采取各种隐蔽的方式，打入社会主义企业，企图篡夺领导权，从而破坏社会主义所有制，把它演变为地主、资产阶级所有制。"白银有色金属公司事件，最根本的教训就是，在我们一些领导机关、领导干部中，硬是忘记和忽视了社会上还存在着阶级和阶级斗争这一客观事实。这里再一次提醒同志们注意，我们千万不要以为社会主义的江山是铁打的。如果我们对过渡时期的阶级、阶级矛盾和阶级斗争问题认识不足，那么，就会对资本主义、封建主义和修正主义的侵蚀和进攻失去警惕，不加防范，地主、资产阶级的复辟阴谋随时就有可能得逞。"

批语还认为，白银有色金属公司经过"五反"运动的一场激烈的阶级斗争，"把企业的领导权从阶级敌人的手中夺了回来，""这说明，阶级斗争，一抓就灵。同时也说明，在全国城市中开展一次社会主义教育和'五反'运动是十分正确的和必要的。""在这个运动中，必须组织好革命的阶级队伍，建立阶级档案；彻底清除坏人，挖掉资本主义、封建主义、修正主义的根子，决不可以放任自流，半途而废。"①

9月1日，中共中央转发了《关于一个大队的社会主义教育运动的经验总结》。这个总结是7月5日王光美在河北省委工作会议上所作的报告，主要是介绍她在河北抚宁县桃园生产大队蹲点搞社会主义教育运动的经验，所以又被称为"桃园经验"。

对于"桃园经验"的形成过程，王光美本人曾回忆说：

"为了解面上的社会主义教育运动情况，准备修改"后十条"，少奇同志决定到一些省市巡视。正好这段时间，各地都在开三级干部会议，贯彻中央工作

① 中共中央文献研究室：《建国以来重要文献选编》第十八册，中央文献出版社1998年版，第572—574页。

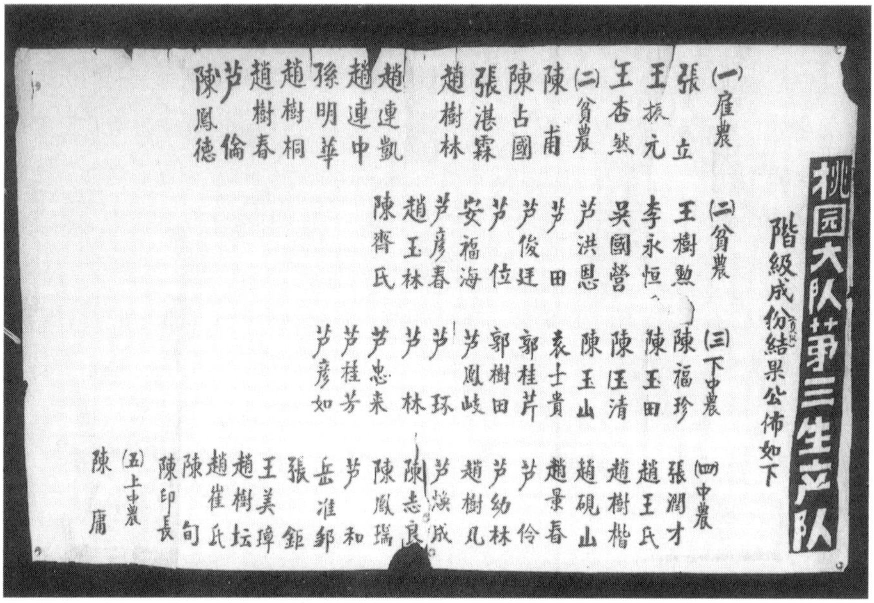

1963年冬，中共河北省委组织社教工作队到抚宁县卢王庄公社桃园大队进行试点。1964年9月1日，中共中央转发了《关于一个大队的社会主义教育运动的经验总结》（即“桃园经验”）。图为桃园大队第3生产队社教运动中划分的阶级成分榜。

会议精神。1964年6月底，我陪他离开北京南下。第一站是天津。河北省委正在那里召开工作会议，主要讨论社会主义教育运动。因为抚宁县桃园大队是河北省‘四清’的一个试点单位，刘子厚、林铁同志便要我在会上介绍一下经验。7月5日，我在河北省委工作会议上讲了一次，这次比北京讲得详细，讲了两个半天。”①

随后，刘少奇和王光美到了山东济南。山东省委负责人听说王光美在河北省委工作会上有一个报告，就要求其在省委的工作会上也讲一讲。于是，王光美又讲了一次。当时，社会主义教育运动已经全面铺开，大批工作组下乡，而各地普遍面临的问题是如何把运动发动起来。山东省委认为这个报告很好，就向刘少奇提出要组织传达学习王光美的报告。刘少奇乃让王光美给河北省委打电话，请省委秘书长肖风将其在河北报告的录音整理出来。

“桃园经验”的主要内容是：“四清”与“四不清”的斗争，“确实是包含着严重的阶级斗争”；桃园大队党支部“打着共产党旗号，办的国民党的事”，

① 黄峥：《王光美访谈录》，中央文献出版社2006年版，第361—362页。

"基本上不是共产党"，这个党支部书记把持的政权，"基本上是一个反革命两面政权"；工作队进村后，"先搞扎根串联"，"然后搞'四清'"，"再搞对敌斗争"；对基层组织和基层干部，"又依靠，又不完全依靠；又依靠，又要独立思考，全面分析"，在情况还未搞清的时候，就决定"一切依靠基层组织"是错误的；群众没有发动起来的时候，要强调敢不敢发动群众是敢不敢革命的问题，在群众发动起来，又有过激情绪时，要注意掌握火候，强调实事求是；犯严重"四不清"错误的干部，封建主义和资本主义势力的腐蚀和影响，是下面的根子，所以"错在干部，根子在地、富"，这些干部"大体上在公社、区、县都有靠山、有根子"，不解决上面的问题，"四清"搞不彻底；搞"四清"，已经不是保定地委原来提的那样，清工、清账、清财、清库，现在要解决政治上、经济上、思想上、组织上的"四不清"；民主革命和社会主义革命不彻底，要补课。

对于王光美的报告，陈伯达几次找刘少奇和王光美，极力主张发给各级党委和所有工作队，说现在下面特别需要这样的经验介绍。王光美说："这是口头讲话，没有文字推敲，当文件发出不行。"陈伯达说："就这样好，口语化。"

8 月 19 日，刘少奇致电毛泽东和中共中央："王光美同志的这个报告，陈伯达同志极力主张发给各地党委和所有工作队的同志们。"现代中央拟了一个批语，请中央审阅，如果中央同意，请中央发出。"这个报告确实很长，但不难读，各地同志和工作队同志愿意要这种详细的材料，不愿意压缩过多。"毛泽东对此明确表示："我是同意陈伯达和少奇同志意见的。"①

刘少奇在批语中写道："《关于一个大队的社会主义教育运动的经验总结》，是王光美同志在河北省委工作会议上的报告记录，是在农村进行社会主义教育的一个比较完全、比较细致的典型经验总结。文字虽长，但是好读，各地党委，特别是农村和城市的社会主义教育工作队，急需了解这种材料和经验。现特发给你们，望你们印发给县以上各级党委和所有社会主义教育工作队的队员阅读。"

批语对桃园大队"四清"的经验作了总结，认为主要是必须放手发动贫下中农和其他农民群众，才能解决干部的"四不清"和对敌斗争中的各种问题，把社会主义教育搞深搞透，形成新的生产高潮；在群众充分发动起来以后，要掌握群众运动的火候，适时地提出实事求是地对待问题，强调贯彻中央各项具

①《建国以来毛泽东文稿》第十一册，中央文献出版社 1996 年版，第 114 页。

体政策的规定；县、区、公社、大队、生产队的许多干部以至工作队的许多成员，对于放手发动群众有无穷的顾虑，不把团结百分之九十五的群众作为基础和前提条件，而片面地强调依靠基层组织和基层干部，不把贫下中农作为我们党在农村中唯一的依靠；“四不清”严重的干部和他们上面的保护人要用各种办法抵抗“四清”运动；等等。批语说：“这些都是带有普遍性的问题，即是在许多地方都要遇到同样的问题，因此，桃园大队的经验是有普遍意义的。”

批语同时又指出，各个地方、各个大队的情况，是各不相同的，都有它的特殊性，所以主观上不要先有框框，一切要从实际出发，有什么问题解决什么问题。桃园大队的经验只能作为参考，不要把它变为框框，到处套用。

中共中央下发这个文件之后，各地的社会主义运动基本上都是按照“桃园经验”进行的。

1964年10月11日，华北局第一书记李雪峰致信刘少奇，反映河北、山西两省县级领导干部对社会主义教育运动“思想都抵触很大”，干部们对“四清”、放手发动群众和集中起来基本上以县为单位打歼灭战等问题，“翻来覆去弄不大通”，河北省虽然开了40多天的会，但干部中拥护中央指示的还是只有六至七成，不赞成的还有一成，其余人则基本上不开腔、不表态或态度暧昧，“有的甚至疯狂地声言根本反对四清，也拒绝到会”。为此华北局采取了两条措施，一是拆穿“怕左不怕右”这种精神状态，以当前阶级斗争的形势及其在党内反映的严重情形，摆事实，讲道理，肃清那种萎靡不振的精神状态，发扬斗志；二是由省、地委领导和帮助县委“调兵遣将”、“挑兵选将”、“练兵练将”，即由县委抽调和初步训练工作队干部，一律按规定时间进入集中作战的县，然后由省、地委用较充分的时间，统一训练，并将各级派去的工作队混编进驻村里开展“四清”。

第二天，中共中央就向各中央局和各省、市、自治区党委转发了李雪峰的这封信。在当时社教运动的指导思想、方针政策和具体作法都已很“左”的情况下，中共中央在批语中还认为，“在目前的情况下，不向党的各级干部明确地指出当前的主要危险是右倾危险，是不利的”。要求“根据各地干部的思想情况，及时地向地委书记和县委书记提出反对右倾的问题，怕左不怕右，宁右勿左的问题，进行认真讨论，以便为当前的社会主义革命打好思想基础。”“对于已经烂掉了的地委、县委、区委、公社、大队和厂矿企业及其他机构”，在调查确实后，“进行夺权斗争，发动群众，迅速解决。”[①]

10月24日，中共中央发出《关于社会主义教育运动夺权斗争问题的指示——转发天津市委〈关于小站地区夺权斗争的报告〉》。天津小站地区的社会主义教育运动是陈伯达直接抓的一个点，天津市委抽调了大批干部加强工作组的力量，中央一些部门的干部也在这里蹲点。这年8月初，陈伯达给中共中央的信中汇报了这里抓了三个“反革命集团”的情况，并附有“反革命集团”的社会关系图和历史大事记各一份。9月25日，陈伯达领导的工作组以中共天津市委的名义，向中共中央、华北局和河北省委报送了《关于小站地区夺权斗争的报告》。

《报告》认为，小站地区的“几次民主革命进行得很不彻底，”“建党建政工作，也没有认真执行阶级路线，根子扎的不正；基层组织严重不纯，不少村子的党政领导权，落在坏人手里”。《报告》进而认定，小站地区的政权是“三个反革命集团”建立的“反革命两面政权”，他们长期“进行反革命复辟活动”，“在社会主义教育运动前，这里的天下还不是我们的，或者在很大程度上不是我们的”。“三个反革命集团”“上面的根子就在区委。区、社一部分领导干部，实际就是他们的保护人。”

《报告》说，工作组进村后，“经过一段时间的扎根串联，发动群众”，“掌

1964年10月小站公社召开的社教运动宣判处理大会。

① 国防大学党史党建政工教研室：《中共党史教学参考资料》第二十四册，国防大学出版社1986年版，第501页。

握了不少情况”，但没有打开局面。随后，市委陆续抽调大批干部，加强工作组力量，公安局长带来了一批公安干警，陈伯达等“中央领导同志”也来到小站参加“四清”，“造成像大军压境的局面”。“中央领导同志”“指出群众运动最根本的问题是把群众发动起来。基层干部有的可以依靠，有的是敌人派进来的，怎么能依靠？”“强调必须放手发动贫下中农，揭开盖子，彻底揭露这三个集团的问题，展开夺权斗争。”“现在可以说，这里的天下是我们的了。”

在社教运动中召开的夺权斗争大会。

《报告》总结了小站三个地方运动的共同点是：“都是敌人经过精心策划，有计划地篡夺了领导权，而且统治时间比较长；问题的性质都是敌我斗争，我们的任务是夺权。”①

中共中央在为转发天津市委报告所作的《关于社会主义教育运动夺权问题的指示》中，肯定了小站的经验，并指出：“小站地区的敌我矛盾，主要的在形式上是以人民内部矛盾、甚至是以党内矛盾出现的，这就迷惑了一些人，并且长期得不到解决，对党对人民造成的损失也很大。”“当前阶级斗争的复杂性就在这里”。因此，“凡是被敌人操纵或篡夺了领导权的地方，被蜕化变质分子把持了领导权的地方，都必须进行夺权的斗争，否则，要犯严

① 《天津市委关于小站地区夺权斗争的报告》，1964年9月25日。

重的错误。”①

11月12日，中共中央分别作出了《关于在问题严重的地区由贫协行使权力的批示》和《关于农村社会主义教育运动中工作团领导权限的规定（草案）》。前一个文件提出：“在当前社会主义教育运动的重点地区，如果发现有的地方基层干部躺倒不干，以抵抗运动；有的地方领导权被蜕化变质分子所掌握；有的地方领导权被地富反坏分子或新资产阶级分子所掌握。上述三种情况，在查明确实后，经过工作队批准，都可以由贫协组织取而代之，一切权力归贫协。没有贫协组织的地方，也可以由工作队组织贫协，取而代之。”后一文件规定：“今后的农村社会主义教育运动，多数地方已经决定组织强大的工作团，按照集中力量打歼灭战的原则进行。”为及时正确地处理运动中发现的问题，保证运动的彻底胜利，“有必要加重工作团的领导，把所在县的党和政府的各级组织交由工作团领导。”②

上述文件进一步加重了社会主义教育运动中越来越“左”的倾向。其中，影响最大的是“桃园经验”和“小站经验”。诚然，桃园与小站的做法是有区别的。桃园大队的社教运动，“直到工作组完成任务撤出，没有开过一次斗争会斗过谁，更没有打过人，也没有抓捕一人，只是撤了原支部书记的职，仍以人民内部矛盾对待。”③而小站则完全是以对敌斗争的方式来开展夺权的，而且还创造了“黑帮”、“反革命修正主义分子”、“夺权”这样后来“文革”中常用的词汇。但在具体做法上，桃园和小站都是“扎根串联”，都是将基层组织视为“反革命两面政权”，将斗争的矛头对向基层干部，都提出要“追上面的根子”，都是进行基层组织的改造。“这种以阶级斗争的观点来估量一切、把大多数基层干部放到运动的对立面的做法，实际上重复了土地改革中曾经犯过的错误，给广大基层干部造成伤害。”④

在“后十条”修正草案和上述文件、典型材料的指导和影响下，1964年秋铺开的农村社会主义教育运动，急转直下，“左”的倾向更为明显和突出。

“四清”运动挫伤了一部分基层干部群众的工作热情和生产积极性。凡是经历“四清”运动的地方，几乎都对阶

① 中共中央文献研究室：《建国以来重要文献选编》第十九册，中央文献出版社1998年版，第306—307页。

② 中共中央文献研究室：《建国以来重要文献选编》第十九册，中央文献出版社1998年版，第326、330页。

③ 王光美、刘源等编：《你所不知道的刘少奇》，河南人民出版社2000年版，第110页。

④ 中共中央文献研究室：《刘少奇传》（下），中央文献出版社1998年版，第965页。

级敌人的破坏活动和干部队伍的不纯情况，作了相当严重的估计。中共中央华北局第一书记李雪峰在给刘少奇的信中说，山西“全省96个县中，揭出问题较大的县就有44个，占45.8%。其中，完全烂掉的2个，严重右倾的17个，严重闹宗派、闹分裂的5个（包括2个类似地下县委的县），相当右倾的20个。全省96个县委书记中，不赞成这次革命、甚至实际上是反对这次革命的19人，妥协派19人，共38人，占40%。”①

对农村基层干部的估计更为严重。刘少奇在一次讲话中说，领导权不在我们手里的，恐怕有些地方三分之一还打不住，还不止三分之一，可能超过。农村犯一般性的“四不清”错误的干部，各省都说是多数，有百分之六七十。严重“四不清”，贪污盗窃，多吃多占，几百几千的也不少，我看也不少于三分之一。②

在运动过程中，尤其是“后十条”修正草案出台后，对基层干部不但采取了完全不信任和撇在一边的态度，而且还进行批斗夺权，普遍发生打击面过宽，撤换、处分干部过多的现象，甚至变相体罚和打骂干部。采取扎根串联、访贫问苦的做法，表面上是依靠群众，实际是不相信群众。因为事先就有了“三分之一的政权不在我们手中”的概念，工作组常常一进村，就觉得干部有问题，是“四不清”干部，如果没有发现问题就是工作没深入，群众没发动。只要发现一点“四不清”线索，就穷追不舍，加之工作组以及工作团权力很大，实际上取代了县以下各级组织，有权决定县委书记、县长以外的县级及县级以下干部、职工的提拔、调整、交流、罢免、撤职、退职、清洗和补进，对所谓“四不清”干部可以随意隔离审查，这就难免产生逼、供、信，甚至发生打人、捆人等现象，致使一些干部自杀、逃跑。北京郊区的通县1964年下半年“四清”高潮时，来了2万人的工作队，有110个工作队打人，发生自杀70多起，死了50多人。陕西省长安县在运动中共发生自杀事件182起，154人自杀身亡，28人自杀未遂。甘肃省张掖地区的张掖、高台、临泽、民乐、山丹五个县，至1964年年底，运动中共自杀212人。

对“四不清”的干部，也存在退赔过严的问题，有的地方算干部多占工分时，竟从1958、1959年算起。山东省烟台地委提出，“四不清”干部退赔要达到

① 《李雪峰同志给刘少奇同志的信》，1964年10月11日。

② 刘少奇：《在湖南省直属机关及地市委负责干部会议上的讲话》，1964年8月10日。

“双十指标”，即干部退赔的东西，要达到每个社员平均分到十斤粮、十元钱。为了达到这个指标，乳山县在1964年12月连续开了18天的三级干部会，县委在动员中说：“如果不立即退赔，就要考虑地主、富农、反革命分子、坏分子和新资产阶级分子这五顶帽子，哪一顶能给你戴！”许多干部怕戴帽子，只得变卖口粮、房子、衣服、家具等来退赔。

“桃园经验”中多次提到的桃园大队原治保主任，“四清”中因“洗澡下楼”较早而担任大队长的关景东曾回忆说：“其实那时的干部是比较廉洁的，当然多吃多占的现象也是有的。例如，说我有多吃多占的行为，那时节多喝一口汤，多吃一碗饭，就是多吃多占。工作队来了后，对原来的干部进行‘清账目’、‘清工分’。干部开会误工了，队上却记了工分，清工分时，对这种情况的处理，不仅这些工分不算，而且一清清到前好几年，这样累计起来数量就大了。我家多分了一点粮食，用粮食喂了两口猪，结果七算八算，给算出了七百块钱。随后工作队硬要我退赔，结果不但把猪卖了，而且把家里值钱的东西也全卖了才算退清。”①

在农村基层干部中，多吃多占的现象有一定的普遍性，但绝大多数通过批评教育是可以解决问题的。农村干部中也确有极少数的为非作歹、欺压百姓的坏分子，但这毕竟是个别现象，多数基层干部是好的和比较好的。

运动中，还存在对干部的处理面过宽的问题。青海省“四清”典型公社被清洗的脱产干部占24.4%，农村党员开除、不予登记、劝退的占45.6%，公社书记有60%被认为不能继续工作下去。甘肃省“四清”试点县被斗争干部占干部总数的21%。②福建省连江县第一批“四清”的146个大队和县社机关中，参加运动的干部有79%被定性为“四不清”。③由于“四清”的前提是对基层干部不信任，运动过程中又采取了不适当的方法，严重挫伤了广大干部的积极性，相当多的干部躺倒不干。小站夺权是“四清”运动中夺权的样板，“四清”运动结束后，小站地区的党员干部在相当长一段时间里仍心有余悸。“他们工作上患得患失，谨小慎微，不敢放手开展工作，恐怕言行有失而挨整。有的村干部动不动就躺倒不干，他们的家属也劝阻甚至哭闹着不让他们当村干部，理由就是一条，干下去没有好下场。结果，区委、公社的领导常常要花大量的时间和精力

① 《桃园大队“四清”前后》，《百年潮》2006年第3期。
② 《杨尚昆日记》（下），中央文献出版社2001年版，第535、536页。
③ 成波平：《连江县的“四清”运动》，《党史研究与教学》1989年第6期。

去各村‘扶班子’。”①

在“四清”运动中，对敌斗争中也过分夸大敌情，把地、富、反、坏分子的破坏活动估计得过于严重，又主观地认为他们是“四不清”干部在下面的根子，“四不清”干部是他们的代理人，所以要“追根子”。对他们的斗争则采取了土地改革时斗争地主恶霸的那一套方法，并对其进行管制监督，一举一动都要报告，这样做并不利于他们改造。其实，经过十多年的改造，多数地主、富农已经成为了自食其力的劳动者，想复辟的只是极少数。运动过程中，又进行民主革命的补课，将一部分群众重新划为地、富成分，列入阶级敌人一边，进行批斗，造成了敌我不分，给这部分群众带来了本不应该有的伤害。

① 刘晋峰:《陈伯达与小站“四清”》,《炎黄春秋》2000 年第 1 期。

6.“四清”性质的高层分歧

毛泽东对社教运动中的一些提法和做法提出了尖锐批评，指责“有人搞独立王国，尾巴翘得很高”，还谈到党内有产生修正主义的危险。

薄一波后来回忆说：“党内高层领导中发生的这些思想分歧，影响是深远的。最严重的是使毛主席产生了对少奇同志的不信任，从而埋下了发动‘文化大革命’的种子。”

1964年12月15日至1965年1月14日，中共中央政治局在北京召开工作会议，总结前一阶段社会主义教育运动的经验，部署下一阶段的工作。就在这次会议上，毛泽东和刘少奇对社教运动的看法出现了严重分歧。

12月15日下午，中央工作会议召开全体会议。会议由毛泽东主持，刘少奇就各地社教运动中反映出的一些问题，提请会议讨论。

刘少奇说：“陶铸同志有一封信给我，提出了一个农村新兴的富裕阶层、特贫阶层的问题。还有一些地方提资产阶级分子。农村里面用不用新资产阶级分子这个名字？还是叫贪污犯分子、投机倒把分子？”

毛泽东说：“恐怕农民他不懂得什么叫资本主义。你讲投机倒把，讲贪污盗窃，他懂得。”

刘少奇又说：“看来，工作队的骨干力量不够分配，领导不很强。是不是战线过长了？是不是需要缩短一些战线？如何缩短？”

毛泽东说：“缩短容易嘛，你一缩就行了。”

刘少奇接着说：“有些地方提出，机关家属里面很多恶霸、地主、富农、四类分子。这是一个普遍性的问题。”

毛泽东说：“也没有那么多。全国人口几亿，那些人总之是什么几百万、千把万嘛，又散在各地。清是要清，多是不多，有是有。”①

从这段对话中可以看出，毛泽东对刘少奇提出的问题并不很热心，且隐隐约约表现出对刘少奇有看法。

毛泽东对刘少奇的不满情绪，在此之前也有所流露。

1964年11月底，一次听取工作汇报时，毛泽东对刘少奇说：还是少奇挂帅，“四清”、“五反”、经济工作，统统由你管。我是主席，你是第一副主席，天有不测风云，不然一旦我死了你接不上，现在就交班，你就做主席，做秦始皇。我有我的弱点，我骂娘没有用，不灵了，你厉害，你就挂个骂娘的帅，你抓小平、总理。对于毛泽东突然提出这个问题，刘少奇并无准备，只得说：我搞不来这么多，“四清”我管，“五反”（谢）富治、彭真多管，经济工作由小平、总理管。毛泽东说：还是你挂帅，小平做秘书长。他们这些人很忙，否则哪个也统不起来。②

毛泽东说刘少奇“厉害”，也是事出有因。毛泽东曾一再要求干部下去蹲点，可有些干部就是不下去，他也似乎并没有采取进一步的措施。而刘少奇负责“四清”一线工作后，为了改变这种状况，对一些干部进行严厉批评。刘少奇还不止一次地讲，不下去蹲点的干部，不能作省委书记、地委书记、县委书记，不能当部长、当司局长，也不能当中央委员。他还对中央组织部部长安子文讲过同样的话。这样一来，不长的时间，就有180多位正副部长、1000多名司局长离开机关下去蹲点了。刘少奇还讲过，现在搞社教运动，过去搞调查研究的办法不行，得学会扎根串联。这样的话传到毛泽东的耳朵，也就难免产生某种不快了。

12月16日之后，会议是上午小组讨论，下午举行全体会议。两年多的社教运动的结果，不但未能解决干部队伍中存在的问题，反而发现形势越来越严

① 中共中央文献研究室：《毛泽东传（1949—1976）》（下），中央文献出版社2003年版，第1366页。
② 丛进：《曲折发展的岁月》，河南人民出版社1989年版，第602页。

峻。在会上的发言中，中南局的陶铸提出，领导权不在我们手中的三分之一打不住。西北局的刘澜涛说，县以上烂掉的有严重问题的在50%以上，基本形式是滥用职权，包庇坏人，反革命，自己可能是反革命。华北局的李雪峰说，情况愈摸愈严重，“四清”、“五反”如此。山西8个重点县县委，已烂掉3个，常委72人有问题的38人。[①]浙江省第一书记江华则在给中共中央的一个报告中说，很多基层单位已经被坏人篡夺了领导权，其比例已不止三分之一。

12月20日下午，中共中央政治局常委会召开扩大会议，讨论社会主义教育问题。会议开始时，毛泽东要刘少奇主持会议，刘少奇执意不肯。毛泽东就要刘少奇先讲话。

刘少奇一开始就提出：农村当前的主要矛盾，究竟是富裕农民阶层同广大贫下中农的矛盾，还是原来提的地富反坏跟蜕化变质的有严重错误的坏干部结合起来同群众的矛盾？

毛泽东说：地富反坏是后台老板，“四不清”干部是当权派。农村的问题是这一批干部，骑在农民头上，农民不好混，穷得要死。他又说：地主富农那些人，已经搞臭过一次了。至于这些当权派，从来没有搞臭过。他又是共产党，上面又听他的。显然，毛泽东认为这一次要解决的是这些“当权派”的问题。

刘少奇似乎没有跟上毛泽东的认识，继续说：对当权派，这是头一仗。但他们后头有地富反坏。

毛泽东说：漏划地富变成中农，变成贫农，有的当了共产党，因为他漏划了。那也是一种当权派。

刘少奇又提出主要矛盾问题，毛泽东说：还是讲当权派，他要多记工分，五大领袖嘛，五大领袖难道不是当权派？

毛泽东又说：不要管什么阶级阶层，只管这些当权派，共产党当权派，五大领袖和跟当权派走的。不管你过去是国民党共产党，反正你现在是当权派。发动群众就是整我们这个党。中心问题是整党，不整党没有希望。

毛泽东在讲话中还提出：搞的结果，户数不超过百分之七，人数不超过百分之十。他说：我提出这个问题有点右。我就是怕搞得太多了，搞那么多地主、富农、国民党、反革命、和平演变的，划成百分之十几、二十，如果百分之二十，七亿人口就有一亿四，那恐怕要发生一个“左”的潮流。农民起来，红了

① 见《杨尚昆日记》（下），中央文献出版社2001年版，第463、467、469页。

眼，影响到你们，你们走群众路线嘛，就站到群众那方面，结果树敌太多，最后不利于人民。他还说：那些贪污几十块钱、一百块钱、一百几十块钱的大多数四不清干部先解放，我们的群众就多了。贪污一百块钱到一百五十块钱的解放出来，就解放了百分之八十。

刘少奇始终放不下主要矛盾问题，又将这个问题提了出来，并认为主要矛盾就是“四清”与“四不清”的矛盾。毛泽东答非所问地说了一句：不以人的意志为转移。

这时，彭真插话说：总的提法，整个社会主义阶段，还是我们七届二中全会提的主要矛盾，就是无产阶级和资产阶级的矛盾。社会主义教育运动中间，是“四不清”、贪污盗窃、投机倒把，主要整干部。整个矛盾是资产阶级和无产阶级的矛盾，这个整个的提法和这次运动的提法要分一下。这也是资产阶级和无产阶级矛盾的一种形式。

毛泽东说：一个新生，一个漏划，一个坏掉，这是对当权派的分析。杜甫有一首诗，其中有这么四句：“挽弓当挽强，用箭当用长。射人先射马，擒贼先擒王。”这几句话通俗明了。就是搞那个大的。大的倒了，那些狐狸慢慢清嘛，群众知道嘛。群众就怕搞不了大的。

刘少奇又说：“四清”与“四不清”，这是主要的，当然还有其他的。这时，参加会议的一位省委书记问：矛盾的性质是什么？刘少奇脱口而说：就是人民内部矛盾跟敌我矛盾交织在一起。

毛泽东立即反问道：什么性质？反社会主义就行了，还有什么性质？

刘少奇说：总不是社会主义。

毛泽东说：是资本主义性质。还加个封建主义、帝国主义？搞个资本主义就差不多了。我们搞了民主革命，就为社会主义开辟了道路。

刘少奇解释说：政治、经济、思想、组织“四不清”，有人民内部矛盾，有敌我矛盾，问题的复杂性就在这里。①

12月26日，是毛泽东71岁生日。建国之后，毛泽东没有公开为自己做过生日，但这一次，他主动提出要请一些人吃饭，并亲自审定了请客名单。吃饭是在晚上进行的，参加者有部分中央领导人、各中央局负责人、参加三届人大一次会议的部分劳动模范和科学家，以及毛泽东身边的工作人员共40多人。

① 参见中共中央文献研究室：《毛泽东传（1949—1976）》（下），中央文献出版社2003年版，第1368—1371页。

毛泽东一走进宴会厅，就说："今天不是请客，更不是祝寿，我拿自己的稿费请大家吃顿饭，也算是实行'四同'吧！"接着又说："不能光吃饭，还要讲讲话呀！有些人一摸到一点东西就翘尾巴，这不好。摸到一点不要翘，摸到两点三点，也不要翘。""现在社会主义教育刚刚开始，有人翘了尾巴怎么样呢？我没有蹲点，没有发言权也要说，错了大家批评。帝国主义、修正主义说我是教条主义，就算教条主义吧。教条主义什么时候变？一万年也变不了。我们写文章打仗，不会死人的。"①

毛泽东接着说：今天是我的生日，过了年就71岁，我老了，也许不久就要去见马克思，所以今天请大家来吃顿饭。现在用几盒香烟就可以把一个党支部书记给贿赂了。如果把女儿嫁给一个干部，那就要什么有什么。他们与工人阶级和贫下中农是两个尖锐对立的阶级。5月、6月召开的中央工作会议认为，全国基层有三分之一的领导权不在我们手里，我还担心党中央出修正主义！修正主义的出现标志着资产阶级在政治舞台上的兴起。这些走资本主义道路的领导人，已经变成或者正在变成吸工人血的资产阶级分子。这些人是斗争对象，革命对象，社会主义教育运动绝不能依靠他们。

这是一次气氛紧张的生日宴会。据参加宴会的薄一波回忆："在12月26日这一天，毛主席邀请部分中央领导同志、各大区负责同志及少数部长、劳模、科学家，在人民大会堂过了生日。毛主席让几位科学家和劳动模范跟他坐在一桌，其他中央常委和政治局同志坐在别的桌子上。他一开始就讲：今天我没有叫我的子女们来，因为他们对革命没有做什么工作。随后就陆续批评社教运动中的一些错误认识和提法，说什么"四清""四不清"，党内外矛盾交叉？这是非马克思主义的；指责中央有的机关搞'独立王国'，还谈到党内产生修正主义的危险。席间鸦雀无声。"②

又据参加宴会的曾志回忆："吃饭过程中，主席一边喝酒，一边谈话，这晚话说得格外多，很多话是'话中有话'。时间久远了，我已记不全主席谈话的内容，但有句很厉害的话我却至今记忆犹新，那就是'有人搞独立王国，尾巴翘得很高'。那晚丝毫没有寿宴的气氛，个个都紧张而困惑，主席这是怎么了？室内一点声音都没有，安静得怕人，只听主席一个人在那里嬉笑斥责，根本不

① 中共中央文献研究室：《毛泽东传（1949—1976）》（下），中央文献出版社2003年版，第1371—1372页。

② 薄一波：《若干重大决策与事件的回顾》（下卷），中共中央党校出版社1993年版，第1131页。

敢去做任何的猜想。陶铸后来说：‘我们那时哪敢往少奇身上想啊。’不幸的是，主席矛头所指，恰恰就是刘少奇。”①

12月27日，中央工作会议继续进行，主要是讨论《农村社会主义教育运动中目前提出的一些问题》。这个文件共有十七条，故简称为“十七条”。这十七条即：运动性质，统一提法，工作方法，抓全面，时间，宣布对隐瞒土地的政策，财贸部门的工作要同“四清”运动相结合，工作队队员，集团问题，给出路，“四清”要落在建设上，生产队规模，基层干部任期，监督问题，四大民主，工作态度。最后一条是讲以上各条原则适用于城市的“四清”运动。

文件第一条就是讲运动的性质，并列举了几种提法：（一）“四清”与“四不清”的矛盾；（二）党内外矛盾的交叉，或者敌我矛盾和人民内部矛盾的交叉；（三）社会主义和资本主义的矛盾。文件认为，后一种提法概括了问题的性质，并且强调：“重点是整党内走资本主义道路的当权派”。

在这天的会议上，陈伯达就矛盾问题作解释时说：主席根据大家的意见作了总结，主要矛盾是社会主义和资本主义。内部矛盾哪个时代没有？党内外矛盾交叉，党内有党，国民党也有这个问题。说人民内部矛盾与敌我矛盾交叉，也不能说明矛盾的性质。要概括成社会主义和资本主义，才能说明矛盾的性质。毛泽东插话说，我们这个党至少有两派，一个社会主义派，一个资本主义派。董必武在发言中说，文件规定县以上干部定期调换好。毛泽东说，现在十五年了，成了独立王国，北京，我说的不是北京市委，就有两个独立王国，你们去猜，我不讲了。②

28日的会议仍是围绕“十七条”的内容进行讨论。这天的会议由毛泽东主持。会前，他向工作人员要去了两本书，一本是《中国共产党第八次代表大会文件》，一本是《中华人民共和国宪法》，并将之带入了会场。在罗瑞卿、陈毅、谢富治等人发言后，毛泽东作了讲话。

关于“四清”的性质问题，毛泽东说：这么规定可不可以？有三种提法，是前两种提法较好，还是第三种提法较好？我们常委会谈过，也跟几位地方的同志谈过，恐怕还是以第三种提法较好。因为我们这个运动，它的名称叫做社会主义教育运动，不是叫什么“四清”“四不清”教育运动，不是什么党内外矛

① 曾志：《一个革命的幸存者——曾志回忆实录》（下），广东人民出版社1999年版，第433页。

② 中共中央文献研究室：《毛泽东传（1949—1976）》（下），中央文献出版社2003年版，第1373页。

盾交叉或者敌我矛盾和人民内部矛盾交叉的教育运动。

“十七条”中的第十六条规定，参加社会主义教育运动的干部在工作态度上，必须“好话，坏话，正确的话，错误的话，都要听。特别是对那些反对的话，要耐心听，要让人把自己的话说完。”毛泽东对此表示：就是要讲民主。天天说讲民主，天天不讲民主。有那么一些同志，叫别人讲民主，自己就不讲民主。

毛泽东讲完后，其他人又对“十七条”提出了一些具体的修改意见。就在讨论快要结束的时候，毛泽东拿出了带来的那两本书，并且又讲话了，而且语气很严肃。他说：我是没有话了。如果还要讲几句，就请你们回去找党章看一下，宪法第三章也看一下，那是讲民主自由的。有一本书，叫《中国共产党第八次代表大会文件》，第100页到第104页，你们去看一看。不要犯法呀，自己通过的，又不遵守。又有一本书，叫《中华人民共和国宪法》，第三章的第一条，这个条文叫第八十五条，中间讲到，“在法律上一律平等”。然后第八十七条讲到，“中华人民共和国公民有言论、出版、集会、结社、游行、示威的自由”。比如我们这些人算不算中华人民共和国的公民，准不准许我们和你们讲几句话？有没有出版自由？最后，毛泽东说：同志们有话没有？有话则长，无话则短。不要耽误你们的时间，我又变成个官僚主义。

毛泽东讲这番话时，着实一时让与会者摸不到头脑。其实，他是有所指的。这次中央工作会议前，负责会议组织工作的邓小平考虑到这是一般性质的工作会议，曾向毛泽东提出，如果事情忙，可以不参加会议。在一次会议上，毛泽东在刘少奇讲话时插话，刘少奇没有意识到毛泽东准备的讲话比较长，只讲了一个开头就将其打断了。对这两件，毛泽东很不满意。①

这天的会议通过了修改后的“十七条”，并于同一天以中共中央的名义下发。“十七条”提出：社教运动“重点是整党内那些走资本主义道路的当权派”。这些当权派有在幕前的，有在幕后的。在幕后的，有在下面的，有在上面的。在下面的，有已经划了的地主、富农、反革命分子和其他坏分子，也有漏划了的地主、富农、反革命分子和其他坏分子。在上面的，有中央部门、省、地、县、区、社的那些反对搞社会主义的人。“十七条”规定，今后城市乡村的社会主义教育运动，一律简称“四清”，即清政治、清经济、清思想、清组织。

① 中共中央文献研究室：《刘少奇传》（下），中央文献出版社1998年版，第970页。

“十七条”规定了社教运动的具体方法，这就是：（一）集中力量，打歼灭战。（二）在贫下中农那里，扎根串联，发动群众，组织阶级队伍，这是主要的。（三）讲文件，要抓要点，要讲两条道路的斗争，讲阶级斗争。要结合运动的发展，该讲什么就讲什么。（四）在运动中，要抓生产，抓当年分配（生活问题）。不抓生产和分配的问题，势必脱离群众。（五）看待干部，要用一分为二的方法。对他们，要采取严肃、积极、热情的态度。对于有错误的干部，要鼓励他们交代问题，揭露问题，改正错误。（六）对严重“四不清”的当权派，也要见见面，宣布来意，向他们做工作。（七）情况要逐步摸清。可能有以下四种：好的，比较好的，问题多的，性质严重、烂掉了的。

“十七条”还就如何兼顾点和面的关系、运动的时间、对隐瞒土地的政策、工作队的成员、集团问题等方面作出了具体规定。

按照预定的时间，中央工作会议到这一天就算结束了，参加会议的省委书记们也开始陆续返回。可是，过了两天，中央办公厅又忽然通知各地，“十七条”停止下发并自行销毁，中央工作会议则在1965年元旦后继续召开。

原来，毛泽东对会议就这么结束不满。据曾志回忆：会议结束后江青请陶铸夫妇在人民大会堂的小礼堂看京剧《红灯记》。演出前，陶铸夫妇在休息室里见到了毛泽东。毛泽东问陶铸：“你们的会开完了吗？我还没有参加呢，就散会啦？有人就是往我的头上拉屎尿！我虽退到二线，还是可以讲些话的嘛！”毛泽东又问：“你们开会的人是不是都已经走了？”陶铸回答说：“有的走了。”毛泽东说：“告诉他们走了的赶快回来。”①

1965年1月3日，三届全国人大一次会议选举国家领导人，刘少奇继续当选为中华人民共和国主席。人大那边的会一开完，刘少奇就赶忙参加毛泽东主持的中央政治局常委扩大会议。

就在这次会议上，毛泽东对刘少奇主持“四清”运动的一些做法，作了不点名的批评。

毛泽东一开始说：有的同志提出打歼灭战，怎么打？集中1万5千人，搞一个小县，28万人口，搞几个月还搞不开。学习文件40天，不进村。我看是搞了繁琐哲学。我不赞成这种学习，到农村可以去学嘛。

毛泽东讲到的“一个小县”，是指河北新城县。毛泽东认为，集中这么多工

① 曾志：《一个革命的幸存者——曾志回忆实录》（下），广东人民出版社1999年版，第432页。

作队员在一起搞运动，人太多了，既没有必要也不需要这么多。运动不应该只依靠工作队，应该依靠百分之九十上的干部和群众。他说：扎根串联，冷冷清清，这个空气太浓厚了。这样集中力量打歼灭战，我看歼灭不了敌人。现在这个搞法同我们过去搞的不一样。我看方法要改变。

毛泽东接着说：要那么多工作队干什么？小站一个陈伯达就行了。他扭过脸问刘少奇：你在安源不就是一个人去的吗？还说：反人家右倾，结果自己右倾。

他又说：（应该）一进村就宣布几条，开门见山。一条是对社员宣布，我们不是来整你们的。我们是整党、整干部队伍。对干部也要宣布来意。小队、大队、公社干部，无非是大、中、小、无，多吃多占，有多的，有少的，也有没有的。贪污几十块、百把块、两百块的，他们自己讲出来，能退就退，不能退的，群众批准，拉倒！其他贪污盗窃、投机倒把，大的怎么办？坦白退赔好的，不戴帽子，千把块的也可以赦免。表现好的，群众同意的，还可以当干部。

毛泽东还表示，运动中发动群众，要做到相信群众、依靠群众、领导群众起来斗争，不要读文件，不要人多，也不要像以往那样扎根串联，“四清”只清干部，只清少数人，不清社员。有不清者清之，无不清者不清。没有虱子就不要硬找。

过了一天，即1月5日，中央政治局常委会再次召开扩大会议，毛泽东继续对刘少奇进行不点名的批评。他说：我听说有六怕，一怕扎根串联，二怕沾干部等，所有的怕，都是怕右倾来的。怕右倾成为一种框框。还是江苏那句话，有啥反啥，有多少反多少，有右反右，有“左”反“左”。现在的问题是工作队的人数很多，按兵不动，人海战术。

毛泽东说：现在，有些人好像马克思主义都是对别人的，对自己就一点马克思主义都没有了。完全否定一切，不是漆黑一片嘛！干部贪污几十元、百把元、几百元的还是多数嘛，千元以上的不多嘛。有百分之七八十是好的，是可以争取的。王光美去的那个大队，我数来数去，贪污上千元的只有四个人，没有第五个人嘛。

会上，有人提出，运动的时间是否可以缩短一些，毛泽东说：时间问题，全国六七年搞完不要改了，可以提早。这句话写上去是为了防止急躁。事实上，一个单位只要几个月就行了。搞运动首先要依靠群众，再就是依靠放了包袱的大多数干部，第三才是依靠工作队。工作队也要依靠前两者。

毛泽东还讲到了矛盾的性质问题。他说：七届二中全会提出，国内主要矛盾是资产阶级同无产阶级、资本主义同社会主义的矛盾。那个时候还没有修正主义。八大一次会议、二次会议都是那样说的。杭州会议制定十条（按：即“前十条”），一直都是搞社会主义，整个运动是搞社会主义教育。怎么来了个“四清”与“四不清”的矛盾，敌我矛盾与人民内部矛盾交叉？哪里的那么多交叉？这是一种形式，性质是反社会主义的嘛！重点是整党内走资本主义道路的当权派。

讲到这里时，刘少奇对毛泽东说：对于这个“派”，我总是理解不了。走资本主义道路的人有，但是资产阶级都要消亡了，怎么能有什么“派”？一讲到“派”，人就太多了。不是到处都有敌我矛盾。像煤炭部、冶金部，哪个是走资本主义道路的当权派？

毛泽东当即说：怎么没有？张霖之就是。

张霖之时任煤炭部部长。经毛泽东这么一说，刘少奇不敢再说了。①

毛泽东如此尖锐地批评刘少奇，除了在主要矛盾、社会主义教育运动的性质及如何搞法这些问题上发生了严重分歧这个主要原因外，也与当时正在召开的三届全国人大一次会议和各地反映的情况有关。在这次人大会议上，周恩来在《政府工作报告》中，充分肯定了调整国民经济以来取得的巨大成就，与会代表也都认为各方面的形势越来越好。在这天的会议上，宋任穷在讲话中说，现在形势一年比一年好，生产一年比一年好，毛泽东插话说：“在人代大会上讲的一片光明，在工作会议上讲的一片黑暗，对不起头来嘛！”正如薄一波在其回忆录中所说的：“三届全国人大一次会议的这种气氛，各地对‘四清’运动中‘左’的做法的反映，都很容易引起毛主席对少奇同志的不满。”②

这天下午，毛泽东还将山东省委第一书记谭启龙找去谈话。毛泽东说，人代会上讲的一片光明，党内开会一片黑暗。过去看不到蚂蚁（指阶级斗争），现在又说满地是蚂蚁。他还谈到了打歼灭战的问题，认为一个地方集中的工作队员太多了，并强调要依靠干部的大多数，要允许人家革命，在这个地方不行，可以到别的地方去革命。③

1965年1月6日，已经回去的省委书记们又陆续来到北京，继续参加中央工作会议。会议期间，毛泽东又多次讲到防止出修正主义的问题，并对刘少奇

① 中共中央文献研究室：《毛泽东传（1949—1976）》，中央文献出版社2003年版，第1377—1378页；黄峥：《王光美访谈录》，中央文献出版社2006年版，第370页。
② 薄一波：《若干重大决策与事件的回顾》（下卷），中共中央党校出版社1993年版，第1133页。
③《谭启龙回忆》，中共党史出版社2003年版，第613—614页。

等中央一线领导人作了批评。

1月13日，毛泽东在同一些省、自治区负责人谈话时说：去年10月，我在北京讲过，如果北京搞修正主义，你们地方怎么办？我总感到要出问题。我讲了以后，一路上从天津到南京，经过许多地方都没有听到反应。

第二天，毛泽东在各中央局书记会议上说：1963年5月杭州会议写出了第一个“十条”，为什么刚过了三个月，9月北京又搞了个“十条”。只有三个月，有那么多经验？①

1965年元旦之后的中央工作会议，主要内容是修改“十七条”，这项工作主要由邓小平、彭真、陈伯达负责。经过一个星期的讨论、修改，原来的“十七条”变成了“二十三条”，文件仍定名为《农村社会主义教育运动中目前提出的一些问题》。当然，这个文件不但条文有了增加，更重要的是内容有了很大的变化。

“二十三条”与“十七条”比，增加了“形势”，“搞好运动的标准”，“集中力量，打歼灭战”，“抓面的工作”，“干部问题”、“建立贫下中农协会”和“思想方法”等七条，去掉了“集团问题”这一条，全文共23条。

在“二十三条”的修改过程中，毛泽东亲自对文件作了多处修改，并加了一段措辞很严厉的批语，如：“不是说什么社会里‘四清’‘四不清’矛盾，也不是说什么党的内外矛盾交叉。从字面看来，所谓‘四清’‘四不清’过去历史上什么社会里也能用；所谓党内外矛盾交叉，什么党派也能用；都没有说明今天矛盾的性质，因此不是马克思列宁主义的。”②

“二十三条”提出，绝大多数农村基层干部是要走社会主义道路的，对待干部要一分为二，要采取严肃、积极、热情的态度，好的和比较好的干部是多数；对于那些犯轻微“四不清”错误的、或者问题虽多但交代好的干部，要尽可能早一点地解放出来，逐步实行群众、干部、工作队“三结合”。“四清”工作要走群众路线，不要冷冷清清，不要神秘化，不要只在少数人当中活动，也不要搞人海战术。“四清”要落在建设上面，增产要成为搞好运动的标准之一。这些规定，对于纠正1964年下半年社教运动中的许多“左”的做法，维护农村的稳定，都是有积极意义的。

但是，“二十三条”没有也不可能改变“四清”运动中“左”的指导思想，相

① 丛进：《曲折发展的岁月》，河南人民出版社1989年版，第604页。
② 《建国以来毛泽东文稿》第十一册，中央文献出版社1996年版，第281页。

反，它认为“我国城市和农村都存在着严重的、尖锐的阶级斗争。在所有制的社会主义改造基本完成以后，反对社会主义的阶级敌人，企图用‘和平演变’的方式，恢复资本主义。这种阶级斗争势必反映到党内”。并且强调运动的性质是社会主义同资本主义的矛盾，运动的重点是“整党内那些走资本主义道路的当权派”，“那些走资本主义道路的当权派，有在幕前的，有在幕后”，“支持这些当权派的人，有的在下面，有的在上面”。“在上面的，有在社、区、县、地、甚至有在省和中央部门工作的一些反对搞社会主义的人”。这就把斗争的矛头尖锐地对向了党的各级领导人，使阶级斗争扩大化的“左”倾思想发展到了一个新的阶段。

“二十三条”去掉了原“十七条”中关于“扎根串联”的相关内容，代之以“在整个运动中，省、地、县级党委和工作队，必须逐步做到，依靠群众大多数，依靠干部大多数（包括放了包袱的干部），实行群众、干部、工作队‘三结合’”等规定。

此外，“二十三条”规定，城市和乡村的社会主义教育运动，今后一律简称“四清”：清政治，清经济，清组织，清思想。城市中社会主义教育运动过去称为“五反”运动，以后通称“四清”运动，取消“五反”的名称。

1月14日，此次历时一个月的中央工作会议终于结束了。可是，这次会议却造成了毛泽东和刘少奇这两位主要领导人之间巨大的裂痕。经历了这次会议的许多人都为这种情况的出现而忧心忡忡。会议期间，朱德、贺龙等人找到刘少奇，希望他顾全大局，要谨慎，要尊重毛泽东。刘少奇也为此主动找毛泽东谈话，并作了自我批评。他还在自己家里举行有部分中央领导人参加的党内生活会，听取他人的批评和帮助，并且让陈伯达将每天生活会的情况向毛泽东汇报。[①]然而，刘少奇的这些努力，并非达到了他所期望的效果。中央政治局在开会时，刘少奇检讨说：对主席不够尊重。毛泽东说：这不是尊重不尊重的问题，而是马克思主义同修正主义的问题。在原则问题上，我是从来不让步的。[②]事已至此，两位伟人之间的裂痕已是无法弥合了。

经历了这个过程的薄一波后来回忆说：“党内高层领导中发生的这些思想分歧，影响是深远的。最严重的是使毛主席产生了对少奇同志的不信任，从而

① 中共中央文献研究室：《刘少奇传》（下），中央文献出版社1998年版，第973页。

② 王光美、刘源等编：《你所不知道的刘少奇》，河南人民出版社2000年版，第119页。

埋下了发动‘文化大革命’的种子。毛主席1966年8月5日在八届十一中全会上写的那张《炮打司令部——我的一张大字报》中，就把‘1964年形左实右的错误倾向’，作为少奇同志的一条罪状。10月25日，毛主席在中央工作会议上还回顾说，在制定“二十三条”的时候，就引起了他的警惕。1970年12月18日，当斯诺问毛主席从什么时候明显感觉到必须把刘少奇从政治上搞掉时，毛主席也回答说是制定“二十三条”那个时候。”①

在中央工作会议结束的同一天，中共中央印发了《农村社会主义教育运动中目前提出的一些问题》(即“二十三条”)，并且规定：“中央过去发出的关于社会主义教育运动的文件，如有同这个文件抵触的，一律以这个文件为准。”

1月20日，中共中央又发出《关于宣传〈二十三条〉的通知》，要求点面结合对“二十三条”进行广泛宣传，点上要传达到全体“四清”工作队员，面上要向所有的干部群众进行宣传。中共中央还要求将文件印成布告，发给农村的每一个党支部和每一个大队在室内张贴，在城市的一切工厂、机关、学校、街道的支部和军队的连一级单位也要在室内张贴，以教育和鼓舞广大人民，孤立极少数社会主义事业的敌人。

随后，各地立即开展了对“二十三条”的宣传贯彻，并对前一阶段运动中的过“左”做法有所纠正。

中央工作会议结束的第二天，北京市委就召开扩大会议，传达毛泽东在会上的讲话精神，讲解“二十三条”。参加会议的多数人认为，这个文件的主要精神是反“左”，理由是：一是文件说明了运动的性质，规定了主攻点，纠正了打击面过宽的“左”的做法；二是规定对农村基层干部的看法要一分为二，特别是指出好的、比较好的干部是大多数，纠正了“左”的估计；三是工作方法是提出要三结合，就是要团结大多数，不整社员，反对简单粗暴；四是对于“四不清”干部的经济问题，由过去的退赔改变为表现好的可以减、缓，问题虽多但表现好的还可以解放出来；五是文件强调了要发扬民主，强调要耐心听取不同意见。②可见，对于广大干部群众来说，他们对于“二十三条”所关注的，并不是“整党内那些走资本主义道路的当权派”，而是如何尽早地解放一批干部，改变以往运动中的一些过“左”的做法。

① 薄一波：《若干重大决策与事件的回顾》(下卷)，中共中央党校出版社1993年版，第1134页。

② 赵有福：《彭真与京郊农村的社教运动》，李海文主编：《彭真市长》，中共党史出版社、山西人民出版社2003年版，第50页。

1月25日，北京市委在通县召开“四清”广播大会。参加会议的有“四清”地区的全体贫下中农积极分子，社队干部，工作队员，少数中农积极分子，进步的地富子女，干部家属，社办企业、事业单位、农村基层财贸及文教单位的职工，共有11万多人，分别在61个会场集中。会议开始后，先由中央人民广播电台的播音员全文宣读了“二十三条”。接着，彭真联系通县的“四清”情况，讲解了“二十三条”，确定了今后运动的搞法。彭真说：阶级斗争的形势是严重的，但是，“四不清”干部，混入干部队伍中的地、富、反、坏分子只是极少数，绝大多数干部是要走社会主义道路的，是好的或者经过教育、帮助可以改造好的；运动要依靠大多数群众，依靠大多数干部，实行群众、干部、工作队三结合；有错就改，一切有错误的人都要改，对犯错误的干部，要采取团结——批评——团结和惩前毖后的方针，群众犯了错误也要改；在搞社会主义教育运动时，要抓紧生产，不可放松。

1月28日至31日，北京市委把通县“四清”地区的县、社、队干部二万多人，集中到县城，由市委领导统一动员，县委组织“洗手洗澡”、“放包袱”。会议首先重读“二十三条”，播放了彭真25日的讲话录音。接着分别由社队干部自己主持，由有问题的干部自己主动交代，然后举行从宽处理大会，选择十名自动交代重大贪污行为的干部作典型，宣布从宽处理。从宽处理大会之后，到会的22000名社队干部中，新交代和补充交代各种问题的有12000人，交代出贪污盗窃粮食27万多斤，现金22万多元，使大多数干部放下了包袱。

2月25日，北京市委向中共中央报送了《关于通县试点地区“四清”运动最近情况的报告》。3月3日，中央书记处讨论农村“四清”问题时，肯定了北京市的做法。第二天，中共中央批转了这个报告，刘少奇、邓小平还将彭真在通县“四清”广播大会上的讲话录音批转全国。

5月8日和5月10日，湖北省委和河北省委分别就今后农村“四清”运动的部署问题请示中共中央。湖北省委在请示报告中提出，以县为单位，集中省、地、县各级党委的力量，今冬明春在面上进行初步的“四清”，然后在一个区或几个区进行系统的“四清”，解决在初步“四清”中没有解决的问题和落后社队的问题。河北省委的部署是以地委为单位，每个地委搞几个县。两个省委都提出要在1967年年底基本完成农村的“四清”工作，在农忙季节搞好县、区、社的“四清”，在冬春农闲季节，搞好农村“四清”。中共中央同意了湖北和河北省委的部署，并要求各省、市、自治区参考湖北、河北的报告，作出本省、市、区的“四清”部署，同时要求在符合六条标准的条件下尽可能快一点地完成农村的“四清”运动。

到1965年上半年，全国已有649个县结束了“四清”，占总数的32%。已经基本结束的有北京、上海两市，完成了40%以上的有河北、辽宁两省。从1965年下半年起，毛泽东对“四清”运动已不大感兴趣，认为“四清”也好，与“四清”同时进行的文化领域的大批判也好，都不能从根本上解决“反修防修”问题，转而酝酿发动一场新的自下而上的运动，来解决社会主义和资本主义两条道路谁战胜谁的问题。

四、过火批判

1962年9月的八届十中全会上，毛泽东提出了一个重要的命题："凡是要推翻一个政权，总要先造成舆论，总要先搞意识形态方面的工作。无论革命也好，反革命也好，他先要搞意识形态。"[①]

从历史上的阶级斗争和夺取政权经验看，毛泽东所说的确是一个规律性的东西。但是，在无产阶级已经取得政权并且其领导地位日益巩固的情况下，过度强调资产阶级复辟的危险性，就难免将一定范围的阶级斗争扩大化。因此，八届十中全会后，对于意识形态领域的阶级斗争也就越来越看重，结果发现问题越来越多，以至导致了这一领域一轮接一轮的过火批判。

① 中共中央文献研究室：《毛泽东传(1949—1976)》(下)，中央文献出版社2003年版，第1255页。

1. 关于文艺问题的两个批示

毛泽东在关于文艺问题的批示中写道：许多共产党人热心提倡封建主义和资本主义的艺术，却不提倡社会主义的艺术，岂非咄咄怪事。他建议文化部改名字，改为帝王将相部、才子佳人部，或者外国死人部。

八届十中全会后，毛泽东对文艺问题给予了相当关注。1962年12月21日，毛泽东巡视华东各省以后，就文艺问题发表意见说：对资本主义要有一些人专门研究，宣传部门应多读点书，也包括看戏，有害的戏少，好戏也少，两头小中间大。帝王将相，才子佳人多起来，有点西风压倒东风，东风要占优势。

时为华东局第一书记的柯庆施听了毛泽东这番话后，立刻作出反应。他在上海市部分文艺工作者1963年元旦座谈会上，提出了“大写十三年”的口号，意思是指文艺作品要以建国后十三年为核心题材。他反复强调，这是依据八届十中全会精神和毛泽东的指示。

为什么要“大写十三年”呢？柯庆施解释说：“旧社会只能培养人们自己为自己的自私自利思想。社会主义、集体主义的思想只有社会主义革命成功以后才能开始树立。”“解放十三年来的巨大变化是自古以来从未有过的，在这样伟大的时代、丰富的生活里，文艺工作者应该创作出更多更好地反映伟大时代的作品。”“今后的创作上，作为领导思想，一定要提倡和坚持‘厚今薄古’，着重提倡写解放十三年，要写活人，不要写古人、死人，我们要大力提倡写十三年。”①

在同年2月召开的春节团拜会上，柯庆施又对上海文艺界说：因为没有人提倡写十三年，所以我来提倡；你们如果写了十三年的戏，我就来看，不演十三年的戏我就不看。

1963年12月和1964年6月，毛泽东先后批评文艺界：“社会主义改造在许多部门中，至今收效甚微”，15年基本上“不执行党的政策，做官当老爷”。从1963年12月至1965年，一大批电影、戏剧先后在报刊上受到公开的批判。图为电影《舞台姐妹》剧照。

而此时，刘少奇、周恩来等中央领导人，则仍然强调要贯彻“百花齐放”的方针。

1963年2月8日，周恩来在出席首都文艺工作者元宵节联欢会讲话时说，文艺界各个方面如何去体现“双百”方针，为工农兵服务，到群众中间去，加强同人民群众的联系，这些仍是文艺界当前重要的课题。他还在肯定歌颂新人新事后，也举例讲了一些反映各个历史时期的优秀作品。

同年4月19日，周恩来在中宣部召开的文艺工作者会议和文联第三届全国委员会第二次扩大会议联合报告会上说，创作的天地是很广阔的，我们不要只局限于写十三年，还要把近百年斗争、世界革命斗争都在自己的作品里刻画出来，再加上新人新事多了，这样就丰富了。他还表示，对古典戏曲也要加以具体分析，才子佳人的戏也不能一概不准演。如果帝王将相、才子佳人的戏都禁止，以后又会走向反面，又得反复。

3月8日，刘少奇在听取文化部负责人汇报时说，能表现现实生活的，就演现实生活的戏。不适合表现现实生活的，就演历史剧。让大家看看戏，好好休息，也是鼓舞社会主义劳动热情，也

①《柯庆施同志同上海文艺界人士共迎新春》，《文汇报》1963年1月6日。

是为政治服务。[1]

尽管如此，随着以农村“四清”和城市“五反”为中心的阶级斗争的逐渐展开，文艺界的形势也日渐紧张。

1963年3月，文化部党组向中宣部并中共中央报送了《关于停演“鬼戏”的请示报告》。报告批评说，近几年，“鬼戏”演出逐渐增加，一些解放后经过改革去掉了鬼魂形象的剧目恢复了原来的面貌，甚至有严重思想毒素和舞台形象恐怖的“鬼戏”，也重新搬上舞台。“更为严重的是新编的剧本（如《李慧娘》）亦大肆渲染鬼魂，而评论又大加赞美，并且提出‘有鬼无害’论，来为演出‘鬼戏’辩护”。报告要求全国各地不论农村还是城市，一律停演有鬼魂形象的各种“鬼戏”。不久，中共中央批转了这个报告。

这个报告中被点名的《李慧娘》，是著名剧作家孟超的作品。

1958年，孟超应北方昆剧院之约，着手将传统戏剧《红梅记》改编为《李慧娘》。《红梅记》是明代戏剧家周朝俊所作的一个传奇剧本，写的是南宋年间书生裴禹同卢昭容相爱，但受卖国求荣的宰相贾似道的迫害，历经磨难终于结合的故事。剧中有贾似道的侍妾李慧娘，因在西湖邂逅裴禹，产生爱情，被贾似道杀害，裴禹也被贾拘捕，李慧娘死后变成鬼同裴禹相会，并与贾似道面辩的情节。孟超在改编剧本的过程中，删去了原剧中裴禹与卢昭容的婚姻，集中刻画裴禹同李慧娘的生死恋，突出反映贾似道的荒淫无耻与人民对他的斗争。新剧本中，李慧娘被贾似道杀害后，死不瞑目，她的鬼魂回到人间与裴禹在红梅阁相会，并使裴禹解脱，最后，李慧娘当堂痛斥奸相，并用头撞死了贾似道。[2]

1960年春夏之际，孟超完成了剧本的初稿，经过修改，在《剧本》第7、8期上发表。1961年8月，《李慧娘》正式在北京长安剧院公演。在剧本的改编和此剧的排练过程中，康生曾对此极为关心。孟超与康生同乡，两家还有点亲戚关系，早年在上海大学读书时，俩人又是同学。本来康生对戏剧还颇为爱好，他不但看过孟超剧本的原稿，提出过修改意见，而且在彩排时，也去看过，并提出过改进的意见。他还曾指示《李慧娘》中一定要出现鬼魂，否则他就不看。该剧公演时，康生亲往观看，剧终后还与孟超及全体演员合影，称戏演得好，说这是“近期舞台上最好的一出戏”，夸奖孟超“这一回做了一件好事”。好走极

① 黎之：《文坛风云录》，河南人民出版社1998年版，第376页。
② 参见穆欣：《孟超〈李慧娘〉冤案始末》，《名人与冤案》（三），群众出版社1998年版，第264页。

端的康生甚至还指令北方昆剧院今后不要再搞什么现代戏。后来，在康生的推荐之下，周恩来和董必武还在钓鱼台观看了此剧。据说周恩来和董必武对《李慧娘》都有称赞。

戏剧《李慧娘》剧照。

此剧公演后，深受观众的欢迎，也深为戏剧界、评论界所称道。《人民日报》、《北京晚报》等报刊发表了为数不少的评论文章，称《李慧娘》是“一朵鲜艳的红梅”，“个性以辣，风格以情”。更有人作赋以赞：“孟老词章，慧娘情事，一时流播京华。百花齐放，古干发新苑。”在这些评论文章中，影响最大的，要数繁星（廖沫沙）在1961年8月31日《北京晚报》上发表的《有鬼无害论》。

这篇文章是廖沫沙应《北京晚报》记者之约而写的。记者约稿时说：“许多人看了都觉得戏编得好，只是把李慧娘写成鬼，舞台上出现鬼魂，让人看了总觉得不好。”[①]针对观众的这种顾虑，廖沫沙决定从“鬼”字上做文章，于是他写道：

“戏是人编出来的，戏台上出现鬼神，是因为人的脑袋里曾经出现过鬼神的观念。前人的戏曲有鬼神，也是一种客观存在，没有办法可想。问题在现代

① 陈海云、司徒伟智：《廖沫沙的风雨岁月》，《名人与冤案》（三），群众出版社1998年版，第167页。

人来改编旧戏曲，可不可以或应不应该接受、继承前代人的这些迷信思想。”

“本来是人，死后成鬼的阴魂，当然更是阶级斗争的一分子。戏台上的鬼魂李慧娘，我们不能单把她看做鬼，同时还应当看到它是一个至死不屈服的妇女形象。”

“如果是个好鬼，能鼓舞人们的斗志，在戏台上多出现几次，那又有什么妨害呢？”

廖沫沙的文章，并不是从哲学的角度去分析自然界鬼神是否存在，而是肯定以鬼神的形象去体现反抗精神的这种文学艺术的创作方法。可是，没想到，只过了一年，孟超因编《李慧娘》惹祸，廖沫沙也因这篇《有鬼无害论》惹祸。真可谓有鬼虽无害，但“鬼”也害人。

《李慧娘》被当做坏戏的典型而点名，报刊立即出现了相关批判文章。

1963年5月6日，《文汇报》发表了后来被江青称为“第一篇真正有分量的批评‘有鬼无害论’的文章”——《“有鬼无害”论》。这篇署名梁壁辉，长达两万字的文章说，孟超改编《红梅记》为《李慧娘》，不但没有吸取精华，剔除糟粕，相反却发展了糟粕。过了不久，那个自称没有鬼魂他不看戏的康生，也摇身一变，把《李慧娘》说成是“坏戏”的典型，号召对其进行批判。康生、江青还在行政上采取措施，强令孟超“停职反省”。

在《李慧娘》受到批判之际，廖沫沙的《有鬼无害论》也脱不了干系，一并被批判。批判者指责廖沫沙“忽略了鬼魂迷信的阶级本质，因而也忽略了它对人民的毒害，所以他能够很轻松地认为‘有鬼无害而且有益’了”。“繁星同志要拿《李慧娘》这样的鬼戏来鼓舞人们的斗志，就等于说‘喝几杯老酒可以提精神’一样人们越喝只能越糊涂。”①之后，廖沫沙为此一再作检讨，但到了批判《海瑞罢官》之际，《有鬼无害论》又一再被翻出来批判，说他不仅是《海瑞罢官》和《李慧娘》“两株大毒草的吹捧者”，也是“著名毒草”《有鬼无害论》的作者，而且是“自觉地反党反社会主义反毛泽东思想的一员主将”。

随着文艺界批判运动的展开，毛泽东对文化工作特别是戏曲工作的不满情绪日渐表露出来，并且多次提出了严厉批评。

1963年9月的中央工作会议上，毛泽东说：文学艺术部门、戏剧、电影等，也要抓一下推陈出新问题。舞台上都是帝王将相、家院丫环。内容要变一变，形

① 梁壁辉：《“有鬼无害”论》，《文汇报》1963年5月6日。

式也要变一变，例如水袖等等。推陈出新，出什么？出封建主义、资本主义？旧形式也要推陈出新。按照这个样子，20年以后就没有人看了。上层建筑，总要适应经济基础。

同年11月，毛泽东在一次讲话中说：我们有了方向不等于执行了方向，有方向是一回事，执行方向又是一回事。一个时期，《戏剧报》尽宣传牛鬼蛇神。文化部不管文化，封建的、帝王将相的、才子佳人的东西很多，文化部不管。

在另一次谈话中，他又说：文化工作方面，特别是戏曲，有大量的封建落后的东西，社会主义的东西很少。在舞台上无非是帝王将相、才子佳人。文化部是管文化的，应当注意这方面的问题。要好好检查一下，认真改正。如不改，文化部就要改名字，改为帝王将相部、才子佳人部，或者外国死人部。

如果说，上面这些还只是内部讲话，对文艺界产生的震动还不是特别大的话，这年12月毛泽东关于文艺问题的一份批示，则震撼着整个文艺界。

1963年，上海开展了故事会活动，用讲故事的方式，对工人、农民、解放军战士进行阶级教育和社会主义教育。中宣部文艺处一位干部为此去上海了解情况，回来后写了一份题为《柯庆施同志抓曲艺工作》的材料，刊登在1963年12月9日编印的《文艺情况汇报》上。这份材料说，上海市委很注意曲艺等群众艺术工具，柯庆施曾亲自抓这项工作，一个是抓评弹的长篇新书目建设问题，他说，有没有更多的思想和艺术上都不错的长篇现代书目，是关系到社会主义文艺能不能占领阵地的问题。另一个是抓故事员的问题。故事员在市郊配合社会主义教育运动大讲革命故事，起到了红色宣传员的作用，很受群众欢迎。上海市委要求各级党组织重视这一活动，并可在城市中推广。

看罢这份材料后，毛泽东提笔写下了如下批语：

“各种艺术形式——戏剧、曲艺、音乐、美术、舞蹈、电影、诗和文学等等，问题不少，人数很多，社会主义改造在许多部门中，至今收效甚微。许多部门至今还是‘死人’统治着。不能低估电影、新诗、民歌、美术、小说的成绩，但其中的问题也不少，至于戏剧等部门，问题就更大了。社会经济基础已经改变了，为这个基础服务的上层建筑之一的艺术部门，至今还是大问题。这需要从调查研究着手，认真地抓起来。”

“许多共产党人热心提倡封建主义和资本主义的艺术，却不提倡社会主义的艺术，岂非咄咄怪事。”[①]

①《建国以来毛泽东文稿》第十册，中央文献出版社1996年版，第436页。

这个批示把文艺界的问题看得十分严重，认为包括戏剧在内的所有文艺形式都是“问题不少”，艺术部门“至今还是大问题”，看来必须对文艺界动大手术了。

毛泽东并没有把这个批语批给主管文艺工作的中宣部、文化部负责人，而是批给了彭真和刘仁，前者是中央书记处书记、北京市委第一书记，是党内分管意识形态的领导人之一，后者是北京市委第二书记。毛泽东的这一举动，显然不但要北京市立即如同上海那样行动起来，而且要求中央书记处要注重这个问题。

彭真接到毛泽东的批示后，立即找北京市委、中宣部、文化部的有关负责人进行传达。彭真在讲话中说：(一) 文化艺术工作者大多数是参加民主革命，不可能都为社会主义服务。不过，喜欢封建的、资本主义的是少数，大多数人是认识问题；(二) 破和立都要做，不破不能立，不立也不能破。要加强评论工作，树立好的批评作风，对作品要有具体分析。(三) 关键是鼓励文艺工作者到群众中去，不能蹲点的，也要下去走走，我们的责任是帮助他们，他们写什么不要硬规定，不要把什么都看成政治问题，即使是政治问题，也作认识问题处理。①

1964 年 1 月 3 日，刘少奇召集中央宣传部有关负责人和文艺界人士 30 余人，举行座谈会，传达毛泽东 1963 年 12 月 12 日的指示。

会议先由周扬汇报建国以来文化工作的情况。周扬汇报说，现在的文学艺术，有相当多的东西还是同社会主义适应的。十几年来，文学艺术的各个方面都产生了不少适合社会主义需要，适合人民需要的东西。文学艺术的发展是空前的，是过去历史上不能比的。出现了很多好作品，如《红旗谱》、《红岩》等。电影也有许多好的。主要问题是对社会主义革命认识不足，对阶级斗争缺乏敏感。文艺批评不够，既有右的东西，也有粗暴批评。主要问题是“双百”(即百花齐放、百家争鸣) 和“二为”(即为工农兵服务、为社会主义服务) 总摆不好。

在周扬汇报过程中，刘少奇做了不少插话。在周扬讲到文化艺术方面就是“死人”多，社会主义少时，刘少奇说：十八、十九世纪的文学在资本主义的历史上曾经起过一段进步作用。其中有些艺术标准是可以吸收的。在周扬讲到现代戏与历史戏、传统戏的关系时，刘少奇说：历史戏要整理，而且要能够为今天所用，古为今用，有一部分是古为今用的，还有一部分是总结历史经验的。

① 黎之：《文坛风云录》，河南人民出版社 1998 年版，第 412 页。

在周扬讲完后，刘少奇又作了讲话。他说：周扬同志作了一些情况的报告，这些意见好。接着，他主要论述了文艺同政治、经济的关系。刘少奇说，我们的社会主义只搞了十年，还需要很大的创造。社会主义革命比过去的民主革命更深刻，时间更长，规模更大，要将其真实地反映出来，就会比过去任何历史上的文化都高，这方面需要很大的劳动，首先是作家、戏剧家、小说作家、文艺作家、音乐家、各方面的作家，要在这方面努力，力求反映社会主义革命斗争。

彭真在讲话中说：主席这个信是写给我和刘仁同志的。主席为什么写这个信？他就是觉得北京这个文艺队伍是相当的鸦鸦乌。在文艺这个战线上，我们的革命搞得比较差，可以说比较落后，也可以说最落后的。彭真又说：文艺战线上的革命所以落后，首先是我们方面的责任。要振作精神，深入地搞一下这方面的工作。这个问题可不能忽视。有很多知识分子参加革命，是因为看了小说，看了文艺作品。匈牙利事变的时候，并不是将军组织了司令部，而是裴多菲俱乐部。现在我们让一些资本主义的东西、封建主义的东西在那里泛滥，连我在内，我也是让人家泛滥的一个，咱们大家分担责任。我看，主席现在提出这个问题很及时，再不搞要吃亏，包括我们的子女，都要让人家挖了墙脚。彭真还在讲话中指出，现在绝大多数还是认识问题，很明确很正确的是少数，坏人也是少数。对于过去所有的文艺作品，要区别对待，能够小改的小改，能够中改的中改，能够大改的大改，实在是毒草，就把它毁灭。

邓小平在周扬、刘少奇、彭真讲话时插话表示：帝王将相的也可以搞。不要太急，不要降低质量。不要利用无产阶级专政强加于人，结果是不中不西，非驴非马。最后，邓小平提出了“统一认识，拟定规划，组织队伍”的十二字方针。

这个座谈会在一定程度上缓解了当时文艺界的紧张心理。“这次会议以后周扬和文艺界一些领导人心里似乎踏实了一些，不像初读毛泽东批示时那样紧张。因为刘、邓、彭的讲话都肯定了周扬的汇报，肯定了文艺工作的成绩。问题是今后如何进一步发展社会主义文艺，好好改进工作，取得更大的成绩。”①

正当文艺界贯彻毛泽东的批示之际，又发生了“迎春晚会事件”。

这是一个在今天看来根本算不得什么的事件。

1964年2月3日，中国戏剧家协会在全国政协礼堂举办迎春晚会，有北京和外地的戏剧工作者和其他艺术家约2000人参加。据一位参加者回忆：

① 黎之：《文坛风云录》，河南人民出版社1998年版，第429页。

“迎春晚会给人观感不同的是男男女女都着装比较整齐、讲究，女士们有穿裙装，略施粉黛的（仍以淡妆为主，浓妆艳抹的极少见）。一进大门，有年轻女子给每个来宾佩带一朵绢花。主持人‘剧协’的李超（‘剧协’负责人之一）致欢迎辞时前边冠以‘女士们、先生们’。这些，使人感觉既有节日的融和、喜庆气氛，又似乎恢复了一点旧时代的礼仪。”“至于内容，大部分节目还是健康的。”“书画厅里，艺术家们在那里挥毫写字、作画。”“自然舞厅里还有舞会，人们一边随着乐曲跳舞，一边观赏那些即兴表演。”①

就是这样一场晚会，却带来了一场不小的风波，并引发了文艺界的大整风。

晚会之后，有两位参加者向中宣部领导写信，指责这次晚会“着重的是吃喝玩乐，部分演出节目庸俗低级，趣味恶劣”。写信者中有一位是部队的著名诗人，据说此人“具备一般文人的自由心性和相当的浪漫气质”②。中宣部主要负责人看了这封信后，立即对此作了严厉的批评，并且认为“剧协的一部分已经腐败；所以各协会工作人员都应该轮流下放锻炼和加强政治学习”。

3月下旬，中宣部召集文联各协会党组成员、总支书记和支部书记50多人，连续开会3次，进行讨论。会议认为：这件事的发生不是偶然的，是当前阶级斗争在文艺队伍中的反映，是剧协领导资产阶级思想作风的暴露，并认为这种事在其他协会中也程度不同地存在着，因此有必要在文联和各协会全体干部中，进行一次整风学习，吸取教训，使坏事变成好事。

5月8日，中宣部写出《关于全国文联和各协会整风情况的报告》（草稿）。报告指出，在贯彻执行党的文艺方向方面存在的主要问题是：

（一）没有坚决贯彻执行党的文艺方向。有一个时期，主要是在八届十中全会以前，各单位都不同程度地存在着方向模糊、对阶级斗争形势认识不清的问题。在文艺创作方面，没有积极组织作家、艺术家创作反映社会主义时代的作品，许多作品不能很好地为社会主义革命和建设服务，同社会主义经济基础不相适应。有些协会的刊物编辑部，登了不少脱离时代、没有多少社会意义的东西，甚至还发表了一些借古讽今、发泄对现实不满情绪的坏作品。

（二）在文艺理论批评方面，旗帜不鲜明，战斗性不强，对毛泽东文艺思想

① 涂光群：《五十年文坛亲历记》（上），辽宁教育出版社2005年版，第117—178页。
② 涂光群：《五十年文坛亲历记》（上），辽宁教育出版社2005年版，第178页。

缺乏深入的研究和有力的宣传。

（三）在文艺队伍方面，对队伍的落后的一面估计不足。忽视了作家艺术家深入生活、同工农群众相结合的必要性；忽视了文艺工作者思想改造的长期性；没有重视培养新生力量的工作。

在机关的革命化方面存在的主要问题是：

第一，文联和各协会的党组织不健全，思想不革命化，缺乏无产阶级的战斗作风，机关内政治空气稀薄。

第二，在工作人员中，资产阶级思想作风相当严重。比较普遍和突出的是个人主义思想，不少人图名求利，对工作敷衍塞责，应付了事。

第三，有些单位人员复杂，队伍不纯。

报告说，为了改变这种状况，经过检查和讨论，文联和各协会准备采取以下措施：

一是进一步明确文艺方向，贯彻执行党的文艺方针，大力发展社会主义文艺。目前着重抓报告文学、现代剧目、曲目和革命歌曲等创作，迅速反映当前斗争；同时，采取有效措施组织和帮助作家、艺术家长期深入群众生活，努力创作比较深刻地概括时代、创造社会主义时代的典型人物的作品。要整顿文艺队伍，大力培养青年作家、艺术家。

二是改进文艺刊物，加强刊物的战斗性，使刊物真正成为发展社会主义文艺、宣传党的文艺方针政策、宣传毛泽东文艺思想和培养青年创作队伍的坚强阵地。同时加强评论队伍。

三是文联和各协会党组成员、业务骨干和所有的干部，分期分批轮流下放，参加劳动，参加基层工作，参加农村社会主义教育运动或者参加农村文化工作队，以改造思想，加强同群众的联系，对群众的文化生活进行调查研究。

四是组织干部学习马克思列宁主义和毛泽东思想。

五是加强党组，调整党组成员，健全领导核心。

这个报告是由中宣部文艺处起草的，经副部长林默涵修改后，交部长办公会议讨论，但此后很长一段时间没有下文。

这份报告草稿形成后不久，彭真要求中宣部搜集有关毛泽东去年12月批示后文艺界出现的新气象，并形成一份报告呈送毛泽东。很快，各协会报来了大量材料，反映学习毛泽东的批示后，文艺工作者积极深入生活，参加农村的“四清”运动，投身城乡阶级斗争，创作了一批好的作品。中宣部收到这些材料后，准备形成一个报告报送毛泽东。可是，这份反映“新气象”的报告还来不及形成，就传来毛泽东关于文艺问题的第二份批示。

毛泽东的批示写于6月27日，批示是这样写的：

“这些协会和他们所掌握的刊物的大多数(据说有少数几个是好的)，十五年来，基本上（不是一切人）不执行党的政策，做官当老爷，不去接近工农兵，不去反映社会主义的革命和建设。最近几年，竟然跌到了修正主义的边缘，如不认真改造，势必在将来的某一天，要变成像匈牙利裴多菲俱乐部那样的团体。”①

按照正常的工作程序，中宣部文艺处起草的报告在中宣部认真修改、部长会议讨论后，上报中共中央书记处，再由中共中央书记处决定是否有必要报送毛泽东。可是，这份中宣部的领导们都没有来得及修改的报告草稿，又是如何送到毛泽东手中的呢？十一届三中全会后，时任中宣部副部长的林默涵曾追忆说：“中宣部将文联各协会中揭发出的缺点、错误给中央写了个报告，报告草案送给周扬同志看，周扬同志认为不够充实，改正工作的措施也不够具体，要改一改。当时江青追问：毛主席批示下达后文艺界是怎样检查的？我告诉她中宣部写了个报告，因为不够充实，还要改一改。她要我把草稿寄给她。不久，毛主席就在草稿上作了第二个批示。”②

作了这个批示之后，毛泽东曾亲自召开了一次会议，布置文艺界的整风。参加会议的有彭真、陆定一、康生等负责意识形态工作的领导人。毛泽东在会上提出要彻底整顿文化部，并指定由陆定一、彭真、周扬三人组成领导小组，由陆定一主持。陆定一当即表示自己负不了这个责，建议由彭真负责。毛泽东表示同意，接着又点名康生和吴冷西参加小组工作。7月7日，根据毛泽东的提名，由彭真、陆定一、康生、周扬、吴冷西组成、以“贯彻中央和主席关于文学艺术和哲学社会科学问题的批示”为职责的五人小组正式成立。这个小组后来取名为“文化革命五人小组”。③

①《建国以来毛泽东文稿》第十一册，中央文献出版社1996年版，第91页。
② 转引自黎之：《文坛风云录》，河南人民出版社1998年版，第441页。
③ 肖冬连：《求索中国——文革前10年史》，红旗出版社1999年版，第1090页。

2.所谓“坏影片”

《北国江南》、《早春二月》遭到批判后，还有许多电影及戏剧被拉入这场批判运动之中。其实，当年对于有些文艺作品的批判，不论是批判者还是被批判者都显得十分无奈。

在这一过程中，自称为“文艺战线流动哨兵”的江青发挥了举足轻重的作用。

7月2日，中宣部召开文联各协会和文化部负责人会议，执行毛泽东的第二个指示。文联各协会又开展了第二次整风。

同前一阶段的整风不同，这一阶段的整风着重对文艺界的某些领导人进行检查和批判，因为当时估计文艺部门的某些单位已经被资产阶级夺了权。而在这之后，毛泽东对文艺工作仍不断提出批评。

这年7月，毛泽东在同毛远新谈话时说：文化部是谁领导的？电影、戏剧都是为他们服务的，不是为多数人服务的。

8月20日，薄一波向他汇报计划工作方法革命化问题时，毛泽东又说：文化团体也要赶下去。文化部可以改为“帝王部”，最好取消。农村工作部可以取消，为什么文化部不可以取消。

9月4日，毛泽东在接见老挝爱国战线党文工团时说：我这个人有缺点，有错误。20年前我就讲过，文艺界要为工农兵服务。可是这十五年我们没有很好抓，这还是怪我不行。现在我改正错误。

10月16日，他在接见古巴党政代表团时说，我国的文化界不为工农兵服务，不为社会主义服务，而是为资本主义封建主义服务。资产阶级掌握文化、艺术、教育、学术，可顽固啊！尽是他们的人，我们的人很少。

1964年11月，毛泽东在听取一个汇报时说：整个文化部系统不在我们手里，究竟有多少在我们手里？百分之二十？百分之三十？或者是一半？还是大部分不在我们手里？我看至少一半不在我们手里。整个文化部都垮了。

在这次整风运动中，文化部和几个重要文艺团体的负责人，如齐燕铭、夏衍、田汉、阳翰笙、邵荃麟等，成为重点批判对象。与此同时，一批文艺作品被点名批判。

1964年8月14日，中宣部向中共中央书记处报告说，《北国江南》和《二月》（即《早春二月》）是两部思想内容有严重错误的影片。其共同特点，是宣传资产阶级的人性论和人道主义，抹杀和歪曲阶级斗争，着重表现中间状态的人物并以这种人物作为时代的英雄。为了清除电影界、文艺界的错误观点，提高文艺工作者和广大观众的思想认识与辨别能力，拟在北京、上海等大城市公开放映这两部影片，并在报刊上组织讨论和批判。

电影《北国江南》剧照。

8月18日，毛泽东对中宣部的报告作出批示："不但在几个大城市放映，而且应在几十个至一百多个中等城市放映，使这些修正主义材料公之于众。可能不只这两部影片，还有些别的，都需要批判。"①

《北国江南》由阳翰笙编剧，沈浮导

①《建国以来毛泽东文稿》第十一册，中央文献出版社1996年版，第135页。

演，1963年摄制完成。这本是一部“描写人民群众在党的领导下，依靠自己的力量，改造自然，变塞外为江南的赞歌式的电影”。[①]影片塑造了吴大成和银花这样并无惊天动地业绩、但忠厚朴实的共产党员形象。

这样一部电影之所以遭到批判，就在于“这部影片，在怎样正确反映农村阶级斗争，怎样塑造正面英雄人物的形象，怎样正确对待中间人物在创作中的地位和作用等根本性的问题上，都存在着严重的错误”。[②]

批判者给影片戴上了一顶“‘中间人物’论的标本”的帽子，因为在影片中，“连党支部书记吴大成和资本主义分子董子章在内的几乎所有的人物，实际上都被作者写成了‘中间人物’”。由此，影片的“严重错误”，就在于该剧的编导者是“完全背离了无产阶级的立场和马克思主义阶级分析的方法来刻画‘中间人物’的，也不是以‘一分为二’的革命辩证法在发展中正确描写‘中间人物’的改造过程或转变过程，不是以无产阶级的思想去克服非无产阶级的思想，去改造处于中间状态的人物的思想。恰恰相反，作者是用资产阶级的阶级调和论、阶级‘汇合’论和人性论来丑化正面英雄人物，美化落后的甚至反动的人物，并且是带着欣赏与同情来描写‘中间人物’身上的落后面、甚至反动面，讴歌他们的自我‘天良’发现、‘人性’觉醒、‘自发’转变”。[③]此外，这部影片的“错误”还有宣扬阶级调和观点、歪曲和抹杀现阶段农村的阶级斗争、宣传资产阶级的人性论等。

《早春二月》是导演谢铁骊根据“左联”作家柔石1929年创作的中篇小说《二月》改编而成的。小说描写的是去乡村中学任教的萧涧秋与陶岚恋爱及帮助采莲母女的故事。

故事发生在浙江省芙蓉镇，镇上有所中学，校长是萧涧秋读师范学校时的好友陶慕侃。在陶慕侃的再三要求下，厌弃了都市生活的萧涧秋应邀来此教书。他同陶的妹妹陶岚产生了爱情，与正在追求陶岚的当地豪绅之子钱正兴发生了冲突。同时，萧在这里遇到了早年同学、革命军烈士李志浩的妻子文嫂，她一家的生活正陷入困境。于是萧涧秋同情、救济了文嫂，并认为只有牺牲自己同陶岚的爱情，同文嫂结婚，才是救济她的根本办法。他同文嫂和陶岚的关

① 马林：《千里塞外变江南——看电影〈北国江南〉》，《人民日报》1964年7月19日。
② 汪岁寒等：《应当严肃认真地来评论影片〈北国江南〉》，《人民日报》1964年7月30日。
③ 王洛等：《〈北国江南〉是“中间人物”论的标本》，《人民日报》1964年9月6日。

系，招来了镇上的流言飞语，最后文嫂终于自杀。在这种情况下，萧涧秋只好逃往上海，不知所终。小说中的萧涧秋和陶岚对现实不满，与旧传统格格不入，对三民主义、资本主义、教育救国一概怀疑，但他们又没有坚定的信仰；他们希望改变现实，但又不敢投身革命洪流，因而十分的苦闷与彷徨。

电影《早春二月》基本上是忠于原著的。这部电影之所以受到批判，“就在于它通过萧涧秋和陶岚这两个形象，不是批判而是歌颂了逃避斗争的消极遁世思想和资产阶级个人主义、人道主义”。从1964年7月至11月，全国各种报刊共发表了二百余篇批判《早春二月》的文章。

批判者说：“萧涧秋是一个全身都渗透了自我打算，追求个人卑鄙目的的人物”。他逃避阶级斗争，“正是个人主义者必然产生的心理状态”。而影片不遗余力地渲染他的善良、自我牺牲，也不外是对资产阶级个人主义、人道主义作了最大的赞美和歌颂，并通过萧涧秋来散布阶级调和思想，在精神上毒化人民，腐蚀人民。①

也有批判者说：影片从头到尾，无处不散发出资产阶级艺术的气味。它所“大加渲染的梅林闲步，月下谈心，郁悒苍凉的琴旁，风风雨雨的路上，西子湖畔的徘徊，镜前的搔首弄姿……其实，这些都是小资产阶级的生活情调，跟我们的时代沸腾的生活完全不相协调。”影片在此种场景上的刻意渲染，“无非是企图使有小资产阶级情调的人产生同感，引起共鸣，进而在不知不觉中，在‘美的享受’、‘美的陶醉’中，做了萧涧秋或陶岚的俘虏，接受了他们的资产阶级人道主义和个人主义思想毒素的毒害。”②

还有的说：“《早春二月》是一部极其有害的坏影片”，“影片编导者之所以要把二十年代就应该受到批判的作品，公然拿到社会主义的六十年代来，正是社会主义时代阶级斗争在文艺中的反映。”更严重的是，影片“大肆宣扬反动的资产阶级的货色，正是适应国内外阶级敌人的需要，为散布资产阶级思想而效劳”。③

《北国江南》、《早春二月》遭到批判后，还有许多电影及戏剧被拉入这场批判运动之中，如《舞台姐妹》、《红日》、《兵临城下》、《革命家庭》、《林家铺子》、《聂耳》、《怒潮》、《不夜城》、《两

① 强之：《评萧涧秋的“善良”和“自我牺牲”》，《黑龙江日报》1964年10月9日。
② 秦历：《美与毒》，《南方日报》1964年10月23日。
③ 冯育柱：《为资产阶级效劳的〈早春二月〉》，《青海日报》1964年10月25日。

家人》、《球迷》、《逆风千里》、《抓壮丁》及戏剧《李慧娘》、《谢瑶环》等。

其实当年对于有些文艺作品的批判，不论是批判者还是被批判者都显得十分无奈。

电影《林家铺子》是夏衍根据茅盾同名小说改编而成的。故事发生在浙江杭嘉湖地区的一个小镇。1931年日本入侵中国东北后，各地的青年学生掀起抵制日货运动。小镇小商人林老板的女儿明秀因穿日本产的旗袍，遭同学鄙视而羞怒地回家哭闹。林老板则依旧在贿赂商会会长并得到默许后继续出售日货，并想方设法挤垮了资本比自己少的同行，但他同时也受到钱庄的高利贷剥削和党部的敲诈勒索，明秀险些被警察局长霸占，林老板自己也被党部带走，家里想尽办法抵出全部货物才将他赎回。最后，林老板带着明秀逃离了小镇，林家铺子倒闭了，而朱三太、张寡妇那样的小存户则血本无归、损失惨重。

《林家铺子》本是1959年国庆十周年时经中共中央书记处同意上映的献礼影片，当时还受到了有关领导和观众的好评，被誉为名著改编的典范。可是就是这样一部片子，也没有摆脱受批判的厄运。因为影片“掩盖资产阶级剥削本质，抹杀阶级矛盾，模糊群众对资产阶级的认识，同社会主义革命唱反调”，因此，“它不是一部值得称赞的好片子，而是一株应当批判的毒草”。①

电影《不夜城》是一部歌颂我国资本主义改造取得胜利的影片，是中宣部、中央统战部请上海市组织力量创作的，剧本由著名作家柯灵执笔，中央统战部部长李维汉和中宣部的一位副部长还对此进行过研究。上海市委为了拍摄这部影片投入了大量的人力物力，编、导、演的人员都是一流的，拍摄用的胶片也是最好。拍摄完毕后，也一时颇得好评。②可是，在这次大批判运动中，此片却成了重点批判对象，理由是该片“歪曲了阶级和阶级斗争”、“宣传阶级调和主义”、“宣扬阶级生活方式”等。

据“文革”期间“革命大批判”文章的揭发：“当批判《不夜城》、《林家铺子》刚刚开始的时候，1965年3月，彭真召集周扬、林默涵等一伙，在他家里开了一次黑会，对电影《林家铺子》和《不夜城》的批判作了黑指示。他极力把这两部片子的问题说成是认识问题，包庇夏衍过关。他说：‘这次批判是学术讨论性质，要以讲理为主，不要使人感到不能说话，不能犯错。这次批判，要高质量！少而精，党报、党刊写一、两

① 《〈林家铺子〉是一部美化资产阶级的影片》，《人民日报》1965年5月29日。

② 黎之：《文坛风云录》，河南人民出版社1998年版，第462页。

篇总结文章就行了。’又说：‘《林家铺子》的原著在当时是有积极意义的，资产阶级是有受三大敌人压迫的一面，这也是可以同情的。’……根据彭真的这个黑指示，周扬、林默涵一伙利用职权，向全国发‘指示’，‘统一口径’。他们闭口不谈政治问题，而把研究‘文艺作品应如何描写资产阶级’当做批判这两部反动影片的最高目的，并说这是文艺创作的‘新课题’、‘新任务’，是‘尖端’，千方百计把批判引入所谓‘纯学术’讨论的邪路。”①

这个“揭发”大致还是符合事实的。在批判《不夜城》时，中宣部派了一位副部长主持起草批判文章，《人民日报》派了两名副总编辑参与起草。这位副部长在谈到他对批判文章的初步设想时强调，作者创作意图是好的，想歌颂党对资本主义工商业的改造。问题是没有正确的观点，歪曲了事实。结果，起草小组花了很大的功夫才写出了一篇批判文章《宣扬阶级调和主义的影片〈不夜城〉》（署名阎东宾）。可是在“文革”中，这篇文章仍被指责为“回避了影片反对无产阶级专政、鼓吹复辟资本主义的严重政治问题，而对非要害的东西，却大事铺陈，津津乐道”。

在众多的文艺作品受到错误批判的同时，一些文艺理论观点也受到粗暴的指责，其中影响较大的是对所谓“中间人物论”的批判。

1962年8月2日至16日，中国作协在大连召开农村题材短篇小说创作座谈会。会议由中国作家协会副主席、党组书记邵荃麟主持，参加会议的有茅盾、周立波、侯金镜、陈笑雨等8个省市的16位作家或评论家。所谓“中间人物论”，就是邵荃麟在这次会议的引言和总结性发言中提出的。邵荃麟说：

我们的创作，总的看来，革命性是够的，写艰苦性、长期性、复杂性不够。人物写得单纯，只写人物的英雄主义、敢想敢干，对于斗争的复杂性没有充分反映。作品中的人物，尽管写的职务不同，但性格相似。都是红脸，人家就不爱看了。

两头小，中间大，英雄人物与落后人物是两头，中间状态的人物是大多数，应当写出他们的各种丰富复杂的心理状态。文艺的主要教育对象是中间人物。最进步最先进的人，用不着你教育。写英雄是树立典范，但也应该注意写中间状态的人物。只写英雄模范，不写矛盾错综复杂的人物，小说的现实主义就不够。

① 谭俊等：《这笔老账必须彻底清算——评关于反动影片〈林家铺子〉和〈不夜城〉的一场假批判》，《人民日报》1967年6月4日。

强调先进人物、英雄人物是应该的，是反映我们时代精神的。但整个说来，反映中间状态的人物比较少。中间大，两头小，好的坏的人都比较少。广大的各阶层是中间的，描写他们是很重要的，矛盾往往集中在这些人物身上。

一定的环境中有各种各样的关系，各种各样的人物，有不怕困难的，也有动摇的，偷东西的，违法乱纪的，等等，各种各样的人都与环境有关系。作家的反映，这里有主导的一面。总之，典型环境中的典型性格是多种多样的。所以要分析一切人、一切阶级，否则，就会产生一个阶级一个典型的理论，造成很大的压力。

邵荃麟的上述观点，后来在批判时被概括为“中间人物论”。

1962年9月号的《文艺报》上，发表了署名“沐阳”的随笔《从邵顺宝、梁三老汉所想起的……》一文，肯定了大连创作会议上关于写中间人物的主张，认为文艺作品中，所创造的人物性格越多样，对社会生活的多样性、复杂性反映得才会越充分，其帮助群众推动历史前进的作用才会更加有力，希望作家们把生活中大量存在的处于中间状态的多种多样的人物，真实地描绘出来。此外，当年的《火花》、《河北文学》等刊物上，也有作者发表文章，对“写中间人物”进行肯定。

“沐阳”的文章发表后，《文艺报》曾收到了一些读者来信，既有赞成的，也有不赞成的，《文艺报》编辑部为此整理了一份材料，列举了各种不同意见。不料，写“中间人物”的问题引起了自称为“文艺战线流动哨兵”的江青的注意。毛泽东关于文艺问题作出两个批示后，江青要求中宣部组织有分量的文章批判“中间人物论”。

这一下可使中宣部的领导犯了难。江青的地位特殊，自然不可违命；可邵荃麟关于写“中间人物”的言论，只在大连创作会议上口头讲过，没有公开发表，只有原始记录，而此前周恩来反复讲过，写批判文章要根据被批判者正式发表的言论为准，不要把人家的发言断章取义。为此，中宣部的两位副部长和作协的负责人经过反复研究，决定由《文艺报》编辑部根据一些人的回忆及大连创作会议的记录，拼凑了一份《关于“写中间人物”的材料》。接着又组织了一个写作班子，依据这份材料，写出了《“写中间人物”是资产阶级文学主张》这篇批判文章，发表在1964年第8、9期合刊的《文艺报》上。

这篇批判文章，将邵荃麟的“中间人物论”概括为：（一）在人民群众中间，正面英雄人物是少数，中间人物是大多数，因此要大量描写中间人物。（二）

文艺创作要反映社会矛盾，而矛盾往往集中在中间人物身上，因此要集中笔力写中间人物。(三) 文艺的主要教育对象是中间人物；应当通过写中间人物来教育中间人物。(四) 在文艺创作中，英雄人物写多了，中间人物写少了；大家都写英雄人物，路子就窄了；要使路子宽广起来，就要多写中间人物。

然后，文章围绕这四个方面逐一展开批判，认为“写中间人物”“排斥社会主义文艺用社会主义、共产主义精神教育人民的作用”，而且“根据这种理论主张写出来的作品，断然是反社会主义的毒草，不会是什么好东西”，这就“势必要把我们的文艺引到资产阶级的死胡同里去”。可见，“‘写中间人物’的理论主张及其主要理由，都是站不住脚的，都是同马克思主义的文艺思想、同文艺的工农兵方向、同社会主义的文艺路线背道而驰的”。因此，同邵荃麟的争论，“不是一般的文艺理论上的争论，而是文艺上的社会主义道路同资本主义道路的斗争，是无产阶级的社会主义的文艺路线同资产阶级的反社会主义的文艺路线的斗争，是大是大非之争”。

此后，各种报刊发表了大量的批判“中间人物论”的文章，并给邵荃麟戴上“资产阶级的文学主张”、“同革命的、人民的事业唱反调”、“搞矛盾调和和阶级调和”、“美化资产阶级思想”、“为资产阶级在社会主义文学中争地盘”等大帽子。

3.“一场严重的阶级斗争”

杨献珍对“大跃进”中盛行的浮夸风进行了尖锐批评，他说：去年有的地方把共产主义说成是“除了一双筷子一个碗是自己的，其余的东西都是公家的”。这是什么共产主义？我说这是叫花子共产主义。甚至比叫花子还穷，因为叫花子还有一根打狗棍嘛……

过了两年，一场大规模的批判便降临到了杨献珍头上。

“左”倾思想蔓延到文艺界后，又开始传染到哲学、经济学、历史学等各个学术领域。

灾难首先降临在马克思主义理论家、哲学家杨献珍的头上。

杨献珍长期在中共中央高级党校从事领导和教学工作。1958年，轰轰烈烈的“大跃进”运动发动之初，时为中共中央高级党校校长的杨献珍，也为当时的形势所鼓舞，对“大跃进”中的各种成绩并未有所怀疑。此时，河北的徐水县正在进行向共产主义过渡的试点，名声很大，为此引来了全国各地一批又一批参观者，杨献珍也来到徐水参观。

徐水的领导照例向参观者介绍“大跃进”情况，无非是水利如何修、公社如何办、亩产多少斤，这里面自然有许多夸大的成分，但以前来过的一拨又一拨的参观者，都是如此这般听介绍的，从未有人提出疑问，没想到这次遇上了个较真的人。当听到一颗大白菜能长到200斤、500斤，甚至上千斤时，杨献珍虽然未种过菜，但对是否果真有这么大的白菜，发生了怀疑。他半真半假地对徐水的领导说，回去后要党校派人来徐水订购几颗大白菜，到时用汽车来拉，汽车拉不了，可用火车，一个车皮装一颗。这一下，可把介绍者难住了，只得难为情地说，杨老要白菜，就不要订购了，到时我们送去就是了。

这件事给杨献珍留下了很深的印象，使他对“大跃进”中的浮夸风也有了初步的了解。

1959年1月，杨献珍前往河南看望高级党校的下放干部，了解到河南一些地方搞虚报浮夸，已发生了农民粮食不够吃，由此出现浮肿甚至饿死人的现象，他对此非常震惊。正好在此时，杨献珍又看到了刚开过不久的河南省党代表大会的一份材料，其中一位县委书记在发言中大讲特讲虚报浮夸的好处，说什么“不虚报，就不能鼓足群众干劲；不虚报，就不能促进大跃进的形势；不虚报，就于群众脸上无光。”这位县委书记一连串讲了七八个“不虚报”如何如何。杨献珍从这些“不虚报”中，感受到唯物主义所要求的实事求是已经被严重破坏。

在河南一个月的时间里，杨献珍深切地感受到“大跃进”中虚报浮夸的问题十分严重。回到高级党校后，他带领党校的工作人员，亲自种了一块面积正好一亩的试验田，下足种，施足肥，精心管理，能用的条件都用上了，结果也只打了700斤小麦。这使他进一步相信，“大跃进”中放出来的各种各样“卫星”是靠不住的。

1959年6月12日，河南省委党校参观团和辽宁抚顺市委党校校长来高级党校参观访问，杨献珍接见了他们。在谈话中，他对“大跃进”中盛行的浮夸风进行了尖锐批评，他说：

“有的地方提出：‘人有多大胆，地有多大产’，‘不怕做不到，就怕想不到’。胆量等于产量，思想等于行动，这到底是唯物主义还是唯心主义？弄虚作假总不能算做唯物主义吧！可是在去年，弄虚作假几乎成了‘流行病’。”

“去年这一阵‘浮夸风’，把我们党多年培养的实事求是的传统作风冲垮了，这是多么大的损失啊！这比丢在地里的粮食损失还大得多。”

“‘共产风’，事实上是反共产主义风。以平均主义为核心的‘共产风’，其实质是私有制的普遍化。这就是说，你有我也有，人人都有一点。有的东西如果不能做到人人有份，就毁掉它，谁也不能占有。这是毁灭文明，倒退到原始社会的反动思想。去年有的地方把共产主义说成是：‘除了一双筷子一个碗是自己的，其余的东西都是公家的’。这是什么共产主义？我说这是叫花子共产主义。甚至比叫花子还穷，因为叫花子还有一根打狗棍嘛！……我劝这些搞唯心主义的人歇口气吧！已经‘创造’出挨饿的‘奇迹’啦，不能再这样做孽了！”①

过了一个多月，杨献珍在和中宣部政治经济学学习班的学员谈话时，又大讲离开唯物主义的严重危害，强调要尊重唯物论，尊重辩证法：

> 去年提出了反对“条件论”。这实际上是以唯心主义反对唯物主义，真是成了“人有多大胆，地有多大产”。共产党提任务，总是在条件成熟时提出的。由于反对“条件论”，于是公社从集体所有制一下子跃进到全民所有制，结果如何，大家都清楚。
>
> 去年制造了许多“规律”，今后如果再制造更多的规律，恐怕连包谷面也吃不上了。
>
> 有人说，斯大林批评过能创造规律的观点，那么现在把理论刊物再检查一番，看看去年的文章如何？有个哲学家比制造规律还要进一步，制造出上帝来。……
>
> 主观能动性当然要讲，但排除客观规律性的主观能动性则是瞎指挥的思想基础。②

杨献珍讲这番话的时候，中共中央正在庐山召开政治局扩大会议。由于彭德怀的那封信被毛泽东认为表现出的是“资产阶级的动摇性”，中共中央决定随即召开八届八中全会，对彭德怀展开批判。

7月底，杨献珍接到通知去庐山参加八届八中全会。到了庐山，杨献珍看到了会议印发的彭德怀的信，反复阅读之后，认为彭在信中所讲的情况都是实事求是的，他对彭的观点也颇为共鸣。但在上山之际，杨就得知彭因此事受到了严厉批评，犯了严重错误。于是，他想起了自己也有一份与彭德怀信中观点基本相同的讲话稿，即这年6月在全国文联学习会上的题为《唯物主义和共产主义学说》的讲话，于是连忙打电话回高级党校，要党校有关负责人赶紧将讲话稿收起来，千万不要散发出去。从庐山回来，他见讲话的打字稿还在，并没有散发出去，才稍稍有些放心。

可是，杨献珍与河南省委党校及抚顺市委党校来人的讲话，不但已经被整

① 《杨献珍文集》(二)，河北人民出版社2000年版，第187—189页。
② 《杨献珍文集》(二)，河北人民出版社2000年版，第213—214页。

理并打印出来，而且还被到处散发，等到杨打电话嘱咐其收回时，为时已晚，难以收回了。不但如此，辽宁、上海等地还有人将他的讲话内容向康生作了告发。

这年11月的一天晚上，康生给杨献珍打来电话，说是有事“请”杨去他那里一趟。杨去后，康生问杨：听说河南、抚顺党校的同志来中央党校参观，你对他们作了番讲话，有这件事没有？杨回答说，有此事。康生也就没有再问下去。

第二天，康生召集中央高级党校的党委委员到中宣部开会，作为党校党委书记的杨献珍却没有被通知参加。会上，康生亲自布置了对杨献珍的批判，总的罪名是“反对三面红旗”。

高级党校根据康生的指示，从1959年11月至1960年7月，前后召开了23次党委会，揭发和批判杨献珍，最后给杨定性为犯了“右倾机会主义性质的错误”。

杨献珍的“错误”主要是：站在资产阶级立场上，公开传播右倾机会主义言论，散布悲观主义和失败主义情绪，把1958年的大跃进描绘得漆黑一团，不仅夸大了大跃进中某些不可避免的缺点，而且道听途说，捕风捉影，无中生有地讲了许多荒诞无稽的奇谈怪论，否定了大跃进的伟大成绩，丑化和讽刺了党领导的群众运动。此外，还表现为“不听批评”，“闹独立性”，“不进行自我批评”，“资产阶级个人主义”，“没有贯彻执行认真学习毛泽东思想的方针”，“不强调学习毛主席的著作”等等。①

在半年多的被揭发、被批判的时间里，杨献珍作了一次又一次检讨，却始终不能过关，直到1961年7月，杨献珍无可奈何地写了《向党低头认罪》的检讨书后，批判才告一段落，但被降职为高级党校副校长、党委副书记。

过了两年，一场更大规模的批判又降临到了杨献珍头上。这一次批判，却是由一个哲学命题引发的。这就是他提出的“合二而一”问题，批判他的理由是与毛泽东提出的“一分为二”唱对台戏。

“一分为二”是毛泽东对对立统一规律的通俗解释。毛泽东说：无论什么世界，当然特别是阶级社会，都是充满着矛盾的。没有一处不存在矛盾，没有一个人是不可以加以分析的。我们的支部书记是懂得辩证法的，当他准备在支

① 参见李振霞主编：《当代中国十哲》，中共中央党校出版社1991年版，第78—79页。

部大会上作报告的时候，往往在小本子上写两点，第一点是优点，第二点是缺点，“一分为二”，这是个普遍现象，这就是辩证法。这是他1957年11月18日在各国共产党和工人党莫斯科会议上的讲话中说过的一段话，据有研究者考证，此为毛泽东第一次提出“一分为二”命题。

杨献珍在研究列宁《谈谈辩证法问题》中关于对立统一的规律时，结合老子“合有无为之元”的思想，以及明朝方以智的著作《东西均》中关于“合二而一”的说法，认为可以用“一分为二”来表达统一物之两个部分，也可以用“合二而一”来表达“统一物是由两个对立面组成的”。1963年11月，杨献珍给中央高级党校学员印发了一份题为《“是——是，否——否；是——否，否——是”是什么意思？》的资料，其中写道：“对立统一、一分为二、合二而一，是一个意思”，第一次提出了“合二而一”的概念。1964年4月，杨献珍给中央高级党校新疆班学员讲了两次课，一次讲题为《尊重唯物论》，另一次为《在实际工作中尊重辩证法》。在后一个讲题中，他第一次讲述了“合二而一”问题。

杨献珍提出“合二而一”的概念后，中央高级学校哲学教员艾恒武、林青山根据自己对杨献珍观点的理解，结合他们对这一问题的看法，写成《“一分为二”与“合二而一”》一文，于4月28日寄给《光明日报》“哲学”副刊。文章认为：“对立面的统一和斗争是事物发展的最根本规律。‘一分为二’的两分法，是认识事物的根本方法，辩证法要求我们在观察分析和处理问题时，既要在统一中把握对立，又要在对立中把握统一。使主观和客观，理论和实践具体的历史的统一，避免离开具体历史的‘左’和‘右’的错误，正确地发挥主观能动性。”文章还认为：“事物是由对立的两个方面构成的，对立的两个方面是不可分割地联系在一起的。这种情况反映到人们的头脑中，中国古人是用‘合二而一’来表达的。”“‘合二而一’正是表达了辩证法的最基本的规律——对立统一规律。”①

据时任高级党校副校长的范若愚回忆，《光明日报》在文章正式刊出前，曾将清样送给康生。康生后来说：“我一看有问题，就告诉《光明日报》，凡这类稿件一律扣下不发。”当时，康生直接领导了一个“反修哲学写作小组”，这个小组的负责人是时任《红旗》杂志编委，后来成为“中央文革小组”成员、曾红极一时的关锋。关锋看了清样后认为其中大有文章可做，就建议说，这篇文

①《“一分为二”与“合二而一”》，《光明日报》1964年5月29日。

章“是大毒草，是大鱼”，意思是可以先将文章发表，再组织批判。[①]

5月中旬，《光明日报》印出了这篇文章的清样，并通知作者之一的艾恒武说，文章对毛泽东的哲学思想是有体会的。不过也有人说：已经有了“一分为二”，再用“合二而一”来表达对立统一规律，是标新立异。艾听了这话后，就将写文章一事告诉了杨献珍，并问他：用合二而一表达对立统一规律，这个提法是否站得住？杨说：站得住，中国哲学史上早就有人用“合二而一”表达对立统一规律了，他不知道，就是标新立异。杨还纠正了清样上几句用词不确切的话，并且说：写文章不要怕别人攻。

1964年5月29日，《光明日报》发表了艾恒武、林青山的文章。一个星期后，即6月5日，《光明日报》第一版上就发表了一篇不赞成“合二而一”观点的文章——《“合二而一”不是辩证法》，署名项晴。文章说：“一分为二”并不只是认识的方法，而是客观事物的规律。“一分为二”同“合二而一”是对立的，“合二而一”不仅不能推动事物的发展，而且由于否定了矛盾的斗争，陷入矛盾调和，必然阻碍事物的转化和发展。

不过，对于这件事的经过，时任《光明日报》党组书记兼总编辑的穆欣的说法有所不同。他在其回忆录中说，艾、林的文章发表时，《光明日报》内部就有不同意见。不久，编辑部又收到了项晴送来的《“合二而一”不是辩证法》这篇文章。该报学术部认为，虽然此文同艾、林的文章是针锋相对的，但并没有超出学术讨论的范围，学术部认为可用，穆欣就同意文章发排，但随后又考虑到学术界和报社内部对艾、林文章的看法不一致，问题又关系到毛泽东思想基本理论问题的理解，便把刊有艾、林文章的报纸（不是小样），连同项晴文章的小样，一起报送到时任中共中央文教小组副组长兼理论小组组长的康生。

康生看了5月29日《光明日报》刊出的艾、林的文章和项晴文章的小样后说：“合二而一”与“一分为二”是对立的。艾、林这篇文章发表后，会在哲学界引起注意，另外还会有人提出不同意见，项晴这篇文章可以快点发表。报社还要派记者去收集一下哲学界的意见，同时组织他们写稿，就这个问题在报纸上进行讨论。在7月下旬的一次会议上，康生自己也说，关锋那个“反修哲学小组”看了艾、林的文章后，强烈反对这篇文章。《光明日报》预先把项晴文章小样和5月29日报纸一块送来，我叫快登。6月5日，京剧现代戏观摩演出大

① 范若愚：《“合二而一”批判由来》，《红旗》1979年第10期。

会开幕，我叫江青送主席看。中央开会时主席已经看过。文章发表以前，党校已经议论纷纷，谈论“合二而一”。我看了艾恒武、林青山的文章，就想这是杨献珍找的代言人。杨献珍去年11月就大讲“合二而一”，今年4月杨献珍又讲。完全是同主席针锋相对。[①]

当时，全国京剧现代戏观摩演出大会正在北京举行，康生利用开会的机会，把上述两篇文章送给了江青，由其将文章送给毛泽东看。毛泽东看后表示，“合二而一”是矛盾调和论。1964年6月8日，毛泽东在中央工作会议上讲话时又说过，“一分为二”是辩证法，“合二而一”恐怕是修正主义，阶级调和的吧！毛泽东认为“合二而一”有搞修正主义、搞阶级调和之嫌，是由于当时他已十分重视阶级斗争，认为党内、国际共运内都存在对立面，都应“一分为二”。显然，此时他强调的是“一”如何分为“二”，而杨献珍恰恰强调“二”如何合为“一”。

摸清楚毛泽东的态度后，康生决定采用“引蛇出洞”的策略，先让报刊登载几篇赞成“合二而一”或虽不赞成这个观点但是就此进行学术讨论的文章，诱使更多的人上钩，然后再组织反击，开展批判。他对自己的计谋很得意，两年后，他还在说：“1964年‘合二而一’的斗争，这个问题更加公开了，开始好象是学术斗争，我们也有意识地搞一下，是引起大家讲话。以后点了杨献珍的名，提到政治方面了。这个斗争一来，杨献珍就垮了。”[②]

1964年6月12日，《光明日报》刊载了《要全面理解“一分为二”——也谈“一分为二”与“合二而一”》一文，认为“‘一分为二’与‘合二而一’不是根本对立的”，并且“用‘合二而一’来代替补充‘一分为二’的做法是不正确的。”

6月19日，《光明日报》又刊登了一篇题为《“一分为二”与“合二而一”是矛盾规律的不可分割的两个方面》的文章，强调“事物是‘一分为二’的，又总是‘合二而一’的”，二者“是对立统一的客观反映”，而艾、林的文章和项晴的文章，各执一端，前者看到了统一，忘记了差别；后者看到了差别，忘记了统一。

6月26日的《光明日报》刊登了两篇反驳“合二而一”的文章。一篇是署名为“沙人”的《“一分为二”还是“合

① 穆欣：《办〈光明日报〉十年自述》，中共党史出版社1994年版，第222、224页。

② 范若愚：《“合二而一”批判由来》，《红旗》1979年第10期。

二而一”》，认为艾、林的文章是“非常错误的”，因为“用‘合二而一’的方法来解决矛盾实际上就是矛盾融合论”；另一篇是署名为“于人”的《对立统一规律不是“合二而一”》，强调艾、林的“合二而一”不仅不能表达唯物辩证法的对立统一规律，而且它是同对立统一规律相违反的，因而是形而上学的。

6月27日，康生的指示说：“关于‘合二而一’的问题，还可以再放四篇错误出来。”于是，从7月3日开始，《光明日报》又相继刊登了《关于“一分为二”和“合二而一”》、《关于“一分为二”的对话》、《关于对立统一规律的几点体会》、《“一分为二”与“二合而一”是客观事物的普遍规律》、《“一分为二”同“合二而一”辩证的统一》等赞成或基本赞成“合二而一”观点的文章。

在“引蛇”的同时，《光明日报》上也刊登了几篇反驳与批驳“合二而一”论的文章，如《不能用“合二而一”代替“一分为二”》、《为什么要说“一分为二”讲多了？》等，以制造学术讨论的表象。

艾恒武、林青山的文章发表后，中央高级党校校委会曾请示康生：可否根据艾、林的文章的内容，判断“合二而一”是否正确？康生指示说：艾、林的文章既然在报纸上发表了，哲学界一定会讨论。经过讨论，自然会有结论，党校领导不必急于表态。有人说“合二而一”是杨献珍先讲的，有没有讲稿或记录？要查一查！①

随后，康生向高级党校索取了杨献珍在新疆班的讲稿，并对党校一位负责人说：中央要我管党校，可是，曹营的事难办得很！过去杨献珍的问题不能解决，因为上面替他说话的就大有人在。意思是这次可以用“合二而一”为突破口，解决杨的问题了。

到了7月中旬，康生认为“蛇”已经引得差不多了。7月17日，《人民日报》发表了康生主持修改，署名“王中、郭佩衡”的文章《就“合二而一”问题同杨献珍同志商榷》（以下简称《商榷》），公开点了杨献珍的名。

王中、郭佩衡是党校新疆班的工作人员。事先，高级党校有关领导曾找他们写过杨献珍在新疆班讲“合二而一”问题的材料，并动员他们在新疆班组织写批判文章。康生主持的文章写好后，开始想用党校两位校领导的名义发表，但俩人先后都拒绝了，于是又动员王和郭用他们的名义发表。

《商榷》一文说：“我们读了艾、林二同志的文章以后，对于他们提出的上

① 范若愚：《“合二而一”批判由来》，《红旗》1979年第10期。

述观点，觉得非常熟悉，这就不由得使我们记起，早在1963年11月间，杨献珍同志在给高级党校轮训班讲课时印发的《‘是——是，否——否；是——否，否——是’是什么意思？》的材料中，就提出了‘合二而一’这个观点。以后，杨献珍同志在今年四月间给新疆班讲《要学会掌握对立统一去做工作，在实际工作中尊重辩证法》时，又详细地讲过‘合二而一’的问题。在艾、林的文章发表以后，我们又看了看杨献珍同志的讲稿和学员的笔记，越看越觉得杨献珍同志提出的‘合二而一’的思想，是很值得商榷的。”

文章首先摘录了杨献珍有关的讲课材料和学员的笔记，然后从两个方面与杨进行“商榷”。

一是什么是客观事物的根本规律？《商榷》一文说，杨献珍的回答是：“合二而一”。因为杨讲过：“什么叫对立的统一？中国有句古话，‘合二而一’这句话的意思是物是合二而一的”，而且杨还把“合二而一”誉为“中国古代的关于对立统一的光辉思想”。文章说：杨献珍把“合二而一”看做是事物的本性，其观点“和马克思列宁主义的观点是不符合的”。

二是什么是学习辩证法的目的？《商榷》将杨献珍在这个问题上的观点概括为“学习辩证法，就是要学会把两个对立的思想联系在一起的本事”，也就是“要把两种对立的思想‘合二而一’”。文章说，按照杨献珍的说法去做，“那就只能是把无产阶级思想和资产阶级思想、马克思主义和非马克思主义、正确和错误、优点和缺点都‘联系在一起’、‘求同存异’，而不去进行斗争，不去解决矛盾”。文章实际上已给“合二而一”扣上阶级调和的帽子。

这篇文章发表后不久，对杨献珍的“合二而一”就由“商榷”发展为公开批判了。

8月14日，《光明日报》发表了署名“撒仁兴”（关锋等3人使用的笔名）的文章《“合二而一”是阶级调和论的哲学基础》一文。文章指责“合二而一”是“一种排斥矛盾斗争的哲学，是彻头彻尾的形而上学，是腐朽资产阶级的世界观，是阶级调和论的哲学基础。”并且认为，从形而上学的“合二而一”哲学出发，在思想上、理论上和政治实践上，就不是划清阶级界限，而是混淆阶级界限；就不是实行无产阶级的阶级斗争，而是实行阶级调和、阶级妥协，为资产阶级效劳。

1964年8月31日，这天出版的《红旗》杂志第16期以“本刊报道员”名义，发表《哲学战线的新论战》一文。文章说：这是一场坚持唯物辩证法同反对唯物辩证法的斗争，是两种世界观即无产阶级世界观同资产阶级世界观的斗争。主张事物的根本规律是“一分为二”的，站在唯物辩证法一方；主张事物的根本规律是“合二而一”的，站在反唯物辩证法一方。论战的双方阵线分明，针锋相对。这是当前国际国内尖锐复杂的阶级斗争在意识形态上的一种反映。“为了与国际国内阶级斗争的形势相适应，我们党在报刊上加强了关于‘一分为二’的唯物辩证法的宣传。可是，正在我们党加强宣传‘一分为二’的革命辩证法的同时，杨献珍同志却大讲其所谓‘合二而一’论，同党大唱对台戏。”

文章又说，在国际上各国人民反对美帝国主义及其走狗的斗争蓬勃发展，国际共产主义运动中马克思主义同现代修正主义斗争正激烈进行，国内两个阶级、两条道路的斗争正发展到一个新阶段的时候，“杨献珍同志在这时候大肆宣扬‘合二而一’论，正是有意识地适应现代修正主义的需要，帮助现代修正主义者宣传阶级和平和阶级合作，宣传矛盾调和论。同时，也是有意识地适应国内资产阶级和封建残余势力的需要，给他们提供所谓‘理论’武器，对抗社会主义的教育运动。”“很清楚，哲学战线上这场谁战胜谁的新论战，是意识形态领域的一场严重的阶级斗争。”

之后，各种报刊相继发表了大量的批判“合二而一”论的文章。据统计，至1964年年底，在半年多的时间里，各地主要报刊发表的批判文章即达500多篇。与此同时，杨献珍的“综合经济基础论”，“思维与存在的同一性论”等观点也一同受到批判。

1965年3月1日，中共中央高级党校校委会给中共中央作了《关于杨献珍问题的报告》。报告称：“杨献珍的政治面貌和精神状态，基本上弄清楚了。他是资产阶级在党内的代言人，是彭德怀的一伙，是个小赫鲁晓夫。他把高级学校搞成独立王国，干了许多坏事。”报告还给杨献珍罗列了十条罪状，其中一条就是“制造反对社会主义的‘理论’”，因为杨“有计划、有组织地向党发动了总进攻，提出取消革命、从理论上根本否定阶级斗争、否定社会主义同帝国主义的斗争、否定马列主义同修正主义斗争的‘合二而一’论，为现代修正主义的‘三和两全’（按：即和平共处、和平过渡、和平竞赛，全民国家、全民党）路线作了哲学概括，为国内资本主义势力制造了‘和平演变’的‘理论’”。[①]《报告》建议撤销杨献珍的党校副校长和校务委员会委员的职务。

9月24日，中共中央将这一报告作

① 从进：《曲折发展的岁月》，河南人民出版社1989年版，第569—570页。

为中央文件批发全党，并同意撤销杨献珍的职务，降为中国科学院哲学研究所副所长。

4. 上纲上线的“学术批判”

1966年3月，毛泽东进一步指出：现在学术界和教育界是资产阶级知识分子掌握实权。社会主义革命越深入，他们就越抵抗，就越暴露出他们的反党反社会主义的面目。吴晗和翦伯赞等人是共产党员，也反共，实际上是国民党。

面对文艺和学术领域政治批判日益加剧的形势，邓小平提出要赶快刹车，改变这种局面。他说，那些“革命派”想靠批判别人出名，踩着别人的肩膀上台。

学术领域的大批判启动之后，便以“左”的惯性向前滑行着。在批判杨献珍“合二而一”论之后，1964年下半年，又开展了对著名经济学家孙冶方及其经济学观点的批判。

孙冶方早年投身革命，1927年从莫斯科中山大学毕业以后，在东方大学和中山大学做过三年政治经济学课的翻译；建国初期又到苏联考察过其经济管理制度，对苏联那种高度集中的经济体制的弊病，有比较深入的了解。1954年以后，孙冶方一直担负着经济管理部门的领导工作，对我国国民经济制度的现状和从苏联照搬过来的许多经济制度所产生的问题，也很清楚。1956年到1957年，他写了《把计划和统计放在价值规律的基础上》、《从“总产值”谈起》等文章，提出只有把计划放在价值规律的基础上，才能使计划成为现实的计划，才能充分发挥计划的效能，认为社会主义大生产不能靠主观意志，必须以价值规律为依据，在计划和统计上多注意劳动量消耗的计算，促进生产率的发展。

此后，孙冶方一直没有放松对社会主义经济问题的思考，从1958年到1963年间，他先后发表研究成果20余篇。其中有代表性的是：《要用历史观点来认识社会主义社会的商品生产》（《经济研究》1959年第5期）、《论价值》（《经济研究》1959年第9期）、《关于全民所有制经济内部的财经体制问题》（研究报告，1961年6月2日）、《固定资产管理制度和社会主义再生产问题》（研究报告，1963年9月3日）、《社会主义计划经济管理体制中的利润指标》（研究报告，1963年9月18日）等。这一系列文章、报告的要点是：用最小消耗取得最大经济效果是社会主义政治经济学的红线；把计划放在价值规律的基础上；正确运用经济杠杆，提高利润指标在经济管理中的地位；流通是社会主义社会化生产和再生产的物质代谢过程；扩大企业的经营管理权限，按照简单再生产和扩大再生产的界限来正确处理国家同企业的关系。

1959年上半年纠"左"的时候，毛泽东曾强调过社会主义仍必须发展商品生产和商品交换，必须重视价值法则的作用，并提出价值法则是个伟大的学校。但是，当时社会上仍不重视商品生产和流通，仍然忽视价值规律的作用，在"利润挂帅"的帽子下使人们对利润二字噤若寒蝉。针对这一情况，1963年9月，孙冶方写了一篇《社会主义计划经济管理体制中的利润指标》的内部研究报告，其中心思想是：应该提高利润指标在计划经济管理体制中的地位，应该分清社会主义企业利润和资本主义企业利润，不能用对待资本主义利润的态度来对待社会主义利润；应该表扬那些努力降低成本、增加利润的先进企业，恢复社会主义利润指标的名誉。

为使更多的人重视企业利润问题，1963年年底，孙冶方打算在中国科学院哲学社会科学部委员会扩大会议上，作一次关于利润问题的讲演。得知这一消息后，他所在的经济所两位年轻人劝他别讲了，免得引来麻烦。可他说："这些年来，许多工厂不计成本，不讲价值规律，上缴利润很少，还有些企业靠救济过日子。如此下去，怎么得了？我们应该大声疾呼：为社会主义创造利润。"两位年轻人提醒说："你讲利润，人家会说是修正主义。"他回答说："我讲的是社会主义利润，与资本主义利润有着本质的区别，这有什么错呢？"俩人又说："从理论上说是对的，不过还是不讲为好，风声已经这么紧了！"他却仍不改初衷，并且说："风声是什么？我不是研究气象学的。"①

1962年的时候，陈伯达写了一份关于财经工作的报告草案。这年8月下旬，孙冶方对陈伯达的报告草案写了一个书面意见，对其中一些不妥当、不正确的提法谈了自己的看法。如孙冶方认为，货币发行量过多与否，不是相对于商品供应量说的，而只能是相对于整个市场的商品流通量说的；计划供应与凭证供应之间不能画等号；不要把集市贸易叫做"自由市场"。这些都是对陈伯达报告中观点的纠正。这一下招致了一向以理论家自许的陈伯达的忌恨。不过，陈伯达当时却装着虚怀若谷的样子，亲自同孙冶方会见，还说孙冶方的意见提得好。1964年秋，国内"反修防修"的声浪日高，陈伯达依据孙冶方1963年的那份研究报告，同康生一起，给他戴上了一顶"中国最大的修正主义者"的大帽子，组织对他的批判。

批判者说，孙冶方的观点主要有两个基本的、互相联系的方面，一是反对无产阶级国家统一管理经济，主张企业独立自治；二是反对按社会需要调节生产，主张以利润调节生产。因此，孙冶方经济观点的政治实质是使社会主义和平演变为资本主义，是彻头彻尾的修正主义理论。还有批判者说，孙冶方自1956年以来，特别自1961年以来，形成和发展起来的一整套修正主义经济观点，是同苏共二十大和二十二大以后泛滥起来的国际修正主义思潮相呼应的，他的主要观点是苏联修正主义的变种。更有批判者将他的经济观点指责为旨在实行资本主义经济自由化，在客观上适应国内资产阶级搞和平演变，复辟资本主义的需要，并为国际现代修正主义效力。

当时，康生、陈伯达除了组织大量的批判文章外，还以《红旗》杂志社的名义，在北京和天津组织部分经济学者召开再生产问题座谈会。这是在孙冶方已被陈伯达内定为"中国最大的修正主义者"后召开的，说是座谈会，实际上是批判会。在几个月内，连续开会30余次，以"座谈"的名义组织对他的围攻。尽管如此，孙冶方坚信自己的观点是站得住脚的。在一次"座谈"会上，他明确表示："尽管人家在那儿给我敲警钟，提警告，说这是修正主义观点，我今天还要在这里坚持自己的意见，以后也不准备检讨。"②

为了批倒孙冶方并肃清其在经济研究所的影响，1964年10月，康生、陈

① 刘国光：《向孙冶方同志学习》，《孙冶方纪念文集》，上海人民出版社1983年版，第30—31页。
② 刘国光：《向孙冶方同志学习》，《孙冶方纪念文集》，上海人民出版社1983年版，第31页。

伯达将经济所作为“四清”重点单位，派来一个数十人组成的工作组，并发动全所人员揭露批判孙冶方的“修正主义经济理论和经济政策”，甚至还用莫须有的罪名，将他同张闻天（庐山会议张闻天遭错误批判后，到经济研究所当了一名“特约研究员”）的所谓“反党活动”联系起来，打成“张孙反党联盟”。最后，又以“抗拒党和群众对他的原则批评，态度十分骄横”的罪名，撤销了他的经济研究所所长职务，并下放到京郊周口店韩继大队进行“劳动改造”。

受到严重批判的还有北京大学教授、哲学家冯定。1964年8月，《红旗》杂志第17、18期的合刊发表了《评冯定的〈共产主义人生观〉》一文，揭开了对冯定的批判；同年11月，《红旗》杂志第21、22期合刊上，又发表文章批判冯定的《平凡的真理》一书。批判者指责冯定“同赫鲁晓夫唱一个调子”，他的那两本书也就成了“宣扬修正主义思想的坏书”，是“主观唯心主义的大杂烩”。

冯定是一位老资格的共产党员。1926年加入中国共产党，次年入莫斯科中山大学学习，1930年毕业回国后在上海等地从事党的地下工作。抗日战争爆发后到新四军工作，主要从事理论宣传和干部教育，曾任新四军政治部宣传部宣教科长、《抗敌报》主编，抗日军政大学第五分校副校长、淮北区党委宣传部长等职。解放前后，担任过华东局宣传部副部长、马列学院一分院副院长等职。1957年由毛泽东提名，到北京大学哲学系任教授、后又任党委副书记。

为青年写一本通俗易懂而又有一定的理论深度的哲学读物，是冯定多年的心愿，但自从他投身革命之后，却一直无法静下心来写这本书。1947年秋，冯定在大连进行胃切除手术，利用手术后休养的时间，他开始写一篇一篇的相关短文，每篇文章都有一个小标题，并注明“平凡的真理之一、之二……。”1948年，他将这些文章编辑成一本书，就取名为《平凡的真理》，由大连光华书店出版。上海解放后，冯定随华东局进入上海，该书又由上海三联书店再版。1955年他作了重大修改，然后由北京中国青年出版社出版。

这部书分为四个部分：（一）真理与智慧，主要内容是讲作为认识主体的人，是怎样通过自己的头脑认识外部世界的，侧重剖析了认识发生的生理基础和社会基础；（二）真理与谬误，扼要评价了辩证唯物主义认识论和唯心主义形而上学认识论这两种对立的认识论，强调马克思主义是人类现有的最正确的思想；（三）真理与规律，他以唯物论与辩证法相统一为基点，对唯物辩证法的基本规律和范畴作了阐释；（四）真理与实践，主要讲的是马克思主义宇宙观在学习、工作、斗争、领导、修养等各个实践领域的具体展开。

《平凡的真理》是冯定几十年进行哲学理论研究和宣传心血的结晶，对于辩证唯物主义和历史唯物主义的原理，作了通俗易懂的阐释，出版之后深得读者喜爱，先后印刷了11次，发行了50多万册。

1956年，冯定又写作了《共产主义人生观》一书，并于同年由中国青年出版社出版。这本书深入浅出地讲述了必须自觉做人和应当怎样自觉做人的道理。冯定认为，共产主义人生观是先进的人生观，是科学的人生观，是自觉的人生观，是与时俱进的人生观。1964年他在《人生漫谈》一书的序中说："我在写《共产主义人生观》的时候,是注意了不要落入个人主义的罗网或圈套。所以,当时我就不从人生而谈人生,而是在讲了资产阶级人生观和无产阶级人生观完全对立以后,就讲辩证唯物的世界观和辩证唯物的历史观,最后才将有关人生的几个具体问题讲了一讲。"[①]《共产主义人生观》出版后也是大受欢迎，不到两年的时间印刷了7次，总印数达86万册。

可是，就是这样两本深得广大青年喜爱、产生了广泛影响的著作，却在1964年下半年被扣上"主观唯心主义的大杂烩"、"鼓吹'阶级斗争熄灭论'"、"宣扬资产阶级人生观"、"和赫鲁晓夫唱同一个调子"、"宣传修正主义思想"等大帽子，对其开展口诛笔伐。

1964年9月的《红旗》杂志第17、18期合刊上，发表了《评冯定的〈共产主义人生观〉》一文。这篇文章本来是先投稿给共青团中央机关刊物《中国青年》杂志，《中国青年》以文章太长为由将稿子退回。该文作者又将其投给了中共中央机关刊物《红旗》杂志，却被正在大做"反修"文章的康生相中。因为这年8月24日，毛泽东在同北京大学副校长周培源谈话时，就曾讲过："你那里的冯定，我看就是个修正主义者，他写的书里讲的是赫鲁晓夫那一套。"[②]正因为这句话，冯定成了大批判的对象。

批判者采取断章取义的方式，对《共产主义人生观》上纲上线地进行批判。有人在《人民日报》上发表文章，题目就叫《剥开皮来看冯定的"共产主义人生观"》，说这本书是打着共产主义的招牌，推销资本主义的货色。不但如此，批判者还认定冯定所阐述的共产主义人生观，"浸透了建立在金钱关系上的资产阶级唯利是图的丑恶思想"；"它是把唯心主义、个人主义、实用主义、和平主

① 《冯定文集》第二卷，人民出版社1989年版，第399页。
② 谢龙主编：《平凡的真理，非凡的探索——纪念冯定百年诞辰研究文集》，北京大学出版社2002年版，第177页。

义等资产阶级货色凑在一起的大杂烩”，因而“这本小册子完全暴露了隐藏在冯定灵魂深处的那个资产阶级王国”。[①]

冯定在该书“群众观点”一节中，在讲到如何正确处理个人利益与大众利益（即群众利益）关系时，首先对自私自利的人生准则进行了批判，强调损人利己是剥削阶级道德的体现而与共产主义道德是不相容的。同时冯定也认为共产主义并不否认一己的利益，并不否认个性，但当个人利益与大众利益发生冲突时，就必须无条件地服从大众利益。在革命斗争中，一些革命者因为革命的需要，往往还需要舍弃自己的一切利益甚至献出生命。接着下来，他写了如下一段话：

> 董存瑞和黄继光。在一瞬间是不可能将一己的利益和大众的利益进行详细的比较、考虑和选择的，而可能只是一种正义的冲动；然而这种冲动，对先代的义士们、烈士们来说，正是平时深明大义或者认识国家民族的利益高于一切的人才能有的，对于现代的我们来说，正是平时深明革命的意义和不断接受共产主义教育的人才能有的。[②]

可是，批判者在引用冯定的原文时，只引了前半句而故意不引后半句，似乎给人一种印象：在冯定眼里，这些为革命献身的英雄人物“只是一种正义的冲动”，并抓住这一点大做文章，指责冯定“妄想借诬蔑革命先烈伟大的自我牺牲精神，来进行活命哲学的说教诬蔑”。还有批判者说，冯定是“披着‘共产主义人生观’的外衣，宣扬资产阶级利己主义的人生观”；“散布主观唯心论，为资产阶级利己主义制造理论基础”；“鼓吹以自我为中心的个人奋斗的道路”。[③]

这年11月，《红旗》杂志第21、22期合刊上，又发表了《主观唯心主义的大杂烩——评冯定同志的〈平凡的真理〉》。这篇批判文章一开始就给《平凡的真理》下断语说，这本书“充满了严重的错误，是一本毒害青年的坏书”。而批判者在文章最后得出的结论是，《平凡的真理》“是一本庸人的哲学，也是资产阶级的哲学，是与马克思列宁主义、毛泽东思想针锋相对的。它只讲个人‘趋利避害’，不讲阶级斗争和革命，它要人们放弃一切崇高的理想，只在个人生活上寻求满足。这本书是帮助资产阶级毒

① 《剥开皮来看冯定的“共产主义人生观”》，《人民日报》1965年1月25日。
② 《冯定文集》第二卷，人民出版社1989年版，第184页。
③ 《旧书新编——冯定同志的〈共产主义人生观〉散布的是什么货色？》，《人民日报》1965年1月25日。

害青年的一本坏书”。并且认定：“这本书是由各种资产阶级腐朽思想拼凑而成的，折中主义色彩十分浓厚，而主要的，是主观唯心主义的大杂烩。它在辩证唯物主义和历史唯物主义的外衣下，利用各种资产阶级哲学，系统地歪曲了辩证唯物主义和历史唯物主义”。①

当年之所以要批判冯定，除了批判文章中所说的他这两本书的“错误”观点外，更主要的是当时报刊上正在大批特批杨献珍的“合二而一”，在这场批判中发表的文章虽然很多，但著名哲学家中只有一人写了文章，而此时苏联的塔斯社说，中国著名哲学家李达，对批判杨献珍表示沉默。康生听到这个消息后很不高兴，要求找有影响的人物写文章。当时，一家新闻单位的记者找到了冯定，请其写批判“合二而一”的文章，并说中宣部在可以发表文章的人名单里，第一个就是他，但为冯定婉言拒绝，理由是对这个问题不好写。于是康生决定批判冯定。

除此之外，冯定在主持编写哲学教科书时，有一章是“‘一分为二’是事物发展的普遍规律”，他看后说：“一分为二，一分为二，什么时候才算完？”表示不同意这种表述，认为还是以对立统一规律为宜。不料此事被《光明日报》记者写进了内参之中，这也是他遭批判的一个原因。②

著名历史学家翦伯赞也成为这场大批判的一个靶子。

1961年，翦伯赞发表了《对处理若干历史问题的初步意见》一文。这是他针对“大跃进”以来史学研究和教学中存在的问题而写的，全文共分为八部分：（一）如何处理历史上的阶级关系；（二）如何处理历史上的民族关系；（三）如何处理历史上的国际关系；（四）怎样对待发展观点；（五）怎样对待全面观点；（六）人民群众与个别历史人物；（七）政治、经济与文化；（八）理论、史料与文章。

文章对这八个方面的问题提出了具体意见。例如，针对当时史学研究中过分拔高农民起义作用的倾向，他强调在写农民战争的时候，不要忘记农民战争是发生在封建时代，不要忘记农民是小私有者，应该历史主义地对待农民战争，既不能强调农民战争的落后性、盲目性，也不能夸大农民战争的组织性和纪律性。他还在文章中提出了“让步政

① 《主观唯心主义的大杂烩——评冯定同志的〈平凡的真理〉》，《红旗》1964年第21、22合期。

② 谢龙主编：《平凡的真理，非凡的探索——纪念冯定百年诞辰研究文集》，北京大学出版社2002年版，第134—135页。

策”的问题，认为在经历一个大的农民战争之后，封建统治阶级为了恢复封建秩序，有时会对农民作出一定程度的让步。当然，让与不让，让多让少，决定于阶级对抗的形势，也决定于农民战争带来的阶级力量的对比变化。他还主张在坚持“理论挂帅”时，不要用一般原则去套历史，将史料硬塞进原则中作为理论的注脚，而应用理论去分析史料，通过对史料的分析，对历史事件或问题作出理论的概括。

1962年，翦伯赞又发表了《目前史学研究中存在的几个问题》。这几个问题是史与论、政策与理论、阶级观点与历史主义、客观规律性与主观能动性。他认为，“以论带史”的口号是片面的甚至是错误的，这个口号意味着研究历史要从理论或概念出发，而不是从具体的史料出发。他又认为，理论与政策是有区别的，历史学为政治服务，并不是配合当前的每一个政治运动，而是为一定的阶级在一定时期的需要服务；也不是把古人古事拉扯到现代，而是总结历史经验为政治服务。对于阶级观点与历史主义的关系，翦伯赞认为，所谓站稳立场，不是用现代人或事的标准去苛求古人古事，而是要将阶级观点与历史主义结合起来，对历史事实作出全面公平的论断。对客观规律性与主观能动性问题，他针对史学界存在的忽视历史人物作用的倾向提出，写历史必须写人，必须承认人的主观能动作用，这种作用有些是进步的，有些是反动的，只要对历史起了作用就要写。

今天看来，翦伯赞的这些观点都是正确的，可是，就是这两篇文章，给他招来了“文革”前的大批判。

早在1963年6月，关锋就在北京展览馆以“在历史研究中运用阶级观点和历史主义的问题”为题，发表讲演，对翦伯赞的“历史主义”作了不点名的批判。1965年9月22日，《光明日报》发表《应该怎样估价“让步政策”》一文，指责翦伯赞的“让步政策论”是“根本歪曲毛主席关于中国农民战争历史作用的理论”。

1965年12月8日，《红旗》杂志和《人民日报》同时发表了戚本禹的文章《为革命而研究历史》。文章以批判“历史主义”为名，对翦伯赞进行了不点名的批判。文章说：

“有一种意见，认为历史研究只有无产阶级的阶级观点不行，还要有一种‘历史主义’，如果只有阶级观点而没有‘历史主义’，就要犯‘否定一切’的‘非历史主义’的错误。”

"问题的提出使人感到惊异。无产阶级的阶级观点，怎么会引向'否定一切'，引向'非历史主义'，因而必须要用一种'历史主义'来补偏救弊呢？在马克思主义的宝库里，怎么会有一种脱离了阶级观点的'历史主义'呢？"

"对于历史研究中所谓非历史主义的批评，乍一看，是使人迷惑的。但是我们只要探究一下事实，就可以明白，原来近几年来，历史研究中的非历史主义不是别的，而正是那种歌颂帝王将相，否定农民运动的现象。这种非历史主义的出现，不是如同一些人所指责的，是因为无产阶级的阶级观点多了，恰恰相反，倒是因为缺少了无产阶级的阶级观点。"

同月21日，毛泽东在杭州召见陈伯达、关锋等人谈话，其中说：一些知识分子，什么吴晗、翦伯赞啦，越来越不行了。在农民战争之后，地主阶级只有反攻倒算，哪有什么让步？又说：戚本禹的文章很好，我看了三遍，缺点是没有点名。

戚本禹果然很快就改正了"缺点"。1966年3月29日，《人民日报》又发表了戚本禹等三人的文章《翦伯赞同志的历史观点应当批判》，给这位历史学家戴上的帽子是："资产阶级史学的代表人物"。他的文章《对处理若干历史问题的初步意见》、《目前史学研究中存在的几个问题》则被打成"反马克思主义的史学纲领"。

戚本禹等人还给翦伯赞套上诸多"罪状"，如：

——"用资产阶级的历史主义来歪曲历史唯物主义，来同马克思列宁主义的阶级斗争观点相对抗"。因为翦伯赞曾经主张把阶级观点和历史主义结合起来。

——"歪曲和污蔑农民革命"。因为翦伯赞主张不要把农民战争领袖理想化，强调过农民反对封建压迫、剥削，反对地主，反对皇帝，但没有也不可能将之当做一个制度、一个阶级和一个主义来反对。

——"美化和歌颂帝王将相"。因为翦伯赞提出要正确看待历史人物包括封建统治者在历史上所起的作用，并且说过秦始皇、隋炀帝等人虽然没有挑土，没有挖河，但是他们却是万里长城、大运河这些巨大工程的发动者、组织者。

——"鼓吹统治阶级的'让步政策'"，美化地主阶级，歌颂封建社会。因为翦伯赞认为，"在每一次大暴动之后，新的封建统治者，为了恢复封建秩序，必须对农民作某种程度的让步，这就是说必须或多或少减轻对农民的剥削和压迫，这样就减轻了封建生产关系对生产力的拘束，使得封建社会的生产力又有继续发展的可能，这样就推动了中国历史的前进”。

戚本禹在文章的最后说：“总起来说，翦伯赞同志反马克思主义的史学纲领就是‘二反二保’的纲领，即：反对用阶级斗争观点解释历史，反对历史研究、历史教学为当前的政治服务；保护‘史料即史学’、‘为历史而历史’的资产阶级历史观点，保护美化帝王将相、丑化农民革命的封建王朝史学体系。”因此，“为了把史学革命进行到底，翦伯赞同志的历史观点必须批判。”

在1966年3月17日至20日的中共中央政治局常委扩大会议上，毛泽东又一次更严厉地提到了翦伯赞：现在学术界和教育界是资产阶级知识分子掌握实权。社会主义革命越深入，他们就越抵抗，就越暴露出他们的反党反社会主义的面目。吴晗和翦伯赞等人是共产党员，也反共，实际上是国民党。现在许多地方对于这个问题认识还很差，学术批判还没有开展起来。各地都要注意学校、报纸、刊物、出版社掌握在什么人手里，要对资产阶级的学术权威进行切实的批判。

4月23日《人民日报》刊登《翦伯赞同志的反马克思主义历史观点》的摘录。该报在“编者按”称：在近年来我国史学领域的阶级斗争中，吴晗和翦伯赞都是反马克思主义史学的主将。翦伯赞以“老马克思主义史学家”自居，长期以来，他到处作报告、写文章，大肆宣扬他的资产阶级的历史观点。由于他披着马克思主义的外衣，善于使用折中主义的说法，所以他的言论有相当大的迷惑性，在史学界起了极其恶劣的影响，必须加以彻底揭露、批判。之后《翦伯赞是怎样积极卖身投靠蒋家王朝的》、《反共知识分子翦伯赞的真面目》之类文字便充斥于报刊。

5.围绕《海瑞罢官》的斗争

吴晗怎么也没有想到，在一些人的心目当中，那个在庐山会议上提意见的彭德怀，就是当今敢于犯上的海瑞；他更没想到，有人会将他写的《海瑞罢官》与庐山会议上彭德怀的被罢官联系起来。

当时，彭真还想力保吴晗。他当面对毛泽东说：我们经过调查，没有发现吴晗同彭德怀有什么组织联系。

面对文艺和学术领域的政治批判日益加剧的形势，1965年3月2日，刘少奇主持中共中央书记处会议专门研究了文艺界整风问题。会上，邓小平试图控制这种局面的发展，对文艺领域"左"倾错误批判提出了批评。他说，现在有人不敢写文章了，新华社每天只收到两篇稿子，戏台上只演兵，只演打仗的，电影哪有那么完善？这个不让演，那个不让演。那些"革命派"想靠批判别人出名，踩着别人的肩膀上台。邓小平还提出要赶快刹车，改变这种局面。

可是"左"倾列车既然已经奔跑，在强大的惯性下，刹车已经刹不住了。一场波及面更大的批判运动迎面而来，并点燃了那场"触及灵魂的大革命"的导火索。这就是对吴晗的新编历史剧《海瑞罢官》的批判。

吴晗是我国有名的明史学家，曾写过众多的史学著作。吴晗本为一介书生，不问政治，一头扎在故纸堆里。抗日战争时期，吴晗对蒋介石的独裁专制统治很是不满，遂由不问政治转为关注现实政治，不但参加了民主同盟，而且还以自己的学问为政治斗争服务，写出了他最为有名的史学著作——《由僧钵到皇权》（后修订为《朱元璋传》），以明初的专制皇帝明太祖朱元璋的种种专制劣迹，来影射现实政治中专制独裁的蒋介石。自此之后，吴晗一步一步地靠近共产党。

新中国一成立，吴晗即当选为北京市副市长。吴晗虽对政治很关注，但不愿成为职业政治家，而是愿意保持自己的学者本色。还在抗战后期，他曾对好友闻一多说："等到民主政治实现，便立即退回书斋，去充实自己，专心著作。"他甚至还认为，有了共产党领导，中国有办法了，自己可以成功身退，"天下事不与我相干了，可以退回书房，随心所欲去钻牛角尖，翻古书，自得其乐了。"①吴晗当选为北京市副市长时,正在苏联访问，得知这一消息，他立即致电周恩来，希望不当副市长。访苏归国后，周恩来亲自做他的工作，与他彻夜长谈。最后，吴晗服从了党的安排。

1959年上半年，中共中央和毛泽东曾着手纠正1958年"大跃进"和人民公社化运动以来的一些"左"的错误，鉴于1958年说大话、假话为特征的浮夸风盛行，毛泽东提倡干部要讲真话。1959年4月，中共中央在上海召开工作会议。其间毛泽东看了湘剧《生死碑》，戏的结尾出现了海瑞。于是，他找来了《明史·海瑞传》来看，看完之后还对周围的人讲了海瑞的故事，说海瑞这个人骂皇帝很厉害，对皇帝却是忠心耿耿的。毛泽东还说，要宣传海瑞刚正不阿的精神，要敢于讲真话，不敢讲真话无非是怕，应像王熙凤那样，舍得一身剐，敢把皇帝拉下马，不要怕警告，不要怕降级，不要怕丢面子，不要怕被开除党籍，不要怕老婆离婚，不要怕杀头，要敢于坚持真理。

会后，文化部副部长、党组书记钱俊瑞向文艺界的一些人讲了此事，有人便建议吴晗写文章宣传海瑞精神。同时，胡乔木也找到了吴晗，要他根据毛泽东的讲话精神来写宣传海瑞的文章。吴晗对海瑞本来就很钦佩，自然积极响应毛泽东的号召，立即写起关于海瑞事迹的文章。很快，吴晗写出了《海瑞骂皇帝》一文，发表在1959年6月16日的《人民日报》上。之后，吴晗又写了一些其他关于海瑞的文章。

在吴晗所写的关于海瑞的文章中，有两篇影响较大，除了《海瑞骂皇帝》外，另一篇是《论海瑞》。

《论海瑞》这篇文章写好之后，正值

① 吴晗：《春天集》，作家出版社1961年版，第59页。

庐山会议结束，会议通过了《关于以彭德怀同志为首的反党集团的错误的决议》。全国的形势顿时由反“左”转向反右。吴晗并非没有感到时局的变化，乃把文章送给一位参加了庐山会议的领导同志看了。这位领导同志说，毛泽东提倡的是真海瑞，不是假海瑞，是“左派”海瑞，不是右派海瑞。言下之意，真海瑞还是应该提倡的。吴晗乃在文章的最后，添了若干大骂右倾机会主义者是假海瑞的话，然后将文章发表在9月17日的《人民日报》上。

《论海瑞》的文章发表后，北京京剧团的著名演员马连良找到吴晗，希望他将海瑞的事迹编成一出戏。写戏对吴晗来说是外行，但出于对海瑞精神的崇拜和朋友的期待，他还是答应了。

对于吴晗来说，写剧本比写文章可费劲得多。他花了几个月的时间，七易其稿，终于在1960年3月将剧本写成了。剧本原名《海瑞》，有人向吴晗提出，此剧并非写海瑞一生，而主要写海瑞罢官的情节，剧名《海瑞》有些名不副实，不如易名《海瑞罢官》为妥，吴晗以为然。此剧1960年彩排时，便取名《海瑞罢官》。吴晗怎么也没有想到，在一些人的心目当中，那个在庐山会议上提意见的彭德怀，就是当今敢于犯上的海瑞，他更没想到，有人会将此“罢官”与庐山会议上彭德怀的被罢官联系起来。

《海瑞罢官》的情节并不复杂：宰相徐阶的第三子徐瑛，仗势霸占民田，农民赵玉山独子被气死，孙女被抢走，赵玉山也被毒打。其儿媳洪阿兰到县衙告状，县官却庇护徐家，不予受理。海瑞在上任应天巡抚的途中，从洪阿兰和众乡亲的口中得知了案情。上任之后，便平反冤狱，处死徐瑛，并通令缙绅退田。据说，《海瑞罢官》公演后，毛泽东很高兴，在家里接见了主演海瑞的马连良，并说戏好，海瑞是好人。马连良回来后将毛泽东接见的情况告诉了吴晗。吴晗听了也非常高兴。[①]马连良在高兴之余，连忙写了《〈海瑞罢官〉演出杂感》、《从海瑞谈到‘清官’戏》的文章，谈自己主演海瑞的感想。

朋友们也为吴晗作为一个历史学家竟然成功写出剧本而高兴。廖沫沙对吴晗“破门而出”写戏表示祝贺，并在《北京晚报》上撰文说：“我认为你写‘海瑞罢官’，总算开始打破‘史’和‘戏’这两家门户，从姓‘史’的一家踏进姓‘戏’的一家去了。这就很难得，是个创造性工作。”历史学家侯外庐也发表《从“兄弟”谈到历史剧的一些问题》一文，表示钦佩吴晗“破门而出”的精神。

① 参见苏双碧、王宏志：《吴晗传》，北京出版社1984年版，第312页。

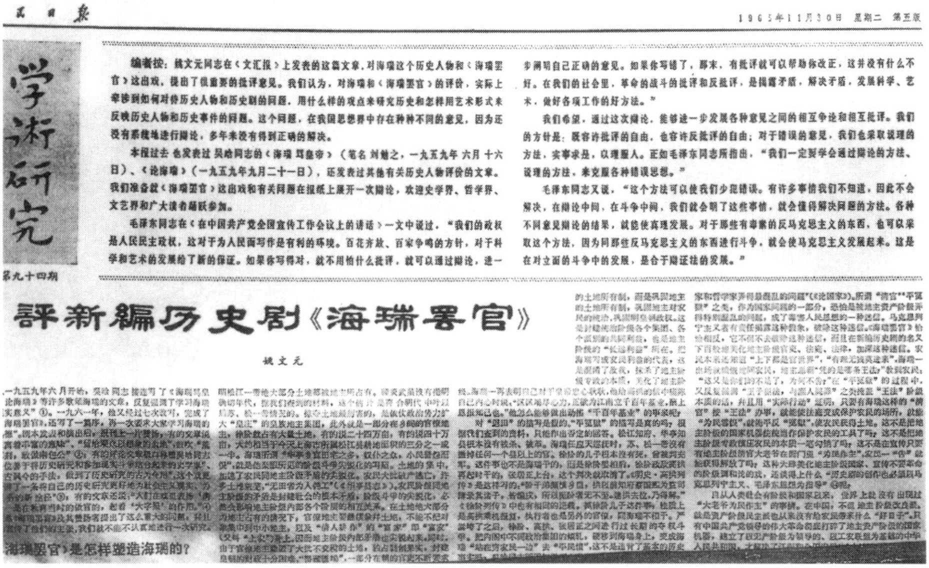

人民日报　1965年11月30日　星期二　第五版

学术研究

第九十四期

编者按：姚文元同志在《文汇报》上发表的这篇文章，对海瑞这个历史人物和《海瑞罢官》这出戏，提出了很重要的批评意见。我们认为，对海瑞和《海瑞罢官》的评价，实际上牵涉到如何对待历史人物和历史剧的问题，用什么样的观点来研究历史和怎样用艺术形式来反映历史人物和历史事件的问题。这个问题，在我国思想界中存在种种不同的意见，因为还没有系统地进行辩论，多年来没有得到正确的解决。

本报过去也发表过吴晗同志的《海瑞骂皇帝》（笔名刘勉之，一九五九年六月十六日）、《论海瑞》（一九五九年九月二十一日），还发表过其他有关历史人物评价的文章。我们准备就《海瑞罢官》这出戏和有关问题在报纸上展开一次辩论，欢迎史学界、哲学界、文艺界和广大读者踊跃参加。

毛泽东同志在《在中国共产党全国宣传工作会议上的讲话》一文中说过，“我们的政权是人民民主政权，这对于为人民而写作是有利的环境。百花齐放、百家争鸣的方针，对于科学和艺术的发展给了新的保证。如果你写得对，就不用怕什么批评，就可以通过辩论，进一步阐明自己正确的意见。如果你写错了，那末，有批评就可以帮助你改正，这并没有什么不好。在我们的社会里，革命的战斗的批评和反批评，是揭露矛盾，解决矛盾，发展科学、艺术，做好各项工作的好方法。”

我们希望，通过这次辩论，能够进一步发展各种意见之间的相互争论和相互批评。我们的方针是：既容许批评的自由，也容许反批评的自由；对于错误的意见，我们也采取说理的方法，实事求是，以理服人。正如毛泽东同志所指出，“我们一定要学会通过辩论的方法、说理的方法，来克服各种错误思想。”

毛泽东同志又说，“这个方法可以使我们少犯错误。有许多事情我们不知道，因此不会解决，在辩论中间，在斗争中间，我们就会明了这些事情，就会懂得解决问题的方法。各种不同意见辩论的结果，就能使真理发展。对于那些有毒素的反马克思主义的东西，也可以采取这个方法，因为同那些反马克思主义的东西进行斗争，就会使马克思主义发展起来。这是在对立面的斗争中的发展，是合于辩证法的发展。”

评新编历史剧《海瑞罢官》

姚文元

《海瑞罢官》是怎样塑造海瑞的？

1965年11月30日《人民日报》在转载姚文元的文章时，发表了经周恩来修改的编者按，强调学术讨论要“实事求是，以理服人”。

可是，只过了一年多的时间，形势就开始发生变化。1962年6月，彭德怀给中共中央和毛泽东写了一封长达82000字的信，即《八万言书》，信中叙说了自己童年时的家庭情况和参加革命的经历，以及各个时期的生活片断，并对庐山会议上强加给他的罪名作了辩驳和解释。可是这封信不但没有使问题得以澄清，反而引起了毛泽东的不快，认为这是彭德怀企图翻案，他明确表示不能给彭德怀平反。在这年8月召开的八届十中全会上。彭德怀的问题再次被提出来，其《八万言书》也被作为“翻案风”的标志之一而加以批判。

在八届十中全会上被批判的还有“单干风”，所谓“单干风”就是指搞“包产到户”。一些联想丰富的人，便开始把“翻案风”和“单干风”同《海瑞罢官》联系起来，牵强附会地认为《海瑞罢官》中有“平冤狱”一节，并且罢了海瑞的官，这不是影射庐山会议罢了彭德怀的官吗？至于“平冤狱”更是要为彭德怀翻案，且无中生有地认为《海瑞罢官》中的“退田”，实际上就是在鼓吹分田单干。这一点正好被某些野心家所利用。

1962年，江青就找到了文化部的几位负责人，提出要批《海瑞罢官》，结果未达到目的。于是江青转向上海寻求支持。经过一段较长时间的酝酿之后，1965年11月10日，姚文元终于抛出了一颗重磅炮弹——《评新编历史剧〈海瑞罢官〉》。

对于这篇奇文的炮制经过，“文革”期间江青自己曾很得意地介绍过。她说：

“批判《海瑞罢官》也是柯庆施同志支持的。张春桥同志、姚文元同志为了这个担了很大的风险啊，还搞了保密。我在革命现代京剧会演以前，作了调查研究，并且参与了艺术实践，感觉到文艺评论也是有问题的。我那儿有一些材料，因为怕主席太累，没有给主席看。有一天，一个同志把吴晗写的《朱元璋传》拿给主席看。我说：别，主席累得很，他不过是要稿费嘛，要名嘛，给他出版，出版以后批评。我还要批评他的《海瑞罢官》呢！当时彭真拼命保护吴晗，主席心里是很清楚的；但就是不明说。因为主席允许，我才敢于去组织这篇文章，对外保密，保密了七、八个月，改了不知多少次。春桥同志每来北京一次，就有人探听，有个反革命分子判断说，一定和批判吴晗有关。那是有点关系，但也是搞戏，听录音带，修改音乐。但是却也在暗中藏着评《海瑞罢官》这篇文章，因为一叫他们知道，他们就要扼杀这篇文章了。”①

1967年2月，毛泽东在接见外宾时也说：“这场斗争也准备了一个时期。前年十一月，对一个历史学家吴晗发表了一篇批判文章。这篇文章在北京写不行，不能组织班子，只好到上海姚文元他们搞了一个班子，写出这篇文章。开头写我也不知道，是江青他们搞的。先告诉我要批评。他们在北京组织不了，到上海去组织，我都不知道。文章写好了交给我看，说这篇文章只给你一个人看。周恩来、康生这些人不能看，因为要给他们看，就得给刘少奇、邓小平、彭真、陆定一这些人看，而刘、邓这些人是反对发表这篇文章的。”②

1967年5月，毛泽东在会见阿尔巴尼亚军事代表团时，又说：我国的无产阶级“文化大革命”，应该从1965年终姚文元同志对《海瑞罢官》的批判开始。那个时候，我们这个国家在某些部门、某些地方被“修正主义”把持了。真是水泼不进，针插不进。当时我建议江青组织一下文章批判《海瑞罢官》，就在这个红色城市（按：指北京）无能为力，无奈只好到上海去组织。最后文章写好了，我看了三遍，认为基本可以，让江青回去发表，我建议再让中央领导同志看一下。但江青建议：文章就这样发表的好，我看不用叫恩来同志、康生同志看了。③

① 中国人民大学编辑小组：《无产阶级文化大革命胜利万岁》，1969年10月编印，第242页。

② 中共中央文献研究室：《毛泽东传（1949—1976）》（下），中央文献出版社2003年版，第1397页。

③ 薄一波：《若干重大决策与事件的回顾》（下卷），中共中央党校出版社1993年版，第1233页。

姚文元在这篇文章中写道：

1961年，正是我国因为连续三年自然灾害而遇到暂时的经济困难的时候，在帝国主义、各国反动派和现代修正主义一再发动反华高潮的情况下，牛鬼蛇神们刮过一阵“单干风”、“翻案风”。他们鼓吹什么“单干”的“优越性”，要求恢复个体经济，要求“退田”，就是要拆掉人民公社的台，恢复地主富农的罪恶统治。那些在旧社会中为劳动人民制造了无数冤狱的帝国主义者和地富反坏右，他们失掉了制造冤狱的权利，他们觉得被打倒是“冤枉”的，大肆叫嚣什么“平冤狱”，他们希望有那么一个代表他们利益的人物出来，同无产阶级专政对抗，为他们抱不平，为他们“翻案”，使他们再上台执政。“退田”、“平冤狱”就是当时资产阶级反对无产阶级专政和社会主义革命的斗争焦点。

阶级斗争是客观存在，它必然要在意识形态领域里用这种或者那种形式反映出来，在这位或者那位作家的笔下反映出来，而不管这位作家是自觉的还是不自觉的，这是不以人们意志为转移的客观规律。《海瑞罢官》就是这种阶级斗争的一种形式反映。

《海瑞罢官》并不是芬芳的香花，而是一株毒草。它虽然是头几年发表和演出的，但歌颂的文章连篇累牍，类似的作品和文章大量流传，影响很大，流毒很广，不加以澄清，对人民的事业是十分有害的，需要加以讨论。在这种讨论中，只要用阶级分析观点认真地思考，一定可以得到现实的和历史的阶级斗争的深刻教训。

由此开始，揭开了对《海瑞罢官》的批判。

从1965年2月江青到上海找姚文元写批判《海瑞罢官》的文章，到11月《评新编历史剧〈海瑞罢官〉》发表，长达十个月的时间里，中央一线的领导人刘少奇、周恩来、邓小平等毫不知情。作为分管意识形态工作的彭真更不知道。

1965年9、10月中央工作会议期间，毛泽东十分严肃地提出了“如果中央出了修正主义，应该造反”的问题。他说：中央如果出了军阀也好，修正主义也好，总而言之，不是马克思主义，不造反就犯错误，要准备造反。彭真在大会发言中谈到党的问题时说：恐怕我们的各级党委就要把党一直抓下去。因为出不出修正主义，还是在党。党里不出修正主义，别处出了也不大要紧。毛泽东插话说：中央出修正主义，你们地方不出，不要紧。又说：中央几个大人，把他一革，就完了。至于地方出了，中央照样出，那就不好了。[①]

会议期间，毛泽东当面问彭真："吴晗可不可以批判？"彭真不清楚毛泽东的用意，答道："吴晗有些问题可以批判"。事后，彭真也未体味出这句话背后可能隐藏着的含义，当然更没有想到江青已组织文章准备对吴晗进行批判。

姚文元的文章发表后，一时间社会反响并不特别大。一则文化领域的大批判启动后，报刊上经常发表批判文章，人们对此已司空见惯，以为无非又拉出一位学者来批判一通；二则除了江青等少数人，人们并不明白文章产生的背景和真实意图，不敢轻易表态。而且当时姚文元还只是上海的一个普通干部，《文汇报》又非中央机关报，甚至连上海市委的机关报都算不上，而是一份主要面向知识分子的报纸；三则许多知识分子鉴于1957年反右派的教训，不敢公开写文章就此事表明态度，当年许多知识分子不知就里参加"鸣"和"放"，结果以此为据，被划为右派。所以这篇文章出笼后，各地报纸的编辑部虽然对它很注意，但大都持观望态度。因而一段时间里，除上海外，全国各报都没有及时转载。后来大多数报纸陆续转载了，但北京和湖南的报刊仍没有转载。

不但如此，姚文元的文章发表后，还有许多人对此不以为然。根据张春桥的指令，《文汇报》记者曾广泛收集京沪两地知识分子的反应，并登载在内参《文汇情况》上，结果被访的知识分子几乎都对姚文元这种乱扣帽子、乱打棍子的做法十分反感。

中国人民大学历史系教授尚钺说，姚文元把学术问题同政治问题混淆起来，硬把人家往右派方面推，对革命不利。

中国科学院民族研究所所长翁独健说，姚文元的文章最后一部分，《海瑞罢官》影射了现实，过了头，超过了学术范围。给吴晗下反党反社会主义的结论，这是莫须有的罪名，和秦桧害岳飞时的理由一样。

著名科学家、北京大学教授周培源说，吴晗是进步历史学家，哪里会反党反社会主义。

上海作家协会理事王西彦说，从别人写的文章中，捞出一句话来，批判一通，这种批评使人非常反感。

复旦大学教授周谷城说，姚文元讲吴晗的文章是毒草，不是鲜花，这未见得是吴晗的本意，而姚文元把学术问题讲成政治问题，陷人于罪。

① 中共中央文献研究室：《毛泽东传(1949—1976)》(下)，中央文献出版社2003年版，第1396页。

复旦大学教授刘大杰感叹说，现在看来，写文章真难，一写就错，不是右就是“左”。我们写文章当然是右的时候多，但是“左”了，也要犯宁“左”勿右的错误，同样要受批判。吴晗的剧本到现在还拿出来当毒草批，写文章真难啊！①

《文汇报》驻北京记者特地到北京大学历史系作了一番调查，了解对姚文的反映，结果发现“对姚文的意见基本上是采取否定态度”。否定的方式的三种：

一是“借口没有看过姚文元的文章，但集中攻击一点，大力为吴晗的立场辩护”。历史系教授邓广铭说，姚文对吴晗的批评是“欲加之罪，何患无辞”。

二是“对姚文是小处肯定，大处否定；对吴晗是小骂大帮忙”。许大令、商鸿逵、齐思和等教授说，对海瑞的评价，他们同吴晗一向是有分歧的，吴晗把海瑞评价得太高了，达到了偏爱的程度。认为吴晗这一点是应该批评的，但他们又认为吴晗的问题属于学术问题，扯不到政治上去，特别是反对把“平冤狱”、“退田”和1961年的“单干风”联系起来，说这样做太过分了。

三是“逐条批驳，全文否定”。《文汇报》记者找陈庆华教授了解情况，陈冷淡地说没有看报，于是记者留下一份报纸给他。一个星期后，记者又找到了他，结果他拿出报纸一条一条地加以批驳，说姚文元不懂历史，引用的史料不是引错了，就是解释错了。对姚文元的最后一段，陈表示：“这部分我就不加评论了。”

《文汇报》记者事后写的一份“内参”中说：“从记者访问的这些人看，总的印象是他们对姚文反应十分冷淡，甚至采取一种蔑视的态度，似乎姚文不值一看。”②

上海的情况也差不多。姚文元在1957年反右派运动中，批这个，驳那个，强词夺理，以打棍子而出名，在上海滩的名声并不好。他批判《海瑞罢官》的文章见报后，上海学术界几乎无人理睬，连青年学生也没人响应。在二十天的时间内，《文汇报》仅收到三篇来稿，其中一篇还是反驳姚文元的。不得已，张春桥只好由其控制的写作组写文章以与姚的文章相呼应。

面对这种局面，江青、张春桥极为不满，于是又想出了“引蛇出洞”的招数，由张春桥出面指令《文汇报》开辟“讨论”《海瑞罢官》的专版，张春桥还亲自写了编者按，其中煞有介事地大谈“双百”方针，说什么“发表姚文元同志的文章，正是为了开展百家争鸣”，并且提出要“通过讨论，把《海瑞罢官》这

① 文汇报史研究室：《文汇报史略(1949.5—1966.5)》，文汇出版社1997年版，第322页。

②《“文革”初期〈文汇报〉的一份“内参”——北京大学历史系师生对姚文的反映》，《百年潮》1999年第8期。

出戏和它提出的一系列原则问题弄清楚，使社会主义文化繁荣昌盛”。为了引起读者的注意，这个“编者按”连刊了六天。

尽管如此，参与《海瑞罢官》讨论者还是寥寥无几。张春桥见此，就由上海市委宣传部出面召开一个讨论《海瑞罢官》的座谈会，他还指示市委宣传部长带头表态，说这样的话，别人就敢讲了。他自己也在会上说：“《海瑞罢官》提出来的，不只是一出戏的问题，而是一系列原则问题，涉及海瑞、清官、道德继承、历史主义、让步政策、历史剧、历史人物等，在这些问题上，都有根本分歧。”还说对这些问题要一个题目一个题目的搞，方法是百家争鸣，大鸣大放大辩论。①

12月底，张春桥还采取请君入瓮之策，由《文汇报》出面，邀请上海史学界、文艺界的部分人士座谈《海瑞罢官》，会前宣布这是内部讨论，不登报，不发表，畅所欲言。与会的周谷城、周予同、李平心等学者不知就里，还真从学术角度对姚文元的文章提出批评。可是，会议结束时，主持人宣布要将讨论的内容整理成文，公开发表。学者们闻之，始觉上当，但悔之已晚。不久，他们的发言见诸报端，成为批判材料。

座谈会上，著名历史学家，上海历史研究所副所长周予同说：“目前报纸的做法有一些问题还值得研究。我觉得这次讨论里究竟有多少问题，可以排排队，介绍一下。目前有些文章有许多重复的见解。建议今后讨论论点可以先排排队，把已发表的及时总结一下，再提出一些新的问题。例如：一、戏剧和历史有关系，但关系究竟怎么样，可以讨论。二、清官屁股坐在什么地方的问题，这对史学界来说似乎已经清楚。目前有人说清官比贪官更坏的问题，这一点还可以讨论。这样说，那么，在蒋匪帮时代，是否做坏教授比做好教授要好吗？”周予同还说：“吴晗的自我批评文章，我看了。吴晗我是熟的，他很爽直，文如其人，有错就认了，他的认错不是假的。但是文中有些奇怪，反右倾怎么会联想到海瑞上面去的？他的政治敏感性到哪里去了？吴晗是好人，是‘清官’，但他的政治敏感性大有问题。”②这里讲的本来是大实话，却被张春桥记了一笔，内定为重点批斗对象。不久，“文革”爆发，周予同吃了不少苦头，并被拉到山东曲阜批斗，造成全身瘫痪。

① 郑谦：《从〈评新编历史剧海瑞罢官〉到〈二月提纲〉》，李海文主编：《彭真市长》，中共党史出版社、山西人民出版社2003年版，第136页。

②《上海学术界部分人士座谈吴晗的〈关于海瑞罢官的自我批评〉》，《文汇报》1966年1月7日。

上海的情况尚且如此，北京方面的反应更是冷淡。彭真当时兼任北京市委书记和市长。他对上海事先不打招呼，就发表姚文元批判北京市副市长吴晗的文章表示不满。一些意识形态部门的领导人也认为，姚文元文章的最后一部分联系“单干风”、“翻案风”，实在很勉强。吴晗本人表示：《海瑞罢官》写于1960年，他本人没有那样大的本领预见到1961年要“刮风”。吴晗说：“姚文元这样批评我，我也不怕。不过我觉得这样牵强附会的批评，乱扣帽子，这种风气很不好，谁还敢写东西，谁还敢写历史？”吴晗的这番话，曾登在《光明日报》的情况简编上。毛泽东看了这份材料后，写了耐人寻味的一句话：“我都已看过，一夜无眠。”①

在此之前，中宣部曾有规定，批判全国性的著名人物，事前要报告中共中央。吴晗是全国性的著名人士，又是北京市副市长，现在上海方面已经发表文章批判，北京市马上面临如何办的问题。姚文元发表文章后的第三天，北京市委书记邓拓、市委宣传部部长李琪和《北京日报》总编辑范瑾研究是否转载的问题，决定先向《文汇报》了解情况，如果姚文是毛泽东定的，《北京日报》就登，否则不登。由于张春桥严令向北京封锁消息，北京方面不得要领，只得请示正在外地的彭真，彭真当时答复说，暂不转载，待他回京后再说。

江青还为此从上海打电话给中宣部副部长林默涵：“你看过文章没有？为什么北京报纸不转载？”林默涵说，这事要请示中央，我们不好做主。

见北京方面没有动静，江青就借此攻击北京。毛泽东得知这一情况也很不满意，就要上海人民出版社将姚文元的文章印成单行本，向全国发行。后来毛泽东在接见外宾时说：姚文元的文章发表以后，各省都转载，北京不转载。我那个时候在上海，后来我说印小册子。各省都答应发行，就是北京的发行机关不答应，因为有些人靠不住嘛！北京市委就是针插不进，水泼不进的独立王国。

1965年11月下旬，彭真返京。在听取《红旗》杂志的汇报后，彭真表示：中央报刊是否发表批判吴晗的文章，还要再考虑一下再说。《红旗》更不要着急，现在不要发表文章，也不必转载。

彭真还要北京市委书记处讨论转载的问题，并说吴晗问题的性质不属于敌我矛盾，对姚文元文章错误的地方也要批判。北京市委书记处研究认为：不同意姚文元文章的第四部分“《海瑞罢官》

① 中共中央文献研究室：《毛泽东传（1949—1976）》（下），中央文献出版社2003年版，第1399页。

要人们学习什么东西”从政治上的批判，吴晗不论是民主革命时期还是社会主义革命时期，表现都是好的；如果必须转载这篇文章，则加上编者按以表明自己的态度。

11月29日，《北京日报》转载了姚文元的文章。但根据彭真28日指示写的按语，仍强调：“有不同的意见应该展开讨论”，并特地引用了毛泽东1956年关于“双百”方针的一段话。毛泽东说：“百花齐放、百家争鸣的方针，是促进艺术发展和科学进步的方针，是促进社会主义文化繁荣的方针。”《北京日报》的编者按可谓用心良苦，以示对《海瑞罢官》进行讨论既然是学术问题，就应该“百家争鸣”。

11月30日，《人民日报》转载姚文，报社根据周恩来、彭真意见写成并修改的按语说：“对海瑞和《海瑞罢官》的评价，实际上牵涉到如何对待历史人物和历史剧的问题，用什么样的观点来研究历史和怎样用艺术形式来反映历史人物和历史事件的问题。这个问题，在我国思想界中存在种种不同的意见，因为还没有系统地进行辩论，多年来没有得到正确的解决。”“我们希望，通过这次辩论，能够进一步发展各种意见之间相互争论和相互批评。我们的方针是：既容许批评的自由，也容许反批评的自由；对于错误的意见，我们也采取说理的方法，实事求是，以理服人。”《人民日报》还将姚文元的文章放在第5版“学术讨论”专栏，表示这是一个可以讨论的学术问题。

12月21日，毛泽东在杭州同陈伯达等人谈话时说：“一些知识分子，什么吴晗啦，翦伯赞啦，越来越不行了。姚文元的文章也很好，点了名，对戏剧界、史学界、哲学界震动极大，但是没有打中要害。《海瑞罢官》的要害问题是‘罢官’。嘉靖皇帝罢了海瑞的官，1959年我们罢了彭德怀的官。彭德怀也是‘海瑞’”。又说：这几年，青年有进步，就是一些老教授没办法。吴晗老当市长，不如下去当个县长好。

第二天，毛泽东在同彭真等人的谈话中，又讲了这个看法。

当时，彭真还想力保吴晗。11月28日，邓拓对彭真说，吴晗很紧张，他知道这次批判有来头。彭真说：什么来头不来头，不用管，只问真理如何，真理面前人人平等。12月24日，彭真对吴晗说：你错的就检讨，对的就坚持，坚持真理，修正错误。12月22日，彭真又当面对毛泽东说：我们经过调查，没有发现吴晗同彭德怀有什么组织联系。

可是，局势的发展超出了许多人的预料，形势越来越严峻了。

五、山雨欲来

《文汇报》发表了姚文元的《评新编历史剧〈海瑞罢官〉》后，形势急转直下，虽然中央一线的领导同志还试图将之控制在学术讨论和学术批判的范围内，但毛泽东已决定发动一场自下而上的大革命，彻底解决中国已经出现的修正主义问题，最终导致了“文化大革命”的发生。

1.罗瑞卿遭打倒内情

在1965年11月10日，中共中央书记处候补书记、中共中央办公厅主任杨尚昆被免去在中央的职务，理由是“背着中央私设窃听器”。

林彪为什么要打倒罗瑞卿呢？罗瑞卿自己在1978年的一次讲话中说：“是因为林彪要拉我入伙，我不干。”

或许是历史的巧合，在1965年11月10日，即姚文元发表《评新编历史剧〈海瑞罢官〉》的同一天，中共中央书记处候补书记、中共中央办公厅主任杨尚昆被免去在中央的职务，名义上是调任中共广东省委书记，实际上是隔离审查。理由是“背着中央私设窃听器”。

所谓“窃听器”，其实是录音机。以前毛泽东讲话没有现场录音，手工记录既不准确且事后整理还找不到依据，这使时任中办主任的杨尚昆很伤脑筋。一次毛泽东同外宾谈帝国主义是纸老虎、真老虎的问题，因事先安排了录音机，后来在整理成文字时很准确，还得到了毛泽东的赞扬。此后，在中央领导人特别是毛泽东讲话时，都尽量安排录音，但有时领导人讲话不是那么很正式，面前摆一个录音话筒也感到不舒服，于是有关工作人员就用花之类的东西将录音机挡着。[1]其实这完全是工作需要，根本不存在“私设窃听器”的问题。

十一届三中全会后，对杨尚昆的冤案进行了复查，中共中央办公厅写了复查报告，经中央书记处批准给予彻底平反。复查报告指出：“杨尚昆同志原在中办机要室的录音工作上，从来没有搞过阴谋活动。过去在党内外公布的有关杨尚昆同志在这个问题上的所谓错误，是不存在的。”

在江青等人频频活动于密室、点火于京沪之时，一向善于观风察色的林彪，也认为机会到了，开始施展阴谋手段整人了，并首先将矛头对向了时任中共中央书记处书记、国务院副总理、中央军委秘书长、解放军总参谋长的罗瑞卿。

林彪与罗瑞卿长期是上下级关系。罗比林大一岁，但林一直是罗的上级。林任红四军军长时，罗是其手下的第十一师师长。林任红一军团军团长时，罗任军团保卫局长。红军长征到陕北后，林任红军大学校长，罗任教育长。抗日战争和解放战争时期两人没有在一个地区工作。1959年庐山会议后，林彪取代彭德怀任国防部长，原总参谋长黄克诚因被打成“彭德怀反党集团”成员而被免职，经林彪向中共中央提名，罗瑞卿由公安部长职位调任总参谋长。

起初，林、罗工作上相处尚可，但从1961年起就有点矛盾。1964年以后，林彪在几个重要问题上逐渐对罗瑞卿心怀不满，以致发展到恨之入骨的程度。1965年秋，林彪对陶铸说：1960年，罗瑞卿对我的合作是好的。但是从1962年起，就开始疏远我、封锁我，到1965年便正式反对我了。

是什么原因导致林彪对罗瑞卿不满呢？林彪垮台后，罗瑞卿曾在一份材料中写道：“那么，在什么一些事情上，我触怒了他呢？因为他总是有什么病，经常不在北京，有些事我就请示主席办了，或者主席有什么指示，我就布置执行了。有些重大一点的事情，事后报告了他。有些事当时因为照顾他的病，也没有告诉他，我想，这样办，我在政治上、组织上都没有错误，因为主席不仅是党的主席，而且是党的军委主席。他对我不经过他就直接向主席请示决定问题，表示不满，但又说不出口，我是感到了的。”[2]

林彪对罗瑞卿表露出明显的不满，是从1964年的全军大比武开始的。为进一步促进部队的军事训练，1964年春，中央军委决定在全军举行一次比武活动。1964年6、7、8月期间，全军分18个区举行了比武大会，参加比武和表演的有1.3万余名干部、战士和民兵，军

① 黄峥：《王光美访谈录》，中央文献出版社2006年版，第343—344页。
② 黄瑶：《1965：罗瑞卿挨整内情》，《纵横》2003年第10期。

内外参观的干部近10万人。

1964年6月15日和16日，毛泽东、周恩来、刘少奇、朱德、董必武、邓小平等党和国家领导人，检阅北京部队和济南部队的比武表演。毛泽东对这次比武活动评价很高，并指示要在全军普及“尖子”经验。

这次全军大比武对于提高全军的军事素质和战斗力起了重要作用，但这一做法却并不符合林彪此时的治军思路。1960年，林彪曾提出部队的政治“四个第一”的观点，即人的因素第一、政治工作第一、思想工作第一、活的思想第一。全军大比武显然与他的“四个第一”不一致。因此，对于这次全军大练兵和大比武，林彪起初采取的是静观的态度。后来觉得有文章可做，就派叶群等人到广州军区当年他参加南昌起义时所在的连队等基层单位搞调查。调查中发现有些单位军事训练占用的时间多了一些，比武中个别单位有锦标主义、形式主义等问题。于是，林彪、叶群抓住这些问题不放，指责大比武是单纯军事观点，冲击了政治。

1964年11月30日，林彪借全军组织工作会议召开之机，提出了“突出政治”。他说：“各级党委一定要把政治思想工作放在首要地位，一定要突出政治”。12月29日，林彪又紧急召见总政治部领导人，批评说：现在出现了不好的苗头，军事训练搞的太突出，时间占的太多，军政工作比例有些失调，冲击了政治。林彪还强调，军事训练等“要给政治工作让路”，“时间上谁让谁的问题，基本上要确定一个原则：让给政治。”他甚至说，军事训练不应冲击政治，相反政治可以冲击其他，并要求1965年应当着重抓政治。林彪的讲话作为《关于当前部队工作的指标》下发全军贯彻执行。在林彪的压力之下，大比武活动就这样偃旗息鼓了。

罗瑞卿不同意林彪对大比武的批评，认为“1964年军事训练工作是建国以来最好的一年”，“去年是不是冲击了政治、冲击了学毛著？主要的不是，有一些是，主要的我看不是。”对于林彪关于“突出政治”的指示，罗瑞卿说：政治“也不能乱冲一气”。以后，罗瑞卿又多次提出，不要搞空头政治，说：“如果单纯把政治搞好，别的都不好，垮下来，这种政治恐怕不能算政治好，是空头政治，哪里有这种政治！”“军事训练搞不好，浪费事小，打起仗来就要亡党亡国”。①

本来在大比武这件事上，林彪就认为罗瑞卿不听话，同他有二心，产生了

① 丛进：《曲折发展的岁月》，河南人民出版社1989年版，第632页。

要将罗整下来的想法。1964年5月，毛泽东提出培养革命事业接班人的问题，要求每个人都要准备接班人，还要有三线接班人。在贯彻执行毛泽东指示的过程中，罗瑞卿曾就新老干部交替问题向林彪作过汇报，并曾讲过有些老干部应当主动“让贤”之类的话。一向多疑的林彪听了，认定这是罗瑞卿要他让贤，更坚定了打倒罗瑞卿的决心。

可是，仅一顶“不突出政治”的帽子，还不足以整倒罗瑞卿。于是，从1965年下半年起，林彪就授意李作鹏等人写揭发罗瑞卿的材料。1965年11月30日，林彪写信给毛泽东说：“有重要情况需要向你报告，好几个重要的负责同志早就提议我向你报告。我因为怕有碍主席健康而未报告，现联系才知道杨尚昆的情况，觉得必须向你报告。为了使主席有时间先看材料起见，现先派叶群呈送材料，并向主席做初步的口头汇报。如主席找我面谈，我可以随时到来。”①

同一天，叶群坐专机到杭州，单独向毛泽东作了几个小时的汇报，至于汇报的内容，用中央文献研究室编写的《毛泽东传（1949—1976）》中的话说：“现已无从知道。”因为汇报是单独进行的，自然没有留下记录。但据几天后叶群在上海会议上的发言了解，揭发的内容大致是罗瑞卿要夺军权，罗瑞卿一贯反对突出政治、反对毛泽东思想、存在单纯军事技术观点等。

当年中央警卫团负责人张耀祠曾安排叶群向毛泽东汇报，因为叶群谈话的时间太久，他还三次进去催叶早点结束谈话。据他回忆：

> 三次催叶群，只听到她的话头话尾。联系起来看，是叶群向毛主席告罗瑞卿的状。她对主席说：“我过去对罗瑞卿是毕恭毕敬的，没想到罗瑞卿跟林彪的关系搞得这个样子。”
>
> 叶群又说：“罗瑞卿掌握了军队大权，又掌握了公安大权，一旦出事，损失太大，他的个人主义，已经发展到野心家的地步，除非林彪同志把国防部长让给他。”“林彪的位子让给他没关系，但会不会发展到‘逼上夺位’的程度呢，我想是会的。主席，他是两个眼睛盯着这个位置的。”叶群还罗列了罗瑞卿的一些罪名，她说：“罗瑞卿反对林彪‘突出政治’，他说，‘病号嘛，还管什么事，病号应让贤！不要干扰，不要挡路。’”②

① 黄瑶：《1965：罗瑞卿挨整内情》，《纵横》2003年第10期。
② 《张耀祠回忆毛泽东》，中共中央党校出版社1996年版，第30—31页。

在叶群来杭州前几天，罗瑞卿也到了杭州。11月25日下午，毛泽东接见柬埔寨的朗诺将军，罗瑞卿在参加接见时见到毛泽东，并且说："评《海瑞罢官》的文章，我已要了一本，还没看。"毛泽东只向他笑了笑，没有说什么话。当晚，江青见到罗瑞卿又说："北京各报至今都不转载姚文元的文章，不知道为什么？"还说："现在在北京看家的是彭真。"罗瑞卿听江青讲完这几句话后，回到住地即给彭真打电话，说："姚文元写的评《海瑞罢官》的文章，我同毛主席提起时，主席笑了。估计毛主席是看了这篇文章的。我已要《解放军报》转载，请你也考虑，如果北京的报纸不能同时转载的话，就先指定一家报纸和《解放军报》同时转载。"11月29日，《解放军报》转载了姚文元的文章。11月28日，罗瑞卿离开上海去苏州看望林彪，行前将他这一想法报告了毛泽东。毛泽东鼓励说："去看看好，去看看好。"①可见此时的罗瑞卿根本就没想到林彪要对他下手，毛泽东对他的态度也没有什么变化。

林彪、叶群的诬告显然产生了作用。12月2日，毛泽东在兰州军区第55师的一个报告上写了如下一段批示："那些不相信突出政治，对突出政治表示阳奉阴违，而自己另外散布一套折中主义（即机会主义）的人们，大家应当有所警惕。"②

12月8日至16日，毛泽东在上海主持召开中共中央政治局常委扩大会议。这是一次比较独特的常委扩大会，参加会议的人员，既有中央政治局常委，也有书记处成员，还有军委委员和军队的负责人，作为林彪办公室主任的叶群和总参作战部的一位副部长也参加了会议，除了少数人外，大多数与会者事先并不知道会议的内容，开会时才知道是批判罗瑞卿。罗瑞卿的夫人郝治平曾讲到这样一个细节：贺龙接到通知到上海开会，问通知人开什么会，对方回答说，去上海就知道了。秘书问他，去开会总要带点文件，带什么？贺龙说，带上地图去，他还以为是讨论军事上的事。到了上海后，刘少奇见到贺龙，问贺开什么会，贺说，奇怪，你都不知道，我怎么能够知道呢？③

会议分为三个小组，组长分别是刘少奇、周恩来和邓小平。叶群在会上分三次作了近十个小时的发言，据参加这次会议的杨成武回忆：

小组会由周恩来主持。他宣布

① 陈虹：《杨成武谈揭批罗瑞卿实情》，《炎黄春秋》2005年第10期。
②《建国以来毛泽东文稿》第十一册，中央文献出版社1996年版，第486页。
③《红色家庭档案——罗瑞卿女儿的点点记忆》，南海出版公司1999年版，第190页。

开会后，叶群首先发言，她是做了充分准备的，讲得有声有色，说："罗长子反对突出政治，他胡说既要突出政治，也要突出军事，军事政治都重要。搞折中主义。"

"翟月英（按：刘亚楼夫人）对我讲，刘亚楼在病重时要她把罗瑞卿的四条意见转告我叶群。四条意见是：

一、一个人早晚要退出政治舞台，林总也是要退出政治舞台的；

二、要我照顾好林总身体，劝林总多管一管中央的工作；

三、部队的事情让他罗瑞卿负责；

四、这件事办好了，罗瑞卿不会亏待我叶群。

我当时就把她的话顶了回去，没想到后来刘亚楼又找101（林彪代号）当面谈。"

"还有一次，罗长子到林总这里汇报工作，林总身体不好，没有听完就让走了。他在走廊里大吵大嚷：'病号嘛！还管什么事！病号！让贤！不要干扰，不要挡道呢！'这完全是逼林总交权、让位。他这是存心折磨林总，气林总。"叶群声色俱厉，心情激动，一下子讲了几个小时，硬说罗瑞卿反对林彪，反对突出政治，使别人听起来似乎都是真的。①

对于开这样一个会议，事先罗瑞卿本人更是一无所知，会议召开时，他已离开苏州，正在云南昆明巡视部队。会议进行到第三天，才通知他来上海出席会议。罗瑞卿于12月11日下午到达上海，没能住进大多数到会人员住的锦江饭店，而是住到建国西路618号一个小院子里，一进小院实质上就被看管起来了。会议对罗瑞卿进行的是背靠背的揭发和批判，连申辩的机会都没有。

当时给罗瑞卿列的"罪状"，概括起来有三条：一是反对林彪，封锁林彪，对林彪搞突然袭击；二是反对突出政治；三是向党伸手。林彪在会上宣布：撤销罗瑞卿的各项职务。

12月16日，周恩来、邓小平向罗瑞卿传达毛泽东的谈话："主席对林彪讲，反对你，还没有反对我呢。就是反对我到长江里游泳，那是一片好意。这是一。第二，主席说，如果没有这三条，可以把问题先挂起来，中国有很多问题都是挂起来的，挂几百年不行，还可以挂一万年。有什么就检查什么。还说，瑞卿

① 陈虹：《杨成武谈揭批罗瑞卿实情》，《炎黄春秋》2005年第10期。

的工作是有成绩的。主席讲，这个事，我们也有责任，没有发现，及时教育。然后就说，告诉罗总长回北京，回北京再说吧。”由此可见，当时毛泽东还没有想到完全打倒罗瑞卿。

罗瑞卿听了周恩来、邓小平的传达后，很想不通，给周恩来打电话，要求去见毛泽东，去见林彪，希望把问题解释清楚。周恩来告诉他不能同毛泽东见面后，罗瑞卿又马上给林彪打电话要求见面。周恩来见此情景，感慨地说：“太天真，你太天真了。”①

会后，罗瑞卿即遭隔离审查。随后又成立了一个“中央工作组”，于1966年的3月4日至4月8日在北京开会，揭发批判罗瑞卿，邓小平被指定为会议的主持者之一。邓小平对林彪素无好感，根本不相信林对罗的那些恶意诬告。于是，会议开始后，他就把会议交给彭真一人去主持，自己与李富春等前往西北，视察三线建设。后来在“文革”中“检讨”此事时，他说：“对于这个斗争的严重性质一直没有理解”，并承认“实际上是在开脱罗瑞卿”。

这次会议最后作出了《关于罗瑞卿同志错误问题的报告》，给罗瑞卿罗列了一大堆罪名，诸如：“敌视和反对毛泽东思想，诽谤和攻击毛泽东同志”，“推行资产阶级路线，反对毛主席军事路线，擅自决定全军大比武，反对突出政治”，“搞独立王国”，“公开向党伸手，逼迫林彪同志‘让贤’、让权，进行篡军反党的阴谋活动”等，还说他是“妄图夺取兵权，达到他篡军反党的罪恶目的”，是“打着红旗造反”的“埋藏在我们党内军内的‘定时炸弹’。”②

林彪为什么要打倒罗瑞卿呢？

罗瑞卿自己在1978年一次讲话中说：“是因为林彪要拉我入伙，我不干。”③

① 陈虹：《杨成武谈揭批罗瑞卿实情》，《炎黄春秋》2005年第10期。
② 丛进：《曲折发展的岁月》，河南人民出版社1989年版，第634页。
③ 陈虹：《杨成武谈揭批罗瑞卿实情》，《炎黄春秋》2005年第10期。

2. 试图控制局势的《二月提纲》

1965年2月3日，彭真主持召开“文化革命五人小组”扩大会议。他在会上说：不要提《海瑞罢官》的政治问题，学术批判不要过头，要慎重。彭真还特地讲到要对那些“左派”们进行必要的整风，不要让他们像学阀一样武断地以势压人，进行挑拨离间和破坏活动。

在罗瑞卿被打倒后不久，彭真又成了被打倒的对象。彭真的被打倒，直接原因是主持制定了《五人小组向中央的汇报提纲》即《二月提纲》，力图把对《海瑞罢官》的批判限定在学术问题的范围，尽量避免事态的扩大。

按照彭真的意见，1965年12月12日，《北京日报》和《前线》杂志发表了邓拓署名向阳生的文章：《从〈海瑞罢官〉谈到“道德继承论”》，从学术问题的角度对《海瑞罢官》作了批判。

12月21日，《人民日报》发表了中宣部副部长周扬主持写作的署名方求的文章——《〈海瑞罢官〉代表一种什么社会思潮》，这是《人民日报》第一篇在这个问题上的表态文章。文章本身并不是批判姚文元，而是支持他对《海瑞罢官》的批判，但不同意姚文元对清官的分析，并认为《海瑞罢官》反映了一种社会思潮，当然这种思潮是“反社会主义”的。这就是“方求”的文章与姚文元文章的主要区别。换句话说，“方求”试图把《海瑞罢官》当做一个学术问题来讨论，并将吴晗的问题限定了“社会思潮”的范围内，而不是从政治立场上进行批判。所以文章在开头部分这样写道：

“吴晗同志的《海瑞罢官》和有关的著作是属于哪一家的呢？他在这出戏中尽情歌颂了一个被说成农民‘救星’的‘清官’海瑞，歌颂了一个被说成‘要为生民作主张’，并且因此被罢了官的海瑞。这种歌颂，反映出一种怎样的历史观，又表达出一种怎样的对现实政治的态度呢？它代表着一种什么社会思潮，这种思潮是马克思主义的，还是反马克思主义的呢？是有利于社会主义，还是不利于社会主义、反对社会主义的呢？”

“方求”在为《海瑞罢官》定性上，还颇费了一番心思，特地引用了列宁在《资产阶级知识分子反对工人的方法》中的一段话：“历史喜欢作弄人，喜欢同人们开玩笑。本来要到这个房间，结果却走进了另一个房间。”意思是吴晗主观上并不是反马克思主义、反社会主义的，但客观上却走错了门，走到反社会主义的“房间”去了。

其实，在讨论这篇文章的时候，作为“方求”文章的指导者周扬还讲过，要讲政治影射的话，最大的影射是罢官，那个时候罢了谁的官？这个影射，政治上就更严重了。但他又说，姚文元的文章没有提这个问题，我们的文章，也不去提这个问题。①可见，“方求”并非没有发现《海瑞罢官》的要害是“罢官”，而是不愿这样做。文章写罢，已传来毛泽东关于要害是“罢官”的话，周扬赶忙告诉写作组补上几句相关的话。于是“方求”的文章最后便有了这样的文字：“至于《海瑞罢官》这个剧本，那就更清楚了，它有哪一个人物、哪一段情节、哪一点思想、哪一句唱词和道白，是反对右倾机会主义的呢？有哪一点影子是反对右倾机会主义的呢？说它是假冒海瑞而被罢了官的右倾机会主义分子的精神面貌的写照和颂歌，岂不是更像一些吗？”

12月27日，《北京日报》发表了吴晗的《关于〈海瑞罢官〉的自我批评》。吴晗首先给自己1959年和1960年所发表的海瑞文章，排了一个时间表，以论证自己写《论海瑞》“是反对右倾机会主义的，反对假冒、歪曲海瑞的”，以辩解《海瑞罢官》同“单干风”、“翻案风”无关。吴晗也承认，《论海瑞》这篇文章，在论点上，在评价上，缺点、错误是很多的。特别是缺乏阶级分析。他还说：“至于《海瑞罢官》问题就更严重了”，“完全是为古而古，为写戏而写戏，脱离了政治，脱离了现实。是资产阶级思想在指导着，而不是无产阶级思

① 龚育之：《在漩涡的边缘》，河南人民出版社1998年版，第33页。

想在指导着。”“总之，没有用阶级分析的方法，没有用一分为二的科学方法，没有用历史唯物主义来正确地评价人物和事件，而用的是形式主义的方法，片面地、绝对地、主观地来描述海瑞和农民群众，这是思想问题，也是阶级立场问题，错误是严重的。”

江青、张春桥等人见姚文元的文章虽然被转载，但北京方面仍将之作为学术问题对待，岂能就此善罢甘休。于是，他们积极物色“左派”，组织文章，准备发动新一轮攻势。

在北京的“左派”人物中，跳得最欢要数关锋和戚本禹。关锋出身贫穷，少年投身革命，14岁便入了党，19岁任县委书记，解放后担任过山东政治学校校长、第四中级党校副校长，1956年调中央政治研究室工作。1958年《红旗》杂志创刊后，出任《红旗》杂志编委。关锋除了写理论文章外，还喜欢写杂文，且文笔尖锐，颇为引人注目，他曾用“庆云”、“何明”等笔名在《光明日报》等报刊上发表过不少杂文。1962年，有人将他的杂文送到毛泽东那里，说是反毛泽东思想的。毛泽东看了后说：这点杂文有什么了不起，何明的文章我早看过，还不错。此话一出，反使关锋名气大增。

姚文元的文章发表后，关锋也未曾看出其中的奥妙。《文汇报》驻北京的记者为了寻求北京的“左派”理论家的支持，特意找到了关锋，请其谈看法，结果他从学术的角度讲了一通。这也难怪，姚文元的文章对中央一线领导人都加以封锁，关锋自然对其背景无从知晓。1965年12月21日，毛泽东在杭州找几位理论家谈话，关锋也名列其中。因毛泽东在谈话中对姚文元和戚本禹的文章都作了肯定，也使关锋明白了毛泽东对《海瑞罢官》的态度。于是，他紧紧跟上，成为“左派”理论家中的一员干将。

戚本禹在“左派”理论家中属于年轻者。此人1931年出生于上海，建国后在中央团校学习时，被选调到中央办公厅给田家英当助手，后在中央办公厅信访办公室当了一名科长。1961年中共中央提倡调查研究，时在长辛店机车车辆厂的戚本禹写了一篇关于调查研究“成灾”的信给田家英，田又将之转给了毛泽东。毛泽东对此很重视，写了批语转发给全党，戚本禹也由此扬名。1963年8月，戚本禹写了《评李秀成自述》一文，断定太平天国后期的重要将领李秀成是叛徒，将其骂了个一无是处，引起了学术界的普遍反对。不料此文被毛泽东看到，得到肯定。1965年12月，他又写了《为革命而研究历史》一文，对翦伯赞大加讨伐，从而成为“左派”理论家中的重要人物。

1966年1月13日到17日，关锋和戚本禹写成几篇批判《海瑞罢官》的文章送给中宣部，其中两篇文章是关于“要害是罢官”的，并且上纲上线很高，“要害”讲得很明显。戚本禹在文章中说：吴晗1959年6月写的《海瑞骂皇帝》，“实质上是为右倾机会主义分子向党进攻锤鼓助威”，是“右倾机会主义者”向党进攻的“开场锣鼓”；而他1961年1月写的《海瑞罢官》，则是“为一小撮被人民‘罢’了‘官’的右倾机会主义分子鸣冤叫屈，它的真正主题是号召被人民‘罢官’而去的右倾机会主义分子东山再起”。文章中还说，吴晗用“兵部尚书”的历史人物来影射，并特地注明，“兵部尚书”就是“国防部长”，就只差没点彭德怀的名字了。

关和戚的文章，本是中宣部的约稿，现在文章写成这个样子，已大大超出了中宣部将《海瑞罢官》限定在学术讨论范围的设想，发与不发，只能由部领导拍板决定。恰巧这时负责此事的周扬因发现得了肺癌而要住院动手术，他负责的工作由另一副部长许立群接管。有关人员请示许立群如何处置。许说，这样大的政治问题他也作不了主，彭德怀现在还是西南三线的副总指挥（按：1965年11月，庐山会议后被免职的彭德怀被任命为此职）哩，能不能这样明显地在报纸上公开批判？于是他让中宣部有关部门将关锋与戚本禹的文章作出摘要，上报“文化革命五人小组”。可是，此时“文化革命五人小组”虽有这么个组织，并无具体的办事机构，对于中宣部上报的这个材料没有及时作出答复，后来这件事还被指责为“扣压‘左派’稿件”。

与受到中宣部冷落相反的是，江青对关锋等人极力拉拢。1月下旬，通过张春桥安排，江青在上海接见关锋，向他交底说：“批判《海瑞罢官》不单是学术问题，而是反击彭德怀的翻案”，“姚文元的文章，北京不转载，不发行，是黑线专政的一例”。这样一来，关锋等人有了尚方宝剑，更是有恃无恐。

由于关锋等人乱扣帽子，乱舞棍子，为许多人所不齿。1966年1月初，许立群等人将关锋（署名为何明）1962年写的一篇杂文《从陈贾说起》找了出来，上送“文化革命五人小组”。为了论证“何明”就是关锋，有关人员还找到了关锋用真名于1957年由山东人民出版社出版的杂文集《边鼓集》。因为收进这本集子里的文章，有些在发表时用的就是“何明”的笔名。许立群等人认为，关锋也讲过道德继承性问题，当年也高明不到哪里去，现在整别人不要太过分了。这件事后来被指责为“整‘左派’材料”。

1966年1月2日，彭真召集文教、报刊、北京市和部队有关负责人会议，强调“放”，全面地“放”，索性让大家把心里话都讲出来，讲透讲够，然后用马列主义、毛泽东思想统一认识。在放的同时，各种问题扯得越宽越好。并说，“政治问题两个月以后再说，先搞学术。”①陆定一在会上也说，先搞学术问题，政治问题以后再搞。这有利于思想的展开。陆定一在中宣部主持会议时还说：“当前的这场讨论，是学术性的。社会科学、文学方面的题目多得很，对古人的评价，历史主义，现实主义，形象思维，美学，一个题目一个题目的来，解决这些问题，要一、二百年。”②可是，康生却在会上说：批判吴晗要同庐山会议结合起来。庐山会议前，吴晗写了《海瑞骂皇帝》，9月间写了《论海瑞》，以后又写了《海瑞罢官》。毛主席指出，《海瑞罢官》的要害是“罢官”。嘉靖皇帝罢了海瑞的官。1959年，我们罢了彭德怀的官。彭德怀就是海瑞。学术界有资本主义思想、封建思想的人很多，没有清算过，也不是一次清算得完的，要清算多久，至少一百年。③

自从提出《海瑞罢官》的所谓“要害”问题后，对吴晗批判的文章日多，调子也日高，还有人提出对郭沫若和范文澜也应该批判，郭沫若闻之很紧张，向中国科学院党组书记张劲夫写了封辞职信。信中说自己耳聋眼花，对于科学院的工作一直没有尽职，对此心里很难过，怀渐抱愧，每每坐立不安，因此早就有意辞去有关科学院的一切职务，务请加以考虑，并转呈领导批准。郭沫若是中国知识界的领军人物，他之所以要辞职，一个重要原因是他1961年游海南时曾拜谒了海瑞墓，还写了两首关于海瑞的诗，因而担心由此引来公开批判。

为了不因《海瑞罢官》引起学术界、思想界的大混乱，彭真等人认为有必要制订一个相应的文件，并采取一定的措施，使这场讨论有序进行，1965年2月3日，彭真主持召开“文化革命五人小组”扩大会议。这也是“五人小组”自成立以来第一次开会，有关方面负责人许立群、胡绳、姚溱、王力、范若愚、刘仁、郑天翔列席了会议。彭真在会上说：经查明，吴晗同彭德怀没有关系，因此不要提庐山会议，不要提《海瑞罢官》的政治问题，学术批判不要过头，要慎重。他并且要刘仁（北京市委第二书记）、郑天翔（北京市委书记）证明邓拓是拥护三面红旗的。还指出：当前开展的这场学术讨论，涉及到我们社会生活的各个方面，确实需要很好地引导。彭真还特地讲到要对那些“左派”们进

① 穆欣：《〈光明日报〉十年自述》，中共党史出版社1994年版，第267页。
② 穆欣：《〈光明日报〉十年自述》，中共党史出版社1994年版，第273页。
③ 余焕椿：《“文革”前夕的〈人民日报〉》，《百年潮》2004年第5期。

吴晗（1909—1966），浙江义乌人。1957年加入中国共产党。曾任中国民主同盟中央副主席、北京市副市长。1966年10月11日被迫害致死。

行必要的整风，不要让他们像学阀一样武断地以势压人，进行挑拨离间和破坏活动。陆定一赞成彭真的意见，还特别讲了斯大林时代的历史教训，提出学术批判不能过火，一过火就有反复。许立群在发言中谈到关锋在1962年写的几篇杂文也有错误，应该批评。

康生却在会上表示了完全相反的意见，主张谈吴晗的政治问题，要害问题，要把斗争锋芒针对吴晗，并批评许立群为什么那么有兴趣搜集“左派”的材料，认为关锋等人是“左派”，并且要保护、依靠他们，组织队伍写批判吴晗的文章。

会后，许立群、姚溱根据彭真的指示和会议精神，起草了《五人小组向中央的汇报提纲》（即《二月提纲》）。

2月5日，中央政治局常委开会。会前，彭真把这个提纲送给了在京政治局常委。会上，在京的政治局常委在刘少奇的主持下，对提纲进行了讨论，后经彭真修改后，在京政治局常委审阅同意，于2月7日用电报发给在武汉的毛泽东。

2月8日，彭真、陆定一、许立群到武汉向毛泽东汇报。毛泽东在听取汇报中，除说过“‘左派’整风”三年以后再说的话外，没有对提纲表示不同意见。毛泽东在询问“吴晗是不是反党反社会主义”后表示：吴晗不罢官了，还是当他的市长。这样，就不至于造成紧张局势，就可以放了吧。毛泽东还表示对关锋也要放宽，看过他的文章，写篇杂文讽刺一下也可以，这样的问题，三年以后再说。对于《汇报提纲》，毛泽东只说了两条意见，一是关于《提纲》中提出的两个月后做政治结论，他说两个月以后也做不了结论；二是提出不要批评郭沫若和范文澜，他们还要在学术界工作。①

彭真以为毛泽东已经同意了《二月提纲》，就让许立群代中共中央起草了一个批语。2月12日，中共中央正式批转了《文化革命五人小组关于当前学术讨论汇报提纲》，作为批判运动的一个指导性文件。从2月3日的会议至8日到武汉向毛泽东汇报，作为“文化革命五人小组”成员的康生参加了所有相关的会议，文件下发前，彭真曾将批语和提纲一起送给康生，当时康生正在看电影，等秘书念完了批语，康生就在批语上画了一个圈，对提纲和批语没有提出任何异议。后来，康生说这个提纲是背着他搞的，根本不是事实。

《二月提纲》在当时的历史条件下，自然不可能对这场波及全国范围的批判运动加以否定，而是认为“这场大辩论的性质，是马克思列宁主义、毛泽东思想同资产阶级思想在意识形态领域内的一场大斗争”，“应当足够估计到这场斗争的长期性、复杂性、艰巨性”，“要估计到这场斗争不是经过几个月，有几篇结论性文章或者给某些被批判者作出的政治结论，就可能完成这个任务的。”“应当积极地，认真地，不间断地把这场斗争继续下去。”

但是，《二月提纲》又明确将对《海瑞罢官》的批判及由此展开的对道德继承、“清官”、“让步政策”、历史人物评价和历史研究的观点方法等问题的讨论，划定为学术批判性质，说这是“在学术领域中清除资产阶级和其他反动或错误思想的斗争”，“这场大辩论势必扩展到其他学术领域中去”。《二月提纲》同时指出：“学术争论问题是很复杂的，有些事短时间内不可能完全弄清楚。”因此，“要坚持实事求是，在真理面前人人平等的原则，要以理服人，不要像学阀一样武断或以势压人。要提倡‘坚持真理、随时修正错误’。要有破有立（没有立，就不可能达到真正的、彻底的破）。”“我们不仅要在政治上压倒对方，而且要在学术上和业务的水准上真正大大地超过和压倒对方。”“要准许和欢迎犯错误的人和学术观点反动的人自己改正错误。”

《二月提纲》还说，对于吴晗这样“用资产阶级世界观对待历史和犯有政治错误的人，在报刊的讨论不要局限于政治问题，要把涉及到各种学术理论的问题，充分地展开讨论。如果最后还有不同意见，应当容许保留，以后继续讨论。”“报刊上公开点名作重点要慎重，有的人要经过有关领导机构批准。”

《二月提纲》还要求“左派”“用适当的方式互相批评和互相帮助，反对自

① 龚育之：《在漩涡的边缘》，河南人民出版社1998年版，第61页。

以为是"，"警惕'左派'学者走向资产阶级专家、学阀道路"。《提纲》认为，即使是坚定的"左派"，也难免对新问题认识不清，在某个时候说过错话，犯过大小错误，"要在适当的时机，用内部少数人整风的办法，清理一下，弄清是非，增加免疫力、抵抗力"。

《提纲》最后提出"五人小组"设立学术批判办公室，由许立群、胡绳、吴冷西、姚溱、王力、范若愚等人组成，由许立群为办公室主任，胡绳负责主持学术方面的工作。

《二月提纲》下发前后，各地按其要求，就《海瑞罢官》等问题进行学术讨论。这一段时间，《人民日报》发表了《〈海瑞罢官〉的艺术表演错在哪里？》、《对〈海瑞罢官〉剧质疑》、《对批判〈海瑞罢官〉的几点异议》等文章。其中，既有对吴晗和《海瑞罢官》的批评，也有人认为对吴晗不能一棍子打死，强调"学术上的错误不一定都归结为政治上的反动表现"。"吴晗在现实的政治生活中能够分清敌我，辨别是非，只是不自觉地在学术问题上犯了政治性的错误。"①一时颇有一点学术讨论的气息。

① 时汉人：《对批判〈海瑞罢官〉的几点异议》，《人民日报》1966年2月10日。

3. 一个与《二月提纲》对立的文件

在林彪支持下，江青主持召开部队文艺工作座谈会，抛出了著名的所谓“文艺黑线专政”论。这实际上是对《二月提纲》的全面否定，也是对建国以来文艺工作的全面否定。

为了排除发动“文化大革命”的阻力，毛泽东指责中宣部是“阎王殿”，表示要“打倒阎王，解放小鬼”！并对彭真和北京市委提出了严厉的批评。

《汇报提纲》的指导思想和许多提法，与毛泽东的原意并不相符合。所以，“《汇报提纲》的产生和发出，进一步加深了毛泽东对彭真以及在中央‘一线’主持工作的领导人刘少奇等的不满”。[①]江青等人则利用毛泽东的这种不满，在林彪的支持下，炮制了一个与《二月提纲》相对立的文件，即《林彪同志委托江青同志召开的部队文艺工作座谈会纪要》。

姚文元的《评新编历史剧〈海瑞罢官〉》是江青一手策划的，可是文章发表后，北京方面先是迟迟不予转载，后来虽然勉强转载了，彭真等人又想方设法使其限定在学术讨论的范围。出现这种局面，是江青所不甘心的，于是，她转而到林彪那里寻求支持。

1966年1月21日，江青从上海到

① 中共中央文献研究室：《毛泽东传(1949—1976)》(下)，中央文献出版社2003年版，第1403页。

苏州见林彪，提出由她在部队召开文艺座谈会，以便在文艺界进行更有力的进攻。江青这种特殊地位的人竟主动找上门来寻求支持，对林彪来说可谓求之不得，他正需要利用江青来满足自己的政治需要，于是二人一拍即合。1967年4月，江青在中央军委扩大会议上说："去年2月，林彪同志委托我召开部队文艺座谈会，这个文艺座谈会的纪要，是请了你们'尊神'，无产阶级专政的'尊神'来攻他们，攻那些混进党内的资产阶级代表人物，那些资产阶级反动'权威'，才吓得他们屁滚尿流，缴了械。"①

1月下旬的一天，叶群奉林彪之命通知总政治部副主任刘志坚说：江青要找几个部队搞文艺工作的、管文艺工作的同志谈谈部队文艺工作问题，参加的人不要太多，只有四、五个人，去几个什么人，你同萧华（按：时任总政治部主任）商量，把名单报"林办"，最好萧华去。

萧华以事情太多、身体不好、又不很了解文艺方面的情况为由，不愿带队去上海参加座谈会。在与刘志坚研究后，决定由刘带队，总政文化部长谢镗忠、副部长陈亚丁、宣传部长李曼村参加。萧华还根据他对江青的了解，特意交代说：江青同志是个病人，她对部队文艺工作有什么批评，你们不要当面辩解，你们就是"带耳朵听"，少发表意见，江青这个人疑心大，脾气也大，对她的话要多听少说，不要和她争，要尊重她，有什么意见带回来汇报。对地方文艺工作情况，不要随便表态。②

2月2日，刘志坚一行从北京飞抵上海。刘志坚临行前一天，叶群从苏州打电话给刘志坚，说林彪有几句话，要转达给江青，接着一字一句念林彪的话。林彪说：江青同志昨天和我谈了话。她对文艺工作方面在政治上很强，在艺术上也是内行，她有很多宝贵意见，你们要很好重视，并且要把江青同志的意见在思想上、组织上认真落实。今后关于部队方面的文件，要给她看，有什么消息，随时可以同她联系，使她了解部队文艺工作情况，征求她的意见，使部队文艺工作能够有所改进。部队文艺工作无论是思想和艺术性方面都不能满足现状，都要更加提高。③

刘志坚等人到上海后，江青说："请你们来不是开什么会，主要是看电影，在看电影中讲一点意见。"然后宣布几

① 中国人民大学编辑小组：《无产阶级文化大革命胜利万岁》，1969年编印，第239页。

② 张天荣：《部队文艺工作座谈会召开及〈纪要〉产生的历史考察》，《党史研究》1987年第6期。

③ 国防大学党史党建政工教研室：《中共党史教学参考资料》第二十四册，国防大学出版社1986年版，第604页。

个不准："不准记录，不准外传"，特别是不准让北京知道。她接着说："我们的文艺界不象样，让帝王将相，才子佳人，洋人死人统治舞台"，"有一条与毛主席思想对立的反党反社会主义的黑线专了我们的政"，"现在该是我们专他们政的时候了""现在的论战，还只是前哨战，决战时期未到来"。这就为座谈会定下了调子。①

座谈会2月2日开始，2月20日结束。座谈的时间实际分为两段，即2月2日至2月10日为一段；2月10日至15日没有开会，因为江青2月9日说"有事"，座谈会停几天。2月16日，座谈会继续开，到20日结束。这次会议的主要内容，据会后形成的《纪要》说，主要是阅读了毛泽东未发表的两篇文章（1944年1月给延安平剧院的信和1956年8月同音乐工作者的谈话）以及有关文艺工作的九个材料；江青同刘志坚个别谈话8次，集体谈话4次；江青与其他人一起看电影13次，看戏3次，边看边谈话；看了电影《南海长城》的样片，接见了剧组的导演、摄影师和一部分演员，江青同剧组谈了三次话。

说是座谈会，其实主要是江青一个人谈，其他人听。她在谈话中的主要观点，体现在会后形成的《纪要》中。

2月19日，江青对刘志坚等人说，没有什么可说了，她有事，暂告一段落，你们可以回去了。刘志坚觉得，来上海花了十几天时间看了这么多电影，听江青说了那么多话，回去之后总得有个东西向总政党委汇报。于是，他就同谢镗忠、陈亚丁、李曼村一起，根据江青的谈话精神，于20日晚形成了约3000字的《江青同志召集的部队文艺工作座谈会纪要》的汇报提纲，请上海警备区打印了30份。这份材料刘志坚等人本来是用来向总政党委汇报的，在给不给江青的问题上还颇为踌躇。不给吧，怕她知道后发脾气；给吧，又怕她看后不满意。考虑再三，还是决定送给她一份。21日，他们将材料给了江青，然后坐飞机经济南回到北京。

果不其然，江青看到汇报提纲打印件后很不满意。2月23日，刘志坚一行刚到北京，就在机场上接到了江青秘书打来的电话，说汇报提纲根本不行，歪曲了她的本意，要刘志坚派人去上海帮助她修改，并说此事已告诉了毛泽东，要陈伯达、张春桥、姚文元也参加修改。刘志坚在同萧华商量后，决定派陈亚丁返回上海参加修改，并交代他：江

① 刘志坚：《部队文艺工作座谈会纪要产生前后》，郭德宏主编：《风云七十年》（下），解放军文艺出版社1991年版，第740页。

青要怎么改就怎么改，有什么问题回来再说。

2月25日，陈亚丁返回上海参与汇报提纲的修改。在这个过程中，陈伯达提出了几条具体的修改意见，主要内容是“十七年文艺黑线专政”问题要“讲清楚”，并从三十年代讲起；“要讲一段文艺方面的成绩”，陈伯达还点明说，江青领导的戏剧革命，搞出了《沙家浜》、《红灯记》这些，这才真正是无产阶级东西，要把这些写进去。这样，破什么，立什么，就清楚了。江青听后高兴地说，陈伯达的意见很好，击中了要害。①

按照江青和陈伯达的意见，陈亚丁和张春桥对汇报提纲作了许多修改，加进了座谈会上江青没有讲过的东西，文字由原来3000字增加到5500字，使江青的观点得到更系统的发挥，又将江青的看法改成“座谈会的同志们认为”，但题目仍叫《江青同志召集部队文艺工作座谈会纪要》

稿子修改结束时，江青说稿子经张春桥、陈亚丁修改后，她就“不管了”，可以“传达了”。但事后，她又在不征求别人意见的情况下，把稿子铅印后送毛泽东审阅。毛泽东指示江青在上海找陈伯达、张春桥再次对稿子进行了充实和修改。

这次修改稿印出后，江青将稿子送给毛泽东审阅。3月14日晚，江青给毛泽东写了一封信，信的全文如下：

> 因为陈伯达同志乘的是下午四点多的火车，我托他带给你的那份座谈会纪要，没有来得及看，他走后我才发现没有加红杠。他那份大概没有来得及加。现送上加红杠的一份，请示。双红杠是你改的，单红杠是伯达、志坚、春桥、亚丁四位同志和我一块商量着改的。好处是有些问题比前一次说的充实一些，缺点是长了些。此外，也恐有不妥之处或不够策略的地方，请指出并修改。我只是不安，怕影响你的睡眠。志坚同志明天回京，亚丁同志尚在这里等。你不要赶，他们的创作会议四月初才开。②

毛泽东收到江青的信和稿子后，再次对稿子作了修改。并于3月17日对江青的信和报送的《纪要》稿作了批示：“此件看了两遍，觉得可以了。我又改了

① 刘志坚：《部队文艺工作座谈会纪要产生前后》，郭德宏主编：《风云七十年》（下），解放军文艺出版社1991年版，第742页。

② 刘志坚：《部队文艺工作座谈会纪要产生前后》，郭德宏主编：《风云七十年》（下），解放军文艺出版社1991年版，第744页。

一点。请你们斟酌，此件建议用军委名义，分送中央一些负责同志征求意见，请他们指出错误，以便修改。当然首先要征求军委同志的意见。”[①]

3月18日，江青又通知刘志坚和谢镗忠、李曼村到上海，参加《纪要》定稿问题。据刘志坚回忆：

> 3月19日上午，我和谢镗忠、李曼村到达上海，下午江青就召集我们（还有陈亚丁、张春桥），看毛泽东修改过的稿子，并征求意见。一见面江就说：你们给我闯了大祸。张春桥接着说：因祸得福嘛！（李曼村回忆说，张春桥的意思是说："我们搞那个东西不行，才有他的这个"。）江青问我们对"纪要"还有什么意见。我们对"重新组织文艺队伍"的提法提了意见，认为这样写涉及到对整个文艺队伍的评价，起码部队文艺工作方向是对的，队伍也是好的。建议把"组织"二字，改成"整顿"。江青不同意改，说毛主席已经同意，不能改了。要大家通过这个稿子，并把毛泽东3月17日批示拿给大家看。张春桥也帮腔说："不要犹豫了，改了这么长的时间了，行了，行了！"江青说："如果你们没有意见，这就算定下来了"。并交代说："斗争很复杂，周扬在苏州养病，听说我在同你们座谈文艺问题，好紧张，跑到上海来看春桥，打听消息，春桥没有告诉他。你们回去后，没有正式传达前不许外传，要保密，这是一条纪律，定下来一定要守纪律"。还说"这个稿子要给林总一份"。她要亲自给林彪写一封信。[②]

3月22日，林彪对《纪要》修改审定后，给贺龙、聂荣臻等军委领导人写一封信，连同《纪要》由刘志坚分别送给军委各位常委。林彪在信中说，这是一个很好的文件，"不仅有极大的现实意义，而且有深远的历史意义"。并且说："十六年来，文艺战线上存在着尖锐的阶级斗争，谁战胜谁的问题还没有解决。文艺这个阵地，无产阶级不去占领，资产阶级就必然去占领，斗争是不可避免的。这是意识形态领域里极广泛、深刻的社会主义革命，搞不好就会出修正主义。"[③]

在此期间，毛泽东对《纪要》作了

① 中共中央文献研究室：《建国以来毛泽东文稿》第十二册，中央文献出版社1998年版，第23页。

② 刘志坚：《部队文艺工作座谈会纪要产生前后》，郭德宏主编：《风云七十年》（下），解放军文艺出版社1991年版，第745页。

③ 丛进：《曲折发展的岁月》，河南人民出版社1989年版，第622页。

第三次修改。经毛泽东这次修改，《纪要》就最后定稿了。中央军委将《纪要》和林彪的信报送中共中央，中共中央于4月10日将之转发全党，要求认真讨论研究，贯彻执行。

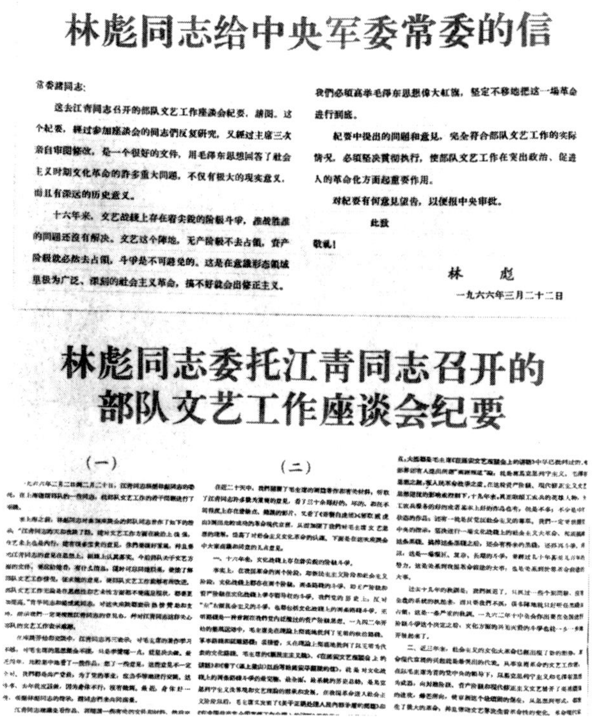

林彪同志给中央军委常委的信

常委諸同志：

送去江青同志召开的部队文艺工作座谈会紀要，請閱。这个紀要，經过参加座談会的同志們反复研究，又經过主席三次亲自审閱修改，是一个很好的文件，用毛泽东思想回答了社会主义时期文化革命的許多重大問題，不仅有极大的现实意义，而且有深远的历史意义。

十六年来，文艺战綫上存在着尖銳的阶級斗爭，誰战胜誰的問題还沒有解决。文艺这个陣地，无产阶級不去占領，資产阶級就必然去占領，斗爭是不可避免的。这是在意識形态領域里极为广泛、深刻的社会主义革命，搞不好就会出修正主义。我們必須高举毛泽东思想偉大紅旗，堅定不移地把这一場革命进行到底。

紀要中提出的問題和意見，完全符合部队文艺工作的实际情况，必須堅决貫彻执行，使部队文艺工作在突出政治、促进人的革命化方面起重要作用。

对紀要有何意見望告，以便报中央审批。

此致

敬礼！

林　彪

一九六六年三月二十二日

林彪同志委托江青同志召开的部队文艺工作座谈会纪要

（一）

（二）

1966年2月2日至20日，江青在林彪支持下于上海召开部队文艺工作座谈会。在会后起草的座谈会纪要中，诬蔑建国以来文艺界被一条“反党反社会主义的黑线”专了政。4月10日，中共中央将《纪要》转发全国。

《纪要》认为，建国以来，文艺界“被一条与毛泽东思想相对立的反党反社会主义的黑线专了我们的政。这条黑线就是资产阶级的文艺思想、现代修正主义的文艺思想和所谓三十年代文艺的结合”。“十几年来，真正歌颂工农兵英雄人物，为工农兵服务的好的或者基本上好的作品也有，但是不多；不少中间状态的作品；还有一批反党反社会主义的毒草。”因此，要“坚决进行一场文化战线上的社会主义大革命，彻底搞掉这条黑线”。这就是“文化大革命”中著名的所谓“文艺黑线专政”论。

毛泽东在第一次修改时，在这一段话的后面加写了“搞掉这条黑线之后，还会有将来的黑线，还得再斗争。”《纪要》强调：“这是一场艰巨、复杂、长期的斗争，要经过几十年甚至几百年的努力。这是关系到我国革命前途的大事，也是关系到世界革命前途的大事。”在这里，毛泽东修改时，又加写了一段文字：“过去十几年的教训是：我们抓迟了。”毛主席说，他只抓过一些个别的问题，没有全盘系统的抓起来，而只要我们不抓，很多阵地就只好任黑线去占领，这是一条严重的教训。1962年十中全会作出要在全国进行阶级斗争这个决定之后，文化方面的兴无灭资的斗争也就一步一步地开展起来。①

这个《纪要》实际上是对《二月提纲》的全面否定，也是对建国以来文艺工作的全面否定，它表明毛泽东已决心采取更大的行动了。

毛泽东在支持江青等人炮制《纪要》的同时，对身为“文化革命五人小组”组长的彭真的不满也与日俱增。

《二月提纲》下发后，局势得到了一定的稳定，由姚文元的文章引发出的大批判运动，逐步呈现出学术讨论的趋势，这恰是江青、张春桥等人所不满的。但是此时的张春桥虽然为江青所赏识，但仅仅是上海市委书记处的一个书记，并不知晓《二月提纲》产生的底细，而《二月提纲》是以中共中央的名义下发的，因此，一方面他不得不对《二月提纲》在一定范围内进行传达，但另一方面又不甘心局势就这么平静下来。在这种情况下，为了摸清北京的情况，张春桥乃于3月初派上海市委宣传部部长杨永直到北京“探底”。

杨永直找到了中宣部副部长许立群等人，反复询问《二月提纲》中提到的“学阀”是否有所指，双方谈了几次，均不得要领。3月11日，在杨永直准备返回上海前，许立群向彭真汇报了同杨永直交谈情况，并请示如何回答上海方面提出的问题。

许立群说：“杨永直问，学阀有没有具体对象，指的是谁？”

彭真回答说：“学阀没有具体指什么人，是阿Q，谁头上有疤就是谁。”

许又说：“杨永直问，上海要批判一批坏影片，包括《女跳水员》行不行？……因为有大腿。”

彭真说：“你去问张春桥、杨永直，他们游过泳没有？”

许立群又说：“杨永直问，重要的学术批判文章要不要送中宣部审查？”

彭真生气地说：“过去上海发姚文元的文章，连个招呼都不打，上海市委的党性到哪里去了？”

许立群把彭真的这些答复告诉了杨永直，杨永直回上海后，立即向张春桥作了汇报。

张春桥听了杨的汇报，意识到这是一个攻击彭真的好机会，说道：“现在有把握了，这个谈话说明中宣部和北京市委是反对姚文元文章的，《二月提纲》的矛盾是指向姚文元的，也是指向毛主

① 中共中央文献研究室：《建国以来毛泽东文稿》第十二册，中央文献出版社1998年版，第25页。

席的。”①

在两个月后的中共中央政治局扩大会议上，张春桥说：“所谓学阀，不是指姚文元，也不是指上海市委，而是针对毛泽东同志的；所谓武断，还不是指毛主席把《海瑞罢官》同政治问题、庐山会议联系起来，说要害是罢官；所谓‘以势压人’还不是说毛主席以势压人，上海市委以势压人。”②

3月17日至20日，毛泽东在杭州主持召开中共中央政治局扩大会议。他在讲话中说：我们在解放以后，对知识分子实行包下来的政策，有利也有弊。现在学术界和教育界是资产阶级知识分子掌握实权。社会主义革命越深入，他们就越抵抗，就越暴露出他们的反党反社会主义的面目。现在许多地方对于这个问题认识还很差，学术批判还没有开展起来。各地都要注意学校、报纸、刊物、出版社掌握在什么人的手里，要对资产阶级的学术权威进行切实的批判。我们要培养自己年轻的学术权威。不要怕青年人犯“王法”，不要扣压他们的稿件。③毛泽东还说：学术界、教育界的问题，过去我们是蒙在鼓里的，许多事情我们不知道，事实上是资产阶级、小资产阶级掌握的。阶级斗争展开的面很广，包括各个方面，请各大区注意一下，学校、出版、报纸、文艺、电影、戏剧各方面都要管。④

3月28日至30日，毛泽东在上海接连同康生谈了两次话，同康生、江青、张春桥等人谈了一次话，批评“五人小组”的《汇报提纲》，批评彭真、中宣部和北京市委，说如果包庇坏人，中宣部要解散，北京市委要解散，五人小组要解散。针对彭真责问上海市委发表姚文元的文章为何不向中宣部打招呼一事，毛泽东说：八届十中全会作出了进行阶级斗争的决议，为什么吴晗写了那么多反动文章，中宣部都不要打招呼，而发表姚文元的文章偏偏要跟中宣部打招呼，难道中央的决议不算数吗？什么叫学阀？那些包庇反共知识分子的人就是学阀，包庇吴晗、翦伯赞这些“中学阀”的人是“大学阀”，中宣部是“阎王殿”，要“打倒阎王，解放小鬼”！他还说：我历来主张，凡中央机关做坏事，我就号召地方造反，向中央进攻，各地要多出些“孙悟空”，大闹天宫。去年九月会议，我

① 郑谦：《从评新编历史剧〈海瑞罢官〉到〈二月提纲〉》，李海文主编：《彭真市长》，中共党史出版社、山西人民出版社2003年版，第149—150页。
② 丛进：《曲折发展的岁月》，河南人民出版社1989年版，第624页。
③ 薄一波：《若干重大决策与事件的回顾》（下卷），中共中央党校出版社1993年版，第1239—1240页。
④ 中共中央文献研究室：《毛泽东传（1949—1976）》（下），中央文献出版社2003年版，第1405页。

就问各地同志，中央出了“修正主义”，你们怎么办？很可能出，这是最危险的。要支持左派，建立队伍，走群众路线。[1]毛泽东还要康生告诉彭真，要就许立群的问题打电话向上海市委道歉。

3月31日，康生回到北京，向周恩来、彭真详细地传达了这几次谈话内容。

4月2日和5日，《人民日报》、《红旗》杂志、《光明日报》分别发表了原被中宣部“扣压”的“左派”文章，即戚本禹的《〈海瑞骂皇帝〉和〈海瑞罢官〉的反动本质》和关锋、林杰的《〈海瑞骂皇帝〉和〈海瑞罢官〉是反党反社会主义的两株大毒草》。前者说：“《海瑞罢官》实际上是借着古人的躯壳，为一小撮被人民‘罢’了‘官’的右倾机会主义分子鸣冤叫屈，它的真正主题是号召被人民‘罢官’而去的右倾机会主义分子东山再起。”后者称：“作者心目中的‘海瑞’不是历史上的海瑞，不是‘僵尸复活’，而是现在的、顽固的右倾机会主义分子。”

4月9日至12日，中共中央书记处在北京开会，康生、陈伯达发言批判彭真。康生系统地批判了彭真在这次学术批判运动中的“严重错误”，陈伯达则从政治路线方面批评彭真的“严重错误”，并揭发彭真在民主革命各个时期的“错误”，以此说明彭真在此次运动犯“错误”的必然性。会议决定：第一，起草一个撤销并彻底批判《二月提纲》的通知（即后来的《五一六通知》）；第二，成立文化革命文件起草小组（即后来的中央文化革命小组）报毛泽东和中央政治局常委批准。

随后，毛泽东于4月14日对《通知》的草稿作了重要修改，加上了“撤销原来的‘文化革命五人小组’，重新设立‘文化革命文件起草小组’，隶属于政治局常委之下”等语，并为《通知》加写了许多重要的话，成为“文化大革命”的重要理论依据。

4月16日至24日，毛泽东在杭州主持召开政治局常委扩大会议。22日，毛泽东在会上作了长篇讲话，他说：我不相信只是吴晗的问题，这是触及灵魂的斗争，意识形态的，触及的很广泛。吴晗问题之所以严重，是因为“朝里有人”，中央有，各区、各省、市都有，军队也有，出修正主义，不只文化出，党政军也要出，主要是党、军。真正有代表性的，省、市都要批评一、二个。毛泽东还针对《二月提纲》关于“有破有立”的观点说：先破后立，不破不立，破中有

① 薄一波：《若干重大决策与事件的回顾》（下卷），中共中央党校出版社1993年版，第1240—1241页。

立，破就要讲道理，讲道理就是立，要彻底地破。

4月28、29日，毛泽东又讲了两次话，对彭真和北京市委提出了更加严厉的批评。他说：北京市一根针也插不进去，一滴水也泼不进去，彭真要按他的世界观来改造党，事物走向反面，他已为自己准备了垮台的条件，对他的错误要彻底攻。并说：阶级斗争是不依人的意志为转移的，“西风吹渭水，落叶下长安”，“灰尘不扫不少”，“阶级斗争，不斗不倒”。

自从姚文元的文章发表以来，毛泽东对彭真及北京市委的做法很不满意，甚至认为已成了他发动“文化大革命”的重要障碍。在这个过程中，江青又多次到毛泽东那里告状，说彭真压制她，欺负她。毛泽东回答江青说：彭真算什么，我一个小指头就可以把他打倒。① 4月下旬，彭真被停止了工作，在5月召开的中央政治局扩大会议上被彻底打倒。

由于中宣部在这场大批判中也试图将之限制在学术批判的范围，并对“左派”的文章有过“压制”，因而不止一次被指责为“阎王殿”，毛泽东还表示“要打倒阎王，解放小鬼”。既然如此，作为中宣部部长的陆定一无疑成了“阎王殿”中的“大阎王”，摆脱不了遭打倒的命运了。

陆定一的夫人严慰冰曾与叶群同学，了解叶群的历史与为人，对叶群的所作所为看不惯，从1964年6月至1966年2月写了23封匿名信，揭发林彪、叶群的许多劣迹。为此，严慰冰于1966年4月，被林彪、江青一伙以“反革命罪”逮捕入狱，并说陆定一与此案有密切联系，实际上写匿名信与陆定一无关。但这对于林彪、江青等人来说，是一个打倒陆定一的重要突破口。1966年5月8日，陆定一从外地一回到北京即遭软禁。在随后召开的中共中央政治局扩大会议上，陆定一遭到“揭发”和批判。归纳起来，陆定一的问题有：

（一）对毛泽东思想无感情，反对学习毛泽东著作，认为“以毛泽东思想为指导”是庸俗化、简单化、实用主义、贴标签；

（二）在文艺、教育、体育等领域贯彻修正主义、资产阶级的反动路线，与毛泽东的革命路线针锋相对；

（三）反对搞阶级斗争，在文艺方面提倡题材自由化；

（四）反对总路线，对大跃进咬牙切齿；

（五）在庐山会议上态度消极，从来

① 林默涵：《十七年文艺战线的一些大事》，朱元石主编：《共和国要事口述史》，湖南人民出版社1999年版，第105页。

就与彭德怀搞在一起，给自己的孩子取名为“德德”，其中一个“德”是彭德怀的“德”；

（六）从来反对教条主义不反修正主义，反“左”不反右，包庇右派，压制“左派”，不准革命，是大学阀，《二月提纲》也是陆定一的思想，陆定一与彭真、罗瑞卿有共同点，三人互相勾结，互相配合，是桃园三结义，大三家村；

（七）反对林彪，是严慰冰反革命匿名信的幕后策划者、指使者。①

1966年6月2日，北京师范大学学生谭厚兰等4人贴大字报，号召“横扫一切牛鬼蛇神，捣毁‘三家村’一切分店！”

就在这次政治局扩大会议上，彭真、罗瑞卿、陆定一和杨尚昆被打成“反党集团”，他们的职务被撤销，成为“文化大革命”中被打倒的第一批高级干部。

① 陈清泉、宋文渭：《陆定一传》，中共党史出版社1999年版，第497—498页。

4. 被抛到风口浪尖的“三家村”

《燕山夜话》和《三家村札记》给当时沉闷的文坛带来一缕清风，受到了读者的广泛欢迎。然而，令“三家村”始料不及的是，他们这些深受读者欢迎的文章，却给自己带来了无穷的祸害。

到1966年3月底4月初，彭真的处境日渐艰难之际，对吴晗《海瑞罢官》的批判已突破了学术讨论的范围，而北京市的另外两名领导邓拓和廖沫沙又成了批判的对象，他俩和吴晗构成了有名的“三家村”。一时间，各地报刊充斥着批判“三家村”的文章。

邓拓和廖沫沙获罪的原因，则是两本杂文集——《燕山夜话》和《三家村札记》。

邓拓是党内一支笔。抗战时期，他长期担任《晋察冀日报》的社长兼总编辑，曾主持编辑了中共历史上的第一部《毛泽东选集》。解放后，曾较长时间担任《人民日报》总编辑。但到1957年反右派运动前夕，一直办报的邓拓似乎跟不上形势，被毛泽东批评为《人民日报》过去是书生办报，现在应当说是死人办报，意即政治敏感性太不强。受到批评的邓拓感到很委屈，觉得自己是一介书生，还不如搞个人的学术研究算了，何必担这么多的风险。但邓拓最终还是放弃了搞学术的想法，在《人民日报》继续工作一段时间后，调到了北京市委任文教书记。

与吴晗相比，邓拓从事政治的时间很早。早年的邓拓，一面从事政治，年仅18岁就入了党，做党的地下工作；一面从事学术，20多岁便写成了著名的学术著作《中国救荒史》，这本书到现在仍有它重要的学术价值。解放后，他虽然身居要职，但仍对学术不能忘怀。1950年，他还发表了《从万历到乾隆——关于中国资本主义萌芽时期的一个论证》的长篇论文。作为中国科学院的学部委员，他在1957年提交《1957年年度的研究题目计划》时，曾将“中国资本主义萌芽的研究”作为年度研究计划，表示要写出研究报告和论文集，并编出资料集。1957年夏天全国大反右派之际，他还对《中国救荒史》作了修改，准备再版。可见，成了政治家的邓拓，依然是保持着强烈的学术情结。

1961年，应《北京晚报》的要求，邓拓在该报上开设了一个新的专栏：《燕山夜话》，署名马南邨。为什么办这个栏目和起这个笔名，邓拓曾解释说：“燕山是北京的一个主要的山脉；夜话，是夜晚谈心的意思。马南邨取马兰村的谐音，这是当年办报（按：指《晋察冀日报》）所在的一个小村子，我对它一直很怀念。”

《燕山夜话》开篇的文章叫《生命的三分之一》，在这篇短文的最后，作者说：“我之所以想利用夜晚的时间，向读者同志们做这样的谈话，目的也不过是要引起大家注意珍惜这三分之一的生命，使大家在整天的劳动、工作以后，以轻松的心情，领略一些古今有用的知识而已。”这实际上是他写作的指导思想。

1966年4月，邓拓（中共北京市委书记）、吴晗、廖沫沙（中共北京市委统战部部长）因曾合写《三家村札记》一书，被诬陷为“三家村反党集团”。图为解放军某部召开批判邓拓大会。

在《燕山夜话》出版合集的时候，邓拓在“自序”中又说：“我们生活在这样伟大的时代，活动在祖先血汗洒遍的燕山地区，我们一时一刻也不应该轻松，要学习得更好，做得更好，以期无愧于古人，亦无愧于今人。”这便是邓拓写作“夜话”的动机。

从1961年3月19日“夜话”发表第一篇文章《生命的三分之一》开始，到1961年9月2日发表《三十六计》为止，邓拓一共写了153篇“夜话”。

《燕山夜话》创办以后，颇为读者称道。受此启发，邓拓主持的北京市委机关刊物《前线》为了活跃版面，给机关干部、工农群众增加一点文化知识，或对现实生活中的某些问题有所针砭，邀请邓拓、吴晗和市委统战部部长廖沫沙共同开设《三家村札记》专栏。对于《三家村札记》的开办情况，廖沫沙后来回忆说：

> 在1961年的9月以前，《前线》将开辟这个专栏的事，我是一无所知的。直到9月中旬或下旬，《前线》编辑部的工作同志来通知我：第二天的中午，邀请我到四川饭店聚餐。我也没有问过他为什么、将有什么人参加……到时我就去了。在座的人并不多，邓拓、吴晗两位之外，只有《前线》编辑部的几位同志。
>
> 入席以前，坐在沙发上抽烟喝茶，邓拓同志随便地谈起，《前线》也想仿照别的报刊“马铁丁”“司马牛”之类，约几个人合写一个专栏，今天就是请你们两位（指吴和我）来商量一下。听说“马铁丁”他们是三个人合用的笔名，我们也照样是三个人取个共同的笔名；既是三个人，就干脆叫《三家村札记》行不行？他所说的“三个人”就是指邓、吴、廖三人……
>
> 吃饭的中间，话题并不集中，东拉西扯，扯到吃完，才又回到本题。所谓“本题”，也不过是三人合用的笔名如何取法，最后确定一人出一个字，吴晗出“吴”字，邓拓出“南”字（邓拓的笔名叫“马南邨”），我出“星”字（我当时的笔名是“繁星”）。专栏的名称与合用的笔名“吴南星”就这样定了。至于文章的写作内容和写作方法如何，我清楚地记得，当时并没有任何人提出来作为议题加以讨论；只是相约：文章以一千字左右为限度，每期在《前线》刊登一篇；三人轮流写稿；为了备忘，由编辑部派人在集稿前向作者联系、取稿；为了防备临时因事耽误写稿，每人各自先交稿一篇，以为储备；万一作

者因公离京，就请旁的同志代笔。所以现在出版的《札记》中有五篇是其他同志写的。[①]

《三家村札记》专栏从1961年10月开始，到1964年7月结束，前后办了三年，共发表了60多篇文章。

《燕山夜话》和《三家村札记》“从读书治学，待人接物，到生产建设，领导方法等，或评论历史人物，或赞扬新人新事，旁征博引，议论横生，把知识和思想熔于一炉，引人入胜，发人深思”。[②]同时，“夜话”和“札记”针对当时一些“左”的做法和说大话、空话、假话的作风提出了委婉的批评，如《伟大的空话》、《一个鸡蛋的家当》、《王道与霸道》、《专治健忘症》等，成为风传一时的名篇。这种文章，一般仅千儿八百字，或夹叙夹议，或借题引申，不作长篇大论，不故弄玄虚，都是闲聊家事式的交心谈天，给当时沉闷的文坛带来一缕清风，受到了读者的广泛欢迎。受《燕山夜话》和《三家村札记》的影响，一些省市报刊也开办了类似的栏目。然而，令“三家村”始料不及的是，他们这些深受读者欢迎的文章，却给自己带来无穷的祸害。

在1966年4月的中共中央书记处会议上，康生传达了毛泽东对彭真的批评，说“北京市委包庇坏人”。彭真在4月10日至15日，连续召开市委常委会议，研究如何对“三家村”进行批评和自我批评，以争取主动。

4月16日，在《北京日报》以三个版面的篇幅发表了对“三家村”和《燕山夜话》的批判材料，并加了《前线》和《北京日报》的编者按。按语是由《北京日报》的总编辑范瑾等起草，经彭真亲自审改定稿的。《前线》和《北京日报》的编者按说：“本刊、本报过去发表了这些文章又没有及时地批判，这是错误的。其原因是我们没有实行无产阶级政治挂帅，头脑中又有资产阶级、封建阶级思想的影响。以致在这一场严重的斗争中丧失了立场或者丧失了警惕”。编者按还说，吴晗“不止一次地为被党和人民罢了官的右倾机会主义分子鸣不平，不止一次地歌颂他们、鼓舞他们，不止一次地向党向社会主义进攻”。廖沫沙则是“自觉地反党反社会主义反毛泽东思想的一员主将”，而邓拓“吹捧死人，顽固地提倡向死人学习，颂古非今，借古讽今，大量地宣传了封建阶级和资产阶级思想，反对马克思列宁主义、毛泽东思想”。

① 廖沫沙：《三家村札记·后记》，《三家村札记》，人民文学出版社1979年版，第241—242页。
② 丛进：《曲折发展的岁月》，河南人民出版社1989年版，第626页。

邓拓（1912—1966），福建闽侯人。1930年加入中国共产党。曾任中共北京市委书记处书记。1966年5月18日被迫害致死。

配合着编者按，《北京日报》还发了《"燕山夜话"究竟宣传了什么》，给《燕山夜话》定性为"歪曲党的百花齐放、百家争鸣的方针，主张让资产阶级思想泛滥"，"全面美化封建社会制度"，"借封建社会古人之尸，还资产阶级之魂"，"宣扬资产阶级没落的人生哲学"，"以古讽今，旁敲侧击"。

5月8日，关锋在《光明日报》上发表了《擦亮眼睛，辨别真假》一文。文章一开头就说："《北京日报》在4月16日，以三版的篇幅，在《关于'三家村'和〈燕山夜话〉的批判》这个通栏大标题之下，发表了一批材料，并发表了《前线》、《北京日报》的编者按。看样子轰轰烈烈，非常革命，并且好像是首先发难，对邓拓和他的《燕山夜话》进行批判。这是怎么一回事呢？阶级斗争是十分复杂的，我们必须擦亮眼睛，辨别真假，千万不要上当。"接着，关锋给《前线》和《北京日报》扣上了"假批判、真掩护，假斗争、真包庇"的帽子，并责问说："近几年来，你们究竟是无产阶级的阵地，还是资产阶级的阵地？你们是无产阶级专政的工具，还是宣扬复辟资本主义的工具？你们究竟要走到哪里去？"关锋实际上已经认为，北京市委的这两份机关报刊已经是"资产阶级的阵地"了。

同一天，《解放军报》登出江青操纵的写作班子署名高炬的文章：《向反党反社会主义的黑线开火》，文章声称邓拓是"三家村黑店的掌柜"、"反党反社会主义分子的一个头目"，断定《前线》、《北京日报》和《北京晚报》是"反党工具"，"射出大量毒箭"，"猖狂地反党反社会主义制度"，并且表示，"我们一定不会放过你们，一定不会放过一切牛鬼蛇神，一定要向反党反社会主义的黑线开火，把社会主义文化大革命进行到底，不获全胜，决不收兵”。

这两篇文章的矛头所指，已昭然若揭了。

过了两天，经毛泽东同意，姚文元向“三家村”投来一颗重磅炸弹，这就是《解放日报》和《文汇报》同时登的《评“三家村”——〈燕山夜话〉〈三家村札记〉的反动本质》，把矛头直接对向了北京市委。

对于姚文元的这篇文章的发表经过，时任《解放日报》总编辑的马达在其自述中说：“1966年5月，姚文元又一篇黑文《评“三家村”》出笼了。一天晚上，曹荻秋（上海市长）要我到他家里谈话，那时我方调到《解放日报》任党委书记兼总编辑，一进门，曹荻秋即神秘地交给我厚厚一叠清样稿，对我说：‘我刚从毛主席那边来，他要我们《解放日报》、《文汇报》明天同时见报。’我看了清样第一页，上面用铅笔写了两行大字：‘即发，毛’，‘标题要大些’。这篇大批判文章，是制造新的罪名要打倒北京市委的。从《海瑞罢官》到《评‘三家村’》，集中火力炮轰北京市委，背后的目标则是所谓的‘暗藏在中央的资产阶级司令部’”。①

姚文元在文章中，给邓拓等人下了这样的断语：“邓拓同‘三家村’的伙计们一起，把《前线》、《北京日报》、《北京晚报》……当做反党反社会主义的工具，猖狂地执行了一条反党反社会主义的右倾机会主义即修正主义的路线，充当了反动阶级和右倾机会主义分子向党进攻的喉舌。”文章还给邓拓等三人罗列了一系列的罪名：“大力推行资产阶级反动的教育路线，为资本主义复辟准备组织力量”；“坚持资产阶级反动学术路线，为资本主义复辟准备精神条件”；“坚持反动的地主资产阶级的道德，以图从社会关系上恢复剥削阶级统治”；等等。

姚文元还在文章中说，要彻底挖出“三家村”的根子，彻底肃清“三家村”流毒，“要从各方面彻底揭露《燕山夜话》、《三家村札记》的祸害”，并且强调：“凡是反对毛泽东思想的，凡是阻碍社会主义革命前进的，凡是同中国和世界革命人民利益相敌对的，不管是‘大师’，是‘权威’，是三家村或四家村，不管多么有名，多么有地位，是受到什么人指使，受到什么人支持，受到多少人吹捧，全都揭露出来，批判它们、踏倒它们。”正如中央文献研究室组织编写的

①《马达自述——办报生涯60年》，文汇出版社2004年版，第33页。

《毛泽东传（1949—1976）》中所言：“这已十分清楚地向社会公开点明，批判对象不只是邓拓、廖沫沙、吴晗，他们背后还有更大的人物在‘指使’和‘支持’。”[①]那么，这里所说的“更大的人物”是谁了呢？答案很快就出来了。

① 中共中央文献研究室：《毛泽东传（1949—1976）》（下），中央文献出版社2003年版，第1411页。

主要参考文献

1. 中共中央文献研究室：《建国以来重要文献选编》第11—20册，中央文献出版社1997—1998年版。

2. 中共中央文献研究室：《建国以来毛泽东文稿》第1—12册，中央文献出版社1987—1998年版。

3.《毛泽东文集》第6—8卷，人民出版社1999年版。

4. 中共中央文献研究室：《毛泽东传（1949—1976）》，中央文献出版社2003年版。

5. 中共中央文献研究室：《周恩来年谱（1949—1976）》，中央文献出版社1997年版。

6. 中共中央文献研究室：《周恩来传（1949—1976）》，中央文献出版社1998年版。

7. 中共中央文献研究室：《刘少奇年谱（1898—1969）》，中央文献出版社1996年版。

8. 中共中央文献研究室：《刘少奇传》，中央文献出版社1998年版。

9. 胡绳主编：《中国共产党的七十年》，中共党史出版社1991年版。

10. 薄一波：《若干重大决策与事件的回顾》（下卷），中共中央党校出版社1993年版。

11. 丛进：《曲折发展的岁月》，河南人民出版社1989年版。

12. 肖冬连等：《求索中国——文革前10年史》，红旗出版社1999年版

13. 杜润生主编：《当代中国的农业合作制》，当代中国出版社2002年版。

14. 黎之：《文坛风云录》，河南人民出版社1998年版。

15. 龚育之：《在漩涡的边缘》，河南人民出版社1998年版。

16. 吴冷西：《十年论战：1956—1966中苏关系回忆录》，中央文献出版社1999年版。

17. 穆欣：《办〈光明日报〉十年自述》，中共党史出版社1994年版。

18. 杨奎松：《毛泽东与莫斯科的恩恩怨怨》，江西人民出版社1999年版。

19. 沈志华、李丹慧:《战后中苏关系若干问题研究》,人民出版社2006年版。

20. 孙其明:《中苏关系始末》,上海人民出版社2002年版。

21. 蒲国良:《中苏大论战的起源》,当代世界出版社2003年版。

22. 郭德宏、王海光、韩钢主编:《中华人民共和国专题史稿(1956—1966)》,四川人民出版社2004年版。

23. 郭德宏、林小波:《"四清"运动实录》,浙江人民出版社2005年版。

24. 韩钢主编:《百年潮精品系列——史事探幽》,上海辞书出版社2005年版。

25.《杨尚昆日记》,中央文献出版社2001年版。

26. 杨尚昆:《追忆领袖战友同志》,中央文献出版社2001年版。

27. 李海文主编:《彭真市长》,中共党史出版社、山西人民出版社2003年版。

28. 戴知贤:《山雨欲来风满楼——60年代前期的"大批判"》,河南人民出版社1990年版。

29. 孙启泰、熊志勇:《大寨红旗的升起与坠落》,河南人民出版社1996年版。

30. 房维中、金冲及主编:《李富春传》,中央文献出版社2001年版。

31. 刘国光主编:《中国十个五年计划研究报告》,人民出版社2006年版。

32. 文汇报史研究室:《文汇报史略(1949.6—1966.5)》,文汇出版社1997年版。

33. 国防大学党史党建政工教研室编:《中共党史教学参考资料》第二十四册,国防大学出版社1986年版。

34. 李越然:《中苏外交亲历记》,世界知识出版社2001年版。

35.《余秋里回忆录》,解放军出版社1996年版。

36.《关于国际共产主义运动总路线的论战》,人民出版社1965年版。

37.《关于国际共产主义运动总路线的建议和有关文件》,人民出版社1963年版。

38. 刘晓:《出使苏联八年》,中共党史资料出版社1986年版。

39. 伍修权:《回忆与怀念》,中共中央党校出版社1991年版。

40. 外交部外交史研究室:《新中国外交风云》第三辑,世界知识出版社

1994 年版。

41.《最后的遗言——赫鲁晓夫回忆录续集》，东方出版社 1988 年版。

42.《陈丕显回忆录》，上海人民出版社 2005 年版。

43. 陶鲁笳：《毛主席教我们当省委书记》，中央文献出版社 2003 年版。

44. 曾志：《一个革命的幸存者：曾志回忆实录》（下），广东人民出版社 1999 年版。

45. 罗点点：《红色家庭档案——罗瑞卿女儿的点点记忆》，南海出版公司 1999 年版。

46. 黄峥：《王光美访谈录》，中央文献出版社 2006 年版。

47. 陈清泉、宋广渭：《陆定一传》，中共党史出版社 1999 年版。

48. 王蒙、袁鹰主编：《忆周扬》，内蒙古人民出版社 1998 年版。

49. 中共中央文献研究室：《关于建国以来党的若干历史问题决议注释本》，人民出版社 1983 年版。

50. 张化、苏采青主编：《回首"文革"》（上、下），中共党史出版社 2003 年版。

51. 晋夫：《文革前十年的中国》，中共党史出版社 1998 年版。

52. 赵德馨：《中华人民共和国经济史（1949—1966）》，河南人民出版社 1988 年版。

53. 张传玺：《翦伯赞传》，北京大学出版社 1998 年版。

54. 中国社会科学院经济研究所学术资料室编：《孙冶方纪念文集》，上海人民出版社 1983 年版。

55. 谢龙主编：《平凡的真理，非凡的探索——纪念冯定百年诞辰研究文集》，北京大学出版社 2002 年版。

56. 胡平编：《名人与冤案》（三），群众出版社 1998 年版。

57. 牛汉、邓九平主编：《我们都经历过的日子》，北京十月文艺出版社 2001 年版。

58. 哲学研究编辑部：《关于"一分为二"与"合二而一"问题》第一辑、第二辑，生活·读书·新知三联书店 1964 年版。

59. 新建设编辑部：《关于吴晗〈海瑞罢官〉问题的讨论》第一辑，生活·读书·新知三联书店 1965 年版。

60. 苏双碧、王宏志：《吴晗传》，北京出版社 1984 年版。

61. 罗平汉：《农村人民公社史》，福建人民出版社 2003 年版。

62. 罗平汉：《大迁徙：1961 — 1963 年的城镇人口精简》，广西人民出版社 2003 年版。

63. 《新华月报》、《人民日报》、《光明日报》、《文汇报》、《红旗》、《百年潮》、《炎黄春秋》、《纵横》等报刊。